W O K E

Remember, remember
The fifth of November
The Gunpowder treason and plot;
I know of no reason
Why the Gunpowder treason
Should ever be forgot!!!

Guy Fawkes Night Poem

Förlag: BoD · Books on Demand, Stockholm, Sverige
Tryck: Libri Plureos GmbH, Hamburg, Tyskland

ISBN: 978-91-8080-152-2

*

En kall, regnig novembernatt befinner sig en soldat vid
namn Guy Fawkes i en stor gammal källare i centrala
London. Året är 1605. Där, vid Westminster Palace blir
han placerad för att hålla vakt över flera tunnor dyna-
mit. Vad Fawkes och ingen annan i den gamla parlaments-
byggnaden vet är att snart skulle flera kilo spräng-
medel detonera och därmed svepa med många år av
politiskt förtryck.[1] Hans tålmodiga väntan är resulta-
tet av det hemliga mötet som hålls ungefär ett år tidi-
gare. Orden som öppnar mötet är: "Shall we always,
gentlemen, talk and never do anything?" och uttalas av
en av de tretton motståndsmän, som på grund av detta
möte, skulle gå till historien. Från början kommer de
överens om att gräva en tunnel under Londons gator ända
fram till parlamentsbyggnaden, men genom en lycklig
slump lyckas man, mot alla odds, hyra ett rum i källar-
valvet rakt under parlamentet. 36 tunnor krut fraktas
under de kommande månaderna in i källarhålan, några i
taget och på olika sinnrika sätt. De tretton inblandade
lyckas göra det så obemärkt att deras korståg mot den
brittiska regeringen verkar vara understödd av en högre
makt.

Senare, efter kuppens uppdagande fabulerade den brit-
tiska regeringen, av rädsla för uppror, fram en egen
version av det inträffade. Det var inte sista gången
som regeringar och makthavare skulle revidera allmänhe-
tens bild av händelseförlopp, vilket kommer bäras med
hela vägen i denna bok, som en lång röd tråd.[2]

---

1   Oxford dictionary, https://www.oxforddnb.com/dis-
    play/10.1093/ref:odnb/9780198614128.001.0001/odnb-9780198614128-e-92749
2   James Sharpe, Remember Remember, A cultural history of Guy Fawkes, Harvard
    University Press, Massachusetts,2005

Inledning

*Ingen är mer hopplöst förslavad än den som falskeligen
tror sig vara fri*[3]

Johann Wolfgang Goethe

Den gemene man under 2000-talet lever i tron att allt i
världshistorien är tillgängligt för allmänhetens känne-
dom. Denna politiska Odyssé är skriven för att ta bort
denna villfarelse och öppna upp för ett större perspek-
tiv, genom att bokens författare söker sig tillbaka
till sakernas egentliga ursprung.
Syftet är inte bara att ifrågasätta och kritisera
rådande politiska skikt. Under en lång tid har männis-
kor i väst formats av en fördold politik, vars struk-
turer behöver offentliggöras och tas upp till ytan.
Sverige har varit en av de länder som i synnerhet bli-
vit utsatt. Överstatlighet och totalitarism är något
man brukar tillskriva den Sovjetiska regimen, Kina el-
ler Nordkorea. I den här boken ska det uppdagas hur
sådan totalitarism även är utbredd i väst; inte en öp-
pen totalitarism, som härskar genom diktaturer, utan en
förtäckt sådan. Just därför måste denna bok göra upp
med den marxistiska/socialistiska ideologin som har va-
rit härskande i Sverige och andra delar av världen i
över hundra år, likaså med den nya, av marxismen färga-
de WOKE-generationen. I och med detta ställs viktiga
frågor om könsdysfori och könsoperationer på unga, mar-
xistisk-feminism, antirasism och identitetspolitik.
Samtidigt ligger strävan i att ifrågasätta det rykte
högerpolitiken har blivit tilldelat och tvätta rent den
konservativa politiken från dess ofrivilliga stämpel av

---

3   Die Wahlverwandtschaften - Hamburger Ausgabe, Band 6, dtv, München 1982,
    S. 397 (II,5)

9

nazism, rasism och fascism.

Läsaren får bland annat fördjupa sig i hur överkonsumtion och stora företagskorporationer, via socialistisk politik och genom särskilda PR-tekniker, har slagit klorna i mänskligheten under ett helt sekel. Boken vill möjliggöra en tvätt av samhällsbilden och historien, så som den har lärts in genom utbildningsväsendet och författarna vill att de slutsatser man drar av denna helhet kommer närmare den autentiska sanningen.

Uppdagandet av den verkliga historien lämnar en förhoppning om att upplysa läsaren om de mönster i samhället, som tidigare inte har blivit offentliggjorda i sin helhet. Författare och andra aktörer i Sverige har tidigare visserligen berört dessa bitar; i denna bok försöker vi göra en sammanfattande översikt, en berättande antologi, en slags ABC-bok för alla som kämpar för sanning och frihet – gamla som nya, samt avslöja kognitiva illusioner och de mönster som ligger bakom korrupta politiska system. Boken avslutas med förslag för en reform av föråldrad politisk struktur, som möjliggör en ny människovänlig utveckling. Boken strävar efter att avslöja hur politiska maktspel har begränsat mänsklig utveckling men framskriver inte alla alternativ som kan ersätta det gamla, förlegade, korrupta politiska systemet, utan lämnar det delvis öppet, med en förhoppning om att genom mänsklig potential öppna upp för att hitta nya politiska vägar.

Hur är det - egentligen?

*In the middle of the journey of our life I came to my-
self within a dark wood where the straight way was
lost[4]*

Dante Alighieri

Föreställer vi oss i en tankelek att alla makthavare
och politiker är trovärdiga och utför sitt arbete på
ett hederligt, ärligt och öppet sätt - enligt offent-
lighetsprincipen. Ingen politik hemlighålls från män-
niskorna - någonsin, alla beslut är helt transparenta,
även vid krig och militära operationer. Det råder en
demokrati där invånarna är med och bestämmer hur sam-
hället utformas i varje steg. Människor kan förhindra
politiska beslut genom demokratisk folkomröstning och
vara med och fatta nya beslut genom demokratisk folkom-
röstning. Alla storföretag och stora korporationer har
ett ärligt uppsåt, vill bara människor väl och erbjuder
produkter som konsumenterna själva vill köpa. Tidnin-
gar, medier och journalister skriver tydligt fram alla
omvärldshändelser på ett neutralt, sakligt sätt och
utan vinkling. - De döljer aldrig - någonsin - Sannin-
gen.
    Under alla århundraden i mänsklighetens historia har
det funnits makthavare - prästadömet eller påven, en
regering och en riksdag, en kung eller kejsare; även
tillhörande tjänstemän som utfört makten åt andra. Mak-
ten har *eliten* haft, eller *statsmakterna,* vars struktur
har sett olika ut från århundrade till århundrade. Men
en sak som har bestått är det ojämlika förhållandet
mellan maktapparaten och befolkningen. Tror man att
denna ojämlikhet har minskat i och med historiens gång

4   Dante Alighieri, Inferno Canto I:1-60 The Dark Wood and the Hill

och att kungar endast var grymma och härsklystna förr i tiden - misstar man sig. Under alla tusentals år som makten har varit i elitens händer, har det även funnits olika typer av motståndsrörelser. En av de allra första proteströrelserna var det "Protestantiska", som gav Protestantismen dess namn. En annan rörelse var bondeupproren som gav upphov till rösträtten för en hel bondeklass. Eller "Chartism movement" i England år 1838-1848, vilkas *lidanden* ledde till begreppet *"suffrage"*. Dessa protest- eller motståndsrörelser har minskat avsevärt under 2000-talet.

Tittar man på hur demokratin i Sverige faktiskt har bedrivits under de senaste åren, kan man ställa frågan - vilka beslut har jag, personligen, som individ fattat när det gäller min omgivning, det stora samhället Sverige, eller "mitt" lilla närområde? Eller någon av mina närmaste - känner jag någon som har varit med och fattat ett större beslut? Hur fungerar det demokratiska samhället vi lever i, där "alla" ska kunna bli tillfrågade om samhällsstyret och rösta? Och hur mäktiga är egentligen politikerna?

Alla beslutsprocesser som drivs igenom av makthavare, sker under premisserna att besluten är "nödvändiga" eller att de måste fattas - "framåtskridande går inte att hejda". Kanske hyr man in en expert eller en konsult som bekräftar ett politiskt förslag som ligger på bordet. Det kan vara så att politiker möter på protester där människor säger emot förslaget - oftast lämnas protesten obesvarad och påverkar således inte beslutsfattandet. Sedan finns det ju så klart människor som inte är så intresserade av vad politikerna gör - så länge "allting funkar".

Vilken maktposition försätter detta den "vanliga" medborgaren i? Har man överhuvudtaget tid att fundera över sin ställning i samhället, tid att välja bort konsumtionssamhället, eller måste man arbeta flera dagar i veckan, flera timmar per dag, för att sedan överhopas av prylar, teknik och kläder, varmed uppmärksamheten alltid uppehålls någon annanstans? Vi har en föreställning, särskilt i Sverige, att vi lever i en demokrati. Och vi har en föreställning om att vi som individer kan välja hur maktutövandet i Sverige ska se ut. Därför är vi inte särskilt oroliga. Istället kan vi lägga ner den tid vi har på nöjen, sport och konsumtion. Hur stor makt har konsumtionssamhället över oss egentligen? För att besvara frågan behöver man bara observera sina medmänniskor en kort stund, kanske på tunnelbanan eller ute på gatan och försöker man uppskatta prislappen för alla kläder varje människa har på sig, så kommer man lätt upp i flera tusenlappar.

Vidare får man föreställa sig att samma person har flera uppsättningar av liknande klädesplagg hemma och en garderob som är värd 30-50 tusen kronor. Ser man ut i folkvimlet och adderar dessa siffror, börjar man få en svindlande uppfattning om vilka massiva belopp som strömmar från konsumenterna, till de stora korporationerna, och det stannar inte vid kläderna. En enorm konsumtionsström pågår dagligen, som de flesta inte är medvetna om. Kläderna måste bytas ut ett par gånger per år och samma sak gäller husgeråd, mobiler, teknik, hushållsapparater, möbler. Har det alltid varit så här? Mobiltelefonerna höll i tiotals år i början av 1990-talet, utan att gå sönder. Samma hållbarhet fanns i HiFi-prylarna under 1980-talet. När Apple sedan tillverkade en Iphone som efter ett antal år gick sönder, blev "omodern" och behövde "uppdateras", skapade hightech företaget en ny trend. Plötsligt behövde man byta ut sin mobil redan efter ett par år. Detta mönster vuxit sig starkt, så pass starkt att ingen längre kommer sig för att ifrågasätta denna man över.

Har människan alltid varit så beroende av prylar och attiraljer, kunde man fråga sig? Och tillverkades pry-

larna och kläderna förr i tiden på samma vis som nu -
kläder som bara håller i ett år, prylar som går sönder
- till storföretagarnas gagn och lagom till nästa
trend? Samma "slit och släng kultur" har även flyttat
in i politiken: proggressivismen bygger delvis på att
politikerna får igenom en ide som ändras, så fort nästa
ide är på intåg. Det hållbara tänkandet, som det talas
så mycket om, fattas även här.

The father of PR-relations

*Thou speak'st like him's untutor'd to repeat: Who makes
the fairest show means most deceit. But bring they what
they will and what they can, What need we fear?*[5]

William Shakespeare

Allting har sin uppkomst i begynnelsen av förra seklet
– med en man vid namn Edward Bernays som, trots den
enorma påverkan hans spår har lämnat på världen, är
relativt okänd. Bernays, som kopplar människors under-
medvetna lustar till varor som de *inte* behöver, skapar
med en helt ny revolutionär politisk metod – genom att
tillfredsställa människors inre med produkter och kon-
sumtion gör man dem *mer följsamma*. Dessa teorier tas
upp för ett sekel sedan och lever kvar i samhället - än
idag.

Sigmund Freud upptäcker i början av 1900-talet att
människors känslor sitter i det undermedvetna och hans
idéer blir epokgörande. Att granska människans psyke
och civilisationen från ett psykologiskt perspektiv
hade dittills varit otänkbart. Freud kopplar laddade
känslor som aggressivitet och sexualitet i det under-
medvetna till yttre beteende och ger upphov till andra
stora nydanande teorier. Hans brorson Edward Bernays,
en utbildad journalist, arbetar som marknadsförare och
PR-konsult åt framgångsrika underhållare i Wien men
första världskriget gör att han blir tvungen att flytta
till Amerika. Under kriget använder alla politiska
stormakter krigspropaganda för att påverka och manipu-
lera befolkningen och USA:s regering anställer Bernays
som propaganda-konsult. På grund av sitt engagemang
blir han snabbt uppskattad. Vid krigets slut får han

---

5   William Shakespeare Merchant of Venice Pericles, Act I, Scene 4

följa med till Pariskonferensen, blott 26 år gammal. Han blir förstummad över hur president Woodrow Wilson tas emot som hjälte och hur människor dyrkar honom. En ide föds i honom - går det att skapa liknande "massövertalning" i fredstider?

Efter kriget anser Bernays att ordet "propaganda" är för tungt och byter ut namnet till "Public Relations". Utan att veta om det uppfinner han uttrycket som kommer att användas under en hel epok framöver. Hans teori innebär att kan man använda propaganda i krig - kan man likaväl använda det i fred. Väl hemma finner han ett Amerika i fredstid och behöver förstå hur folkmassorna tänker och känner. Han kontaktar sin farbror, Sigmund Freud och får ett exemplar av "Psykoanalysen" i utbyte mot ett paket Havanna cigarrer. Edward förstår att för att kunna påverka individer, måste man arbeta med människans irrationella känslor. Man kan med andra ord styra människors val. Detta är banbrytande. Innan Bernays teori hade slagit igenom hade man avsett att reklam och information skulle beskriva den faktiska produkten och åberopa dess kvalitetsegenskaper. Nu förstod man att man istället skulle vädja till köparnas känslor – för att få dem att spendera mer.

> Deception may give us what we want for the present, but it will always take it away in the end.[6] - Rachel Hawthorne

Bernays får ett flertal arbeten och uppdrag från större företag. Ett av uppdragen är från tobaksbolaget "Lucky Strike" som vill få fler kvinnor att börja röka. I sammanhanget föds den första PR-kampanjen. Bernays ställer till med en "happening" och övertalar en grupp kvinnor att röka under en festivalparad. Samtidigt säger Bernays till pressen att en grupp suffragetter som han kallar, "Torches of Freedom" planerar att göra revolution med hjälp av rökning och jämför dem med statyn av

6   Rachel Hawthorne "Dark of the Moon" novel - August 25, 2009

den amerikanska frihetsgudinnan och hennes fackla. På så vis övertalas feminister att stötta rökningen och nyheten sprids som en löpeld bland annat i New York Times och resten av världens tidningar. Bernays kampanj implicerar att om en kvinna röker blir hon starkare och mer självständig och han inser att man kan övertala människor om man kopplar produkten till deras inre önskningar och känslor. Kvinnorna blir inte fria av själva rökningen, däremot känner de sig friare på grund av Bernays manipulerande med känslor. Cigarettförsäljningen ökade markant. Och det var inte sista gången som Bernays skulle blanda in politik i en PR-kampanj.

Butikerna skulle inte längre sälja varorna till köparnas intellekt och förnuft utan till deras känslor. Det viktigaste är inte hur bra bilen faktiskt är - utan hur väl köparen skulle må av att äga den. Konsumenterna skulle inte endast köpa en produkt, de skulle engagera sig emotionellt och personligt i varan. Tidigare, innan kriget, hade man bara handlat för att man *behövde* - nu handlade man för att man hade lust. Köparna började tro att man utvecklar sin personlighet och identitet med hjälp av de varor de köpte. Efter första världskriget hade företagens produktion därför ökat kraftigt och försäljningssiffrorna var höga. All försäljning skedde tidigare på principen av behov och varorna marknadsfördes i sin funktionalitet. Hållbarhet var *viktigt*. Reklam handlade enbart om hur bra en produkt var. Nu började företagen omarbeta sina idéer med alla gångbara medel.

Paul Mazur of Lehman Brothers, who worked with Bernays, commented: "We must shift America from a *needs* to a *desires* culture."[7]

7   What's Wrong with Democracy at the Moment, and Why It Matters for Research and Education https://journals.sagepub.com/doi/pdf/10.2304/power.2012.4.3.257

Konsumenterna måste helt enkelt bli "tränade" till att begära och vilja ha nya saker - innan det gamla är färdig-konsumerat. Människans begär måste överskugga deras behov. Innan kriget fanns inga konsumenter, bara löntagare och ägare och alla varor skapades för dem. De sparade pengar och åt vad de behövde och handlade vad de behövde. Företagen anställer Bernays för att förändra detta och under 1920-talet öppnar bankerna och affärsmännen upp fler affärer och stora varuhuskedjor där Bernays idéer får utvecklas.

En av hans företagskunder är en försäljare av kvinnotidningar. Bernays skriver artiklar som vädjar till kvinnors känslor samtidigt som han glamoriserar tidningen, genom att sätta kändisar i artiklarna. För första gången kopplar man produkter till berömda filmstjärnor. Bernays slutar inte där, utan börjar samarbeta med filmbolagen för att placera produkter i filmer samtidigt som filmstjärnor bara får bära sponsorernas kläder och smycken under filmpremiärer. Sexualitet gör entré i PR-världen. Genom Bernays teorier görs en koppling mellan bilen som färdmedel och den manliga sexualiteten. Biltillverkarna kopplar bilreklam till känslor genom att visa män och kvinnor i olika romantiska sammanhang i reklamfilmer. Om männen vill känna sig attraktiva, behöver de köpa bilen. I nutid är de flesta bilreklam istället filmade kvällstid eftersom köparen kopplar ihop kvällstid med känslan av avslappning och att arbetsdagen är slut.

> It based modern Western civilization on the dangerous trend to worship man and his material needs. Everything beyond physical well-being and accumulation of material goods, all other human requirements and characteristics of a subtler and higher nature, were left outside the area of

attention of state and social systems, as if human life did not have any superior sense.[8]

Bernays anser att en god vinst för storföretagen, är bra för befolkningen och landets ekonomi. Men han tror inte på att man kan förklara denna koppling rationellt för människor - han litar inte på deras förmåga att förstå detta. Därför kallar han sina teorier för "Medgivandets ingenjörskonst" - konsten att få människor att gå med på sådant som de från början inte alls hade tänkt sig. Bernays idéer sprids av psykologer och ett institut öppnas för forskning av tekniker för hur konsumenter ska påverkas. "Motivational Research" handlar om reklampåverkan och köppåverkan och försäljning. Man vill "avslöja" konsumentens inre hemliga känslor och tränga in i deras psyke, deras omedvetna motivation. Anledningarna till konsumtion är många - sexuella, psykologiska, sociala, statusgivande och självuppfyllande - saker som människor anser vara intima och privata. Vid institutet genomför man studier för att förstå köpbegären. Människor observeras och man skriver bland annat ner deras reaktioner när de använder en produkt. Genom statistik och undersökningar tar man reda på vilka målgrupper som handlar minst av en produkt. Därefter skapar man reklam som riktar sig till just denna målgrupp.

> In theory, everyone buys the cheapest and best commodities offered to him by the market. In practice, if every one went around pricing and chemically testing before purchasing the dozens of soaps or fabrics or brands of bread which are for sale economic life would be hopelessly jammed. To avoid such confusion, society consents to have its choice narrowed to ideas and objects brought

---

8   Alexander Solzjenitsyn, "A World Split Apart", 8 June 1978, Harvard University

to its attention through propaganda of all kinds.[9]

Den auktoritet psykologer och läkare hade arbetat upp, börjar också användas för att göra reklam för medicin. Reklamen publiceras sedan som "vetenskaplig oberoende forskning", fastän kampanjen är sponsrad av samma företag - som står bakom medicinen.

De förändringar Bernays idéer frambringar, passerar inte alla obemärkt. År 1927 skriver en amerikansk journalist att en förändring till det sämre har skett i det demokratiska samhället, vars namn är "konsumtionism". Medborgarens status gentemot sitt land är inte längre att bara vara "medborgare" utan nu även "konsument". Detta är en av flera artiklar som förhåller sig kritiskt till den nya samhällsformen. Idag hålls färre öppna debatter om konsumtionssamhället och en tystnadskultur har växt fram i takt med konsumtionismens framfart.

> Yet Bernays was criticized by journalists in the 1920s, who saw propaganda as corrosive to their ability to seek truth (St. John 2009). Editor and Publisher called Bernays a "young Machiavelli".[10]

Privat är Bernays allt annat än populär, han har ett säreget utseende och är inte intresserad av att hålla samtal. Han upplever aldrig människor i deras enskildhet utan tänker alltid på dem i tusental. Likväl blir han återigen kontaktad av regeringen år 1924. President Calvin Cooligde är inte känd som en populär president i medierna och blir ständigt porträtterad som "tråkig" av journalisterna. Cooligde vill öka sin popularitet och utöka väljarskaran. Bernays anställs för jobbet och

---

9   Edward L Bernays, "Propaganda", sid 11, 1928
10 Feminist Media Studies. Publicat ion details, including inst ruct ions for authors and subscription information: "It's up to the women" by Jane Marcellus, Olasky 1987, p. 91

övertalar 34 filmstjärnor att besöka Vita Huset. Resultatet är enastående och efter det använder sig fler och fler politiker av valkampanjer.

Med hjälp av Bernays ansträngningar är Freuds psykologi plötsligt på modet och alla politiker och societetsmänniskor undergår psykoterapi. Och när psykoanalysen tar ett grepp om Amerika, börjar en ny elit utformas bland politiker och storföretagare på Wall Street. Företagsägare och politiker etablerar ett samarbete på ett sätt som aldrig funnits tidigare. Själv får Bernays epitetet "The Father of PR-relations". Hans idéer erövrar Storbritannien, Europa och Norden – under många år framöver. Reklamen och samhällsinformationen ändrar hur människor ser på sig själva för alltid – ett fenomen som följer med in i det moderna samhället. Bernyas själv är medveten om dess påverkan:

> Propaganda finns överallt och den ändrar den
> bild som vi har av världen.[11]

I det nutida samhället har annonsering och reklam spridit sig och dessa är överallt – på tåg, gatuskyltar, mobiltelefoner och tv. Ofta tävlar olika reklambilder om människans uppmärksamhet. Annonseringen påverkar psyket på ett undermedvetet plan – plötsligt börjar man känna igen vissa varumärken. Annonsörerna använder sig av laddade värdeord och en reklamslogan kan se ut på följande vis: "det som *verkligen* betyder något". Reklamen påverkar sinnena via ögonen med hjälp av text eller bild, och via öronen genom musik eller ord. Det är inget man kan undkomma om man inte är blind eller döv. Det är således inte en frivillig påverkan.

> Modern mass culture, aimed at the 'con-
> sumer', the civilization of prosthetics, is
> crippling people's souls, setting up

11 Edward L Bernays, "Propaganda", sid 12, 1928

barriers between man and the crucial
questions of his existence, his
consciousness of himself as a spiritual
being.[12] - Andrei Tarkovsky

En viktig ingrediens i all sorts reklam och propaganda
är inte att informationen är sann, det viktigaste är
att reklamen upprepas - om och om igen. Nervtrådarna i
vårt nervsystem kopplas ihop när man hör information
ofta. Till slut sker det en inlärning – man känner till
ett nytt varumärke och kan koppla sina djupaste, intima
känslor till det. Olika företagsmärken fastnar i minnet
när annonsen har visats hundratals eller tusentals gån-
ger. Detta visste Bernays redan under 1920-talet:

Vi blir regerade av människor vilkas namn vi
aldrig har hört. De influerar vår åsikter,
vår smak och våra tankar.[13]

Nerverna fungerar likadant i alla fysiska hjärnor,
om man hör något 50 gånger så lämnar det spår. Re-
klamen kan sammanfattas till en *kognitiv illusion*
som är dold mitt på ljusa dagen. En annan viktig te-
knik handlar om manipulation med språket; till exem-
pel aktiverar ett visst substantiv bildtänkandet i
vårt medvetande, nästan omedelbart. Samma sak gäller
symboliken. Olika symboler påverkar känslor i olika
riktningar. Många tror att det gäller för alla andra
människor, att man själv inte blir påverkad; de
flesta människor vill nämligen tro att man kan tänka
självständigt.

Reklamen för Coca Cola är ett exempel. Näringsidka-
re vill att konsumenternas tankar och känslor ska fun-
gera så, att de tänker på Coca Cola redan när de plane-
rar vad de ska dricka. Och helst ska de dricka samma
sak varje dag. Reklamklippet visar människor som är in-

12 Andrei Tarkovsky, "Sculpting in Time", 1985
13 Edward L Bernays, "Propaganda", sid 14, 1928

volverade i sociala aktiviteter och samtidigt dricker
läsk - om och om igen. När man ser Coca Cola ska man
automatiskt tänka på sociala situationer och uppleva
varma känslor. Och har man väl börjat dricka Coca Cola
fortsätter man med det - det blir till en vana. På det-
ta vis säljer Coca Cola 1.9 miljarder burkar - per dag,
vilket ger ett enormt finansiellt kapital.[14]

I ett tankeexperiment kan man testa att ta bort pro-
dukten och istället göra det som man behöver göra ur
reklamfilmen - till exempel träffa vänner, köra bil
långt bort, och så vidare - utan att för det köpa va-
ran. Ett annat tankeexperiment som gör att man kommer
bort från de artificiella känslorna, är att föreställa
sig att man har 20 mobiltelefoner. Eller 50 burkar Coca
Cola - det känslomässiga behovet blir inte mer till-
fredsställt, ju mer av varorna man äger.

> The things you really need are few and easy
> to come buy; but the things you can imagine
> you need are infinite and you will never be
> satisfied. - Epikuros[15]

Lycka är en av de självförverkligande målen, som anses
vara värt att sträva efter. Andra mål som människan
strävar efter är: familj, vänner, frihet, och ett orga-
niserat liv. Reklammakarna vet vad människor önskar sig
och vet därför vad de vill sälja. I ett reklaminslag
skrivs produktens namn tillsammans med texten "… i goda
vänners sällskap". Detta ger intrycket att man inte kan
bli lycklig utan denna produkt, vilket är en lögn. All-
tså suddas skiljelinjen ut mellan vad individer själva
önskar och manipulationen för konstlat framkallade
känslor samt ett artificiellt behov av varan.[16] Man var-
nade redan i det antika Grekland att konsumerande inte
leder till lycka. Vid Greklands marknader fanns det sk-

14 https://www.wallstreetzen.com/stocks/us/nyse/ko/statistics
15 Epikuros (född 341 f. Kr. på Samos, död 270 f. Kr. i Aten)
16 Dokumentär: Alain de Botton Philosophy: A Guide To Happiness - Epicurus on
    Happiness, Channel Four, 2000

yltar där det stod att man inte blev lycklig av att handla.[17] Filosofen Epicurus själv levde enkelt med enkla medel och det fanns hela samhällen i det forna Grekland där man levde enligt Epicurus devis - under flera århundraden.

17 Diogenes Laertus, filosof i det antika Grekland.

The best kept secrets are those hidden in plain sight

In a time of deceit, telling the truth is a revolutionary act[18]

George Orwell

Ovanstående kapitel beskriver *kognitiva illusioner* inom PR som har med konsumtion att göra. Men hur fungerar det med samhällspropaganda? Är den mer neutralt framställd eller finns det kognitiva illusioner även på tv och i nyheterna, dolda inför allas åsyn, och hur korrekt är i så fall informationen vi får från samhällsmedierna? För att ta reda på det måste vi först gå tillbaka till vissa exempel i historien – där journalister och politiker har misslyckats med uppgiften att förmedla den verkliga, sanna historien – gång efter gång.

1932. Tuskeege-experimentet. I Alabama år 1932 påbörjar *The United States Public Health Service* en studie om verkningen av obehandlad syfilis – på människor. Studien utförs på ca 600 afroamerikanska män och kvinnor – utan samtycke, komplett vetskap eller personligt medgivande. Beskrivningen av experimentet för försökspersonerna lyder som sådant: man ska "endast ta prover och undersöka det allmänna hälsotillståndet". 40 år senare, år 1972 skriver New York Times för första gången om studien. Det uppdagas att en stor mängd av försökspersonerna har levt

18 George Orwell "1984", 1948

med obehandlad syfilis och plågats under ett flertal år - utan att få den medicinering som sjukdomen kräver - och utan att få kännedom om detta. En stor del av dessa patienter är döda; flera har omedvetet spridit sjukdomen till anhöriga, framförallt sina barn. Detta leder till ändrade lagar om samtycke under medicinska förhållanden och de utsatta som har överlevt får kompensation - men det är för sent: de allra flesta har hunnit att dö innan det sker. Det så kallade *Tuskeege-experimentet* bidrar till ett försämrat förhållande mellan den afroamerikanska befolkningen och USA:s regering.

1935. Medicinska experiment och koncentrationsläger. Hela tiden under det att andra världskriget pågår, samt flera årtionden efteråt, vill stormakterna i väst inte kännas vid, vad man utsatte människor för. Det gäller alla otaliga *medicinska experiment* som äger rum; från tvångssterilisering och lobotomi till tyskarnas experiment i Auschwitz - de flesta med ett dödligt slut. Även de tyska koncentrationslägren hålls i det fördolda in i det sista och avslöjas först under frigivelsen år 1945; Gulag och de andra fånglägren i Sovjetunionen, är okända fram till långt efter andra världskrigets slut. Tidningarna i väst skriver, under 30-talet och i början av 1940-talet istället om tyskarnas exceptionella framfart och den nya Socialistiska människan.

1940. Vipeholmsexperimentet med socker. 1000 personer med olika medicinska diagnoser som innebär ett ständigt beroende av omvårdnad och tillsyn av vårdpersonal, blir av samma personal utsatta för ett statligt finansierat forskningsprojekt, där de dagligen tvångsmatas med stora mängder socker tills att deras tänder ruttnar. Experimentet hemlighålls och forskningsresultatet får istället tjäna som underlag för den nya svenska tandvårdsreformen. Experimenten håller på i flera årtionden och uppmärksammas på riktigt först under 2000-talet.

1944. Operation Paperclip. Nazisterna utvecklar en raket som är av bästa kaliber vad gäller snabbhet och kraft - arbetarna som står för tillverkningen är koncentrationslägerfångar, som lever under slavliknande förhållanden. Uppfinnaren bakom raketen heter Wernher von Brown. Han blir snabbt uppsatt på efterlyst-listan, men blir aldrig åtalad för de krigsbrott han begår. Von Brown tillfångatas av amerikanerna och rekryteras tillsammans med tusentals tyskar till Amerikanska forskningsinstitut. Det är hans idéer som sedan utvecklar Apollo och tar Amerika till månen. Hans namn får en plats i Space Camp Hall of Fame så sent som 2007. Bland de övriga "rekryteringarna" finns även nazistiska läkare - med erfarenheter av plågsamma experiment på människor - som även de går fria, med möjlighet till karriär i USA.

1950. Tage Erlanders koncentrationsläger i det sköna Värmland. Tage Erlander, f.d. socialdemokratisk statsminister, som har ansvar för svensk fångvårdspolitik, låter en del av dessa fångar förvisas till så kallade arbetsläger. I dessa arbetsläger placerar man antinazister, kommunister och andra politiska fångar - tillsammans.

27

Där kunde man även placeras av den svenska staten på grund av sin etniska tillhörighet och bakgrund. Fram till 1994 är all information om dessa mångåriga förbrytelser hemlighetsstämplad. Tyvärr har man på många håll i efterhand valt att kalla lägren "interneringsläger", för att tvätta bort negativ stämpling, till skillnad från det riktiga ordet, som precis som i övriga Europa borde vara "koncentrationsläger".[19]

1970. Geijeraffären som för alltid smutskastar namnet Geijer. Svenska politiker på höga poster som under 1970-talet är inblandade i en prostitutionsskandal där de yngsta offren endast är 14 år gamla. Det handlar om utsatta, ofta föräldralösa ungdomar från statliga institutioner och barnhem. Ministrarnas nattliga besök sker före och efter arbetsmöten och ibland även i regeringens arbetslokaler. En häxjakt påbörjas men många kommer undan när rättvisa ska skipas.

1973. IB-affären. Journalisten Jan Guillou med flera avslöjar hur en stor del av Socialdemokraterna har samarbetat med en gren av underrättelsetjänsten, som inte ens högsta regeringen säger sig känna till, där man anställer offentliga statstjänstemän som angivare. Informationsbyrån (IB) som underrättelsetjänsten heter, startar redan år 1957, och visar sig samarbeta med både den Israeliska underrättelsetjänsten och CIA. Journalisterna som står bakom avslöjandet grips av Säpo och Olof Palme förnekar då offentligt

---

19 "Tage Erlander ansvarig för svenska koncentrationsläger" Sveriges Radio, Publicerat söndag 31 augusti 2008 kl 08.38 https://sverigesradio.-se/artikel/2283366

28

att något samarbete med Socialdemokraterna någonsin ägt rum. Dock beskrev en före detta Säpo chef i detalj hur Palme och andra högt uppsatta i partiet hade otaliga möten med både svensk underrättelsetjänst i den så kallade *IB-affären*. Journalisterna får ett fängelsestraff för avslöjandet - trots att de själva gjort mindre orätt än de ansvariga - som förblir fria från skuld än idag.

1975. *BT-kemi i Teckomatorp*. År 1973 får barn andningsproblem i den lilla tätorten Teckomatorp i Skåne. Åtta kvinnor får missfall samtidigt och en 17-åring dör av att trampa i giftblandad gyttja. En fabrik som tillverkar besprutningsmedel blir misstänkt spridningskälla. Det handlar om starka gifter som fenoxisyror och dinoseb och områdets växter börjar dö. Kemifabriken betalar en liten summa till odlarna - mot löftet att inte driva processen vidare. Vattnet luktar kemikalier men "BT Kemi" som företaget heter förnekar allt. Grannar märker stök från fabriken på nätterna och får höra rykten om att man gräver ner tunnor i marken. I Vietnam år 1975 besprutar USA vietnamesisk skog och fält med "Agent Orange", samma medel som i Teckomatorp, vilket leder till att en stor del av de vietnamesiska barnen föds missbildade. Nu börjar man misstänka missfall i Sverige, härlett till samma slags preparat. De fabriksanställda går i fabrikens försvar och menar att de inte har några utslag men kommunen tvingar BT Kemi att gräva upp marken för att få slut på spekulationerna. I marken hittar man flera hundra tunnor som är uppfrätta inifrån. Tunnorna innehåller mycket giftiga ämnen. Samtidigt sker fabriksoly-

29

cka i Italien år 1976 och ett moln av dioxid förgiftar hundratals människor och tusentals djur måste nödslaktas. Det tvingar BT Kemi till vattenprov även i Teckomatorp men fabrikens egna provtagningar visar inga spår av gift. Man dränerar området återigen och då görs en skrämmande upptäckt. Denna gång hittar man flera tusen tunnor, ur vilka en gulaktig sörja rinner - Dinoseb. Bara ett par droppar ger frätskador på huden. Man stänger till slut fabriken för gott men cheferna frikänns från alla åtal. Under 80-talet försöker man sanera alla gifter men proverna innehåller visar positivt - under hela 40 år framöver. En stor sanering påbörjas år 2008 men 2020 hittar man ändå fler spår av gifterna.[20] Omständigheterna blir inte omskrivna och invånarna bor kvar - trots den höga risken. Politikerna menar att "staten betalar" men eftersom kemiföretaget gått i konkurs, betalas allt av skattebetalare. "Eftersom bolaget gått i konkurs fick svenska skattebetalare stå för den första saneringen som gick på 50 miljoner kronor, en summa som alltså tills dagens datum tiodubblats."[21]

1983. U137 kallas en rysk ubåt som går på grund i Stockholms skärgård. När den först upptäcks och privatpersoner ringer in, vägrar försvarsmakten att dem. Efter att man till slut inser allvaret stegras situationen - och försvarsmakten planerar att sätta in ett militärt angrepp emot ubåten, som förutom en hel rysk besättning innehåller en stor mängd kärnvapen. I sista stund

20 Dokumentär: Svenska Händelser - BT Kemi (2012)
21 https://www.expressen.se/kvallsposten/teckomatorp-lider-fortfarande-av-giftstampeln/

30

undviks katastrofen och ryssarna får segla
hemåt. Utredningen tar lång tid och den offici-
ella versionen låter sig vänta i närmare 30 år.[22]

1984. Boforsaffaren. Ingvar Bratt, en tidigare an-
ställd vid företaget Bofors avslöjar att företa-
get sålt 300 luftvärnsrobotar till Mellanöstern
medan de senare befinner sig i krig. För detta
får han ta emot flera fredspriser. Det kommer
senare fram att Sverige även har planerat att
sälja vapen till Indien. Bofors som är mellan-
handen, anklagas för att ha mutat indiska
politiker med 80 miljoner svenska kronor.[23] Pris-
lappen för själva affären ligger på 285 miljoner
dollar. Då Palme är personligen inblandad i af-
fären räknas han och den Socialdemokratiska
regeringen som en av de initierande instanserna.
Senare skriver internationella källor att Wal-
lenberg med sitt bolag SAAB är en av de som står
bakom affären.[24]

1990. Rökning ger cancer. Forskning visar tidigt
att det finns ett samband mellan tobak och can-
cer men Philip Morris med flera vägrar att er-
känna det långt in på 1990-talet. Cigaretter som
säljs till vuxna och minderåriga anses inte vara
ohälsosamma, och man gör reklam för dem överallt
– för att öka försäljningen. Ingen statlig rege-
ring motsäger sig detta, ända fram till att can-
cerrisken slutligen blir bevisad och man istäl-
let går ut med information om att rökning är

22 https://www.so-rummet.se/kategorier/u-137 - https://www.forsvarsmak-
ten.se/sv/information-och-fakta/var-historia/artiklar/u-137-dagarna-nar-
sverige-var-pa-randen-till-krig
23 "Boforsaffären i indisk domstol igen" https://sveri-
gesradio.se/artikel/147010
24 Wikipedia: https://en.wikipedia.org/wiki/Bofors_scandal

skadligt.

1992. Estonias sista last. Svenska försvaret och Tullverket ingår ett hemligt avtal som innebär att kryssningsfartyget Estonia kan, förutom att vara en semesterbåt för uppemot 1000 resenärer per dag, användas för att införa militär utrustning från Ryssland. Hon går på grund och man misstänker att detta har något med den hemliga lasten att göra. Uppgifterna om lasten som finns på Estonias sista färd innan hon sjunker tillsammans med 852 av sina 989 passagerare, är fortfarande hemlighetsstämplade. Ingvar Karlsson, som sitter vid makten under 1990-talet, känner under sin mandattid inte till dessa uppgifter och kräver 30 år senare, att de offentliggörs. En ny utredning påbörjas av Haverikommissionen då man år 2020 upptäcker nya, tidigare okända "hål" på fartygets skrov.[25]

2000. Julian Assange, australiensisk journalist som avslöjar bevis för stormakters otaliga, hemliga krigsövergrepp i Afrika och Mellanöstern i cirka 500.000 filer, publicerar allt offentligt. Assange som ser sig som en frihetskämpe, blir därefter direkt fängslad på grund av en påstådd våldtäkt, anklagelser som kommer precis när hans kamp mot den amerikanska regeringen är som framgångsrikast. Att man bryter mot de mänskliga rättigheterna vid hanteringen av hans fall är inget som politiker vill kännas vid. Assange, som berättar hur illa han far vid frihetsberövandet, har år 2024 äntligen blivit friad. Om Assange blev straffad för att förmedla sanningen uppstår frågan om inte tusentals andra journalister också borde bli det. Enligt Assange

25 Wikipedia: https://sv.wikipedia.org/wiki/Estoniakatastrofen

innebär detta slutet på neutral journalistik: "The Us Government.. In terms of its attack on Wikileaks.. have tried to construct a theory, which if permitted will mean the end of national security journalism, not just in United States but also about the United States."[26] Istället för att straffa de ansvariga för krigsbrotten, straffar man budbäraren. Enligt FNs komission hade Assange sedan länge avtjänat sitt straff och borde dessutom kompenseras ekonomiskt för de brott mot de mänskliga rättigheterna som har begåtts mot honom. USA framställer honom som "hacker" och "digital pirat" trots att han är en vanlig journalist.

2010. Edward Snowden, en avhoppad CIA-agent, läcker hemlighetsstämplade dokument som handlar om hur Västvärlden övervakar människor genom internet och Google. På Snowden följer andra "visselblåsare", som hävdar att människor ständigt övervakas av storföretag och statliga myndigheter, som samlar data och personliga uppgifter. Inte mycket görs åt situationen och de flesta medborgarna i västvärlden protesterar inte, varpå övervakningen fortsätter.[27]

Föreställer man sig att mycket av ovanstående material under flera år blev hemlighetsstämplat, innan det kom till allmän kännedom – kan man fråga sig *hur mycket som förblir oupptäckt* – vilket är en hisnande tanke. Hur många hemlighetsstämplade dokument existerar i olika arkiv runtom i världen? Som en riktning har enbart Kennedymordet runt 10.000 hemlighetsstämplade dokument.

När händelserna uppdagas kallas de "politiska skandaler", eller "snedsteg" som av gemene man ska upplevas

26 Julian Assange – Intervju på Youtube
27 Wikipedia: https://sv.wikipedia.org/wiki/Edward_Snowden

som "temporära" och "övergående"; inte som ett under-
liggande mönster, som bland makthavare förekommer frek-
vent och har en "kontinuerlig" karaktär. Betydelsen av
"skandal" är att information som *inte* skulle ha kommit
ut, har blivit offentliggjord. Ovanstående händelser
och ett flertal andra, bidrar till slutsatsen att all-
mänheten inte alltid får ta del av det som egentligen
sker bakom ridåerna. Förr i tiden hade ovanstående
politiska skandaler med rätta kallats konspirationer.
Istället har ordet konspirationsteori i modern tillämp-
ning blivit negativt laddat och samtidigt använt som
ett felaktigt bruk av den vetenskapliga terminologin –
en teori måste alltid vara vetenskapligt underbyggd.

> History would be an excellent thing, if
> only it were true[28]. – Leo Tolstoy

Trots att den historiska tidslinjen är full av liknande
händelser ligger det inte i den moderna diskursen att
ifrågasätta de statsmakter som ska hållas ansvariga för
dylika "politiska skandaler". Detta förhållningssätt
har uppstått i takt med att det uppkommer fler och fler
lagar, som hindrar att man kritiserar makthavarna – och
på så vis uppnår verklig förändring. Allt ifrågasättan-
de blir numera stämplat som "visselblåsning", vilket
bidrar till att visselblåsarens faktiska moraliska in-
sats och hjältestatus uteblir. Detta trots att medbor-
garna i västvärlden sägs leva i en demokrati och är
uppbackade av många lagar och rättigheter. Yttrandefri-
hetslagen, som får oss att tro att vi är fria individer
i ett demokratiskt samhälle – åtminstone på ett teore-
tiskt plan, är en av dem. *Offentlighetsprincipen* är en
annan. Enligt offentlighetsprincipen ska alla medborga-
re, som lever i ett demokratiskt samhälle, kunna be-
ställa fram vilket dokument som helst ur ett statligt
arkiv. I ett fritt, öppet och demokratiskt samhälle

---

28 https://www.academia.edu/5328199/
    Tolstoys_Puppet_Show_On_the_Use_and_Abuse_of_Literature_for_Life

skulle statlig förborgad information, som hemlighets-stämplade dokument inte behövas. De människor som försöker ifrågasätta och gräva sig fram till sanningen blir omnämnda som "konspirations-teoretiker". Deras önskan är att ta fram sanning och kunskap om fördolda händelser; vilket under 1970-talet räknades till "vanlig" journalistik och under 1990-talet som "grävande" reportage, i stil med Robert Asch-berg, Janne Josefsson och Jan Guillou, är inte längre en självklarhet. Visselblåsarna har tagit över journa-listikens uppgift att gräva sig förbi lögner och fram-förallt att ta tillbaka folkets auktoritet och rätt att känna till den objektiva sanningen.

Det finns en stor mängd hemliga dokument som allmän-heten inte har tillträde till, både i det demokratiska Sverige och i andra länder. Det är sådana dokument som Snowden och Assange under stora risker har offentligg-jort, dokument som behöver klassas som viktig in-formation. Fungerar då offentlighetsprincipen – i verk-ligheten? Och vilka metoder används när sanningen ska undanhållas från allmänheten? En av metoderna omnämns i denna bok som – "begreppsförvirring".

Medierna och begreppsförvirringen – var försvann ordens innehåll?

The devil can cite Scripture for his purpose. An evil soul producing holy witness is like a villain with a smiling cheek, A goodly apple rotten at the heart. Oh, what a goodly outside falsehood hath![29]

William Shakespeare

I George Orwells "1984" finns ett känt exempel, där begreppet "krig" förvandlas till begreppet "fred" och begreppet "fred" istället betyder "krig". Orwell kallade den nya leken med ord för "New Speak", något han använde för att illustrera det totalitära samhället. Orwell skrev romanen år 1948 (men bytte plats på siffrorna i årtalet) och lät innehållet inspireras av den kommunistiska Sovjetregimen.

Svenskarna har bevisat makten hos den form av betydelseförskjutande manipulationer som Orwell kallade "NySpråk", förändrandet av ord till att betyda någonting annat. På så vis kan tänkandet dirigeras och inte önskvärda uppfattningar elimineras genom att vi berövas möjligheten att uttrycka dem.[30]

Att dekonstruera begrepp är att omformulera deras innebörd och fylla orden med en ny mening. Ord som i hundratals år har stått för grundläggande mänskliga behov och gett mening åt mänskliga värden, har under senaste tiden tynat bort och blivit försvagade – deras mening och innebörd är inte längre densamma.

---

29 William Shakespeare, The Merchant of Venice
30 Roland Huntford, "Det Blinda Sverige" (The New Totalitarians) sid 6, 1971

"Frihet", "jämlikhet", "broderskap". Detta är stora begrepp, liksom ordet "revolution". När ordens betydelse "tynar bort" blir det också svårare att förhålla sig till innebörden i en praktiskt mening – det historiska arvet nöts på grund av detta bort. Frihet hade tidigare en helt annan mening och innebar en kamp för människans utveckling, för hennes rättigheter, till och med en kamp för livet. Tyvärr har denna mening urholkats, men inte bara i medier och den politiska debatten. Orden fortsätter att urholkas dagligen i den reklam som överallt omringar oss. Begreppen används i syfte att sälja mer produkter, *samtidigt* som att de förminskas i sitt "värde" och urholkas i dess betydelse. Du är "Fri" från gluten. Eller "fri" att välja bil. Ordets egentliga betydelse, att vara verkligt fri försvinner därmed – av den enkla anledningen att företagen skall kunna öka sin försäljning och få fler konsumenter på sin krok. Samma sak med ordet "revolution", som under tidigare århundradena innebar en kamp om liv och död och politisk frigörelse och nu används i nya begrepp, skapade av PR-konsulter, som "Moderevolution" eller "Matrevolution".

Redan under Hippiernas 1970-tal dekonstrueras begreppet frihet och innebörden byts ut – dessförinnan handlade frihet om mänskliga rättigheter och frihet från tvång. Efter 1970-talet får ordet en annan betydelse, som handlar om sexualitet, personlig frigörelse och val av produkter. Frihet från träldom och åsiktsslaveri ersätts istället med frihet att välja bostad, bil och läsk och de mänskliga rättigheterna flyttar ut från den enskilda människans medvetande till ett högsäte vid FN. 1700-talets kamp för självständighet och social rättvisa, där folket störtade kungligheter, har ersatts av en bekvämlighet och ett sökande efter lycka. Bakom begreppen "frihet" och "revolution" fanns även grunden till den mänskliga handlingen och den kraft som ligger däri, till att vilja förändra och förbättra samhället. Även denna mening har nöts bort och urholkats – viljan att agera har istället ersatts med viljan att konsumera.

Ett exempel är att begreppen "Equality" (jämlikhet) och "Equity" (social rättvisa) ständigt förväxlas med varandra. Jämlikhet är ett ord som i modern tid har blivit profilerat till att handla om specifika politiska situationer, till bekostnad av ordet "rättvisa", vilket har lett till att ordet "rättvisa" nu används mindre. "Rättvisa", och att bli rättvist behandlad, är något som alla människor har strävat efter - oavsett ålder, kön och härkomst - i tusentals år. Många kamper har utförts i rättvisans namn, som i sin tur har lett till betydelsefulla förändringar i det mänskliga samhället.

Det ovanstående är inte nödvändigtvis en uppenbar förändring; ingen uppmärksammar denna urholkning eller informerar i förväg vad ett eller annat ord skall komma att ha för "klang" eller betydelse i framtiden. Tvärtom - det handlar om ett osynligt språk som förföljer oss i samhället. Denna osynliga språkliga diskurs återfinns i reklam, i medierna och i hur man tilltalas av myndigheter och samhällsmeddelanden. Urholkningen sker – framför våra blinda ögon.

På reklamaffischerna uttrycks förmaningar, ofta i en påtryckande eller sporrande ton. För att kunna sälja sina produkter eller rikta vår uppmärksamhet mot dem används ett språk som är övermyndigt och sätter sig över oss åskådare; man "vet" vad vi vill och behöver. Samtidigt använder man starka begrepp som ska nå vårt innersta för att påverka oss åt det ena eller andra hållet. Att människan ständigt blir tilltalad som barn av medierna - gör det att hon slutar känna sig förpliktigad till ansvar? Det ansvar som bland annat innebär att hon kan agera utifrån sina rättighet till demokrati och yttrandefrihet? Rätten att delta i samhällsförändring?

Ordet "konspirationsteori" har vunnit mer och mer utrymme i vardagsspråket. Men dess betydelse har skiftat radikalt. Förutom ordets egentliga betydelse, har det blivit använt i egenskap av negativ term – så fort en ide, ett politiskt ställningstagande eller andra åsikter går utanför ramarna, de ramar som är givna inom en för tillfället rådande norm – används detta "laddade" ord. Det leder till att nya idéströmningar och organiska kulturella och politiska åsikter undertrycks och förblir oaccepterade. Framtida politiska idéer och humanistiska riktningar som ännu inte blivit etablerade kan på detta vis bli kvästa och politiken trampar kvar i samma spår, med samma slags maktstrukturer. Ordet "konspiration" som egentligen innebär en "anklagelse" – att några har konspirerat för att begå en brottslig eller omoralisk handling har istället blivit, i en projektion, vänt emot "anklagaren" och associerat med termer som "galenskap" och "oseriöst" eller "amatörmässigt". När man använde ordet konspiration i dess verkliga betydelse, använde man även ordet korruption, för att beskriva politikernas snedsteg och felaktiga maktutövande. Nu har ordet korruption istället urholkats och tappat sin betydelse – till korrupta makthavares fördel.

Samma tekniker, som Bernays uppfann under det glada 1920-talet, omringar oss i dagens samhälle. Precis som då använder man sig i reklam av å ena sidan laddade begrepp och å den andra sidan dekonstruerar man begrepp som inte är "önskvärda". Dessa "marknadsföringsekniker" används ständigt framför våra ögon och ingår i högre utbildning inom bland annat PR och Marknadsföring vid högre lärosäten och existerar även inom politik.

Politikernas tal som tidigare fokuserade på att öppet tala om sitt partis ideologiska intentioner, och stärka folkets anda, går numera, i Bernays anda, ut på att vädja till människors känslor – vad vill väljarna egentligen höra? Man genomför statistiska undersökningar aktivt och ställer frågor som rör väljarnas intressen, för att sedan använda sig av det i valkampanjerna. Detta sker numera med mediernas stöd. Staten har numera mer påverkan på medier än tidigare. Hur arbetar då dessa statstjänstemän med att trots allt hålla uppe en bild av staten och regeringen som en "trygg" styrapparat som det svenska folket kan lita på?

Mediedrev och mediespinn

Medier, såsom tidningar och TV samt nyhetssajter vars tidigare uppgift var att serva sina läsare med neutral omvärldsinformation och granskande journalistik, som gjorde att medierna dåförtiden fick namnet "den tredje statsmakten", har fått en annorlunda uppgift. Journalistkåren har haft en stor makt. De tillhör en yrkeskategori som förut ansågs ha mäktiga positioner och arbetat som viktiga förmedlare av omvärldsbilden. Samtidigt har de anklagats för att blunda för utveckling, att ställa samma frågor och vara likartade i sina åskådningar och åsikter. Det sägs att det skulle råda en tystnadskultur och censur i medierna. Men tycker man likadant och har likartade värderingar uppstår en risk för att neutraliteten förbises, då man inte tar upp all information och verklig mångfald försvinner. Att ifrågasätta rådande normer skuld- och skambeläggs och skriver man fram det som är känsligt, framställs man som extrem. Det som vanliga människorna talar om vägrar den nutida journalistkåren att ta i.

> Such as it is, however, the press has become the greatest power within the Western countries, more powerful than the legislative power, the executive, and the judiciary. And one would then like to ask: By what law has it been elected and to whom is it responsible? In the communist East a

journalist is frankly appointed as a state
official. But who has granted Western
journalists their power, for how long a time,
and with what prerogatives?[31]

Enormous freedom exists for the press, but
not for the readership because newspaper[s]
mostly develop stress and emphasis to those
opinions which do not too openly contradict
their own and the general trend.[32]

En viktig del av yrkesrollen är den politiska neutrali-
tet journalister, oavsett väder, ska hålla på. De ska
inte ta ställning kring *huruvida* de ska granska -
istället ska de alltid granska och ställa de tuffaste
frågorna. Deras uppgift, vilket också framgår av namnet
"Public Service" är att *tjäna* befolkningen genom att ta
fram fakta-uppgifter, det vill säga objektiv sanning. I
dagens samhälle har visselblåsarna tagit över denna
roll. Under några par år efter IB affärens avslöjande
under 1970-talet kom det inga fler avslöjanden. Om det
berodde på att de omtalade journalisterna fick sitta i
fängelse, och att den övriga journalistkåren i Sverige
blev rädda för konsekvenser och ett sämre rykte, eller
att underrättelseorganisationen i sin tur stärkte sä-
kerheten är inte helt klart. Förflyttar man sig framåt
i tiden, kan man se att ursprunget till IB affären
fortfarande förnekas. Istället skyller man ifrån sig på
oberoende aktörer och byråkratiska beslut.

När händelser av allvarlig karaktär uppdagas i samhäl-
let - ska journalistkåren vara först med att ifrågasät-
ta detta, inte sist med att skriva reportage. Annars
bidrar man till att skapa ett söndrat samhälle med
större avstånd mellan makthavare och befolkning. När
människoindividen har kunskap om hur samhället egentli-

31 Alexander Solzjenitsyn, "A World Split Apart", 8 June 1978, Harvard
    University
32 Alexander Solzjenitsyn, "A World Split Apart", 8 June 1978, Harvard
    University

gen ser ut - kan hon påverka det; om man är blind för
händelserna kan man inte heller hitta en lösning. Där-
för behöver civilbefolkningen känna till samhället -
såsom det verkligen ser ut.

Nothing can now be believed which is seen in
a newspaper. Truth itself becomes suspicious
by being put into that polluted vehicle. The
real extent of this state of misinformation
is known only to those who are in situations
to confront facts within their knowledge with
the lies of the day.[33] —Thomas Jefferson

Det som tidigare skämtsamt kallades för "mediedrev" och
"mediespinn", ersätts nu av en blind och oemotsagd tro
på medierna. Läsare ifrågasätter inte längre innehål-
lets sanningshalt. Den gemena åsikten är att det som
står i en seriös tidning, det är antagligen sant. Läser
man att det har varit en börsras så har det varit en
börsras, står det att det har brutit ut ett krig, då
har det brutit ut ett krig. De allra flesta är väldigt
trygga med den verklighetsbild som visas upp i medier-
na. Och det som inte blivit uppvisat, hålls inte heller
för verkligt, liksom det kända ordspråket "out of
sight, out of mind".

Idag läser man medierna som man tidigare läste evange-
liet - man tar det skrivna som en oantastlig sanning.
Allt ifrågasättande av denna "självklarhet" betraktas
som obekvämt, oseriöst och blir stämplat som "konspira-
tionsteoretiskt". Istället förväntas man att tro på all
politisk propaganda som serveras i tidningarna. Detta
undergivna förhållningssätt är inte något som staten
har tvingat den svenska befolkningen till, liksom man
försökte tvinga medborgarna till blind lydnad i Sovje-
tunionen; detta har man valt själv. Eller åtminstone så
tror man det.

33 Thomas Jefferson

43

Under 1900-talets början tar en ny slags reformistisk politik plats, som även påverkar journalistik; där psykologi och politik förenas för att på så vis göra människor mer medgörliga för statlig påverkan. Efter att samhället reformeras till ett konsumtionssamhälle, börjar även politiker visa intresse för Bernays syn på människan. Tiderna blir svårare och efter ett flertal folkuppror i USA och Europa, orsakade av massarbetslöshet vill man nu på högre ort nya hitta metoder för att stävja den arga mobben. Tillsammans med utbildade psykologer som hämtat sin inspiration och teoretiska kunskap från Sigmund Freud, hans dotter Anna Freud men framförallt dennes brorson Edward Bernays, som bland annat anlitas som konsult till president Franklin D. Roosevelt[34] - börjar en psykologisk metodik införlivas i politiska valkampanjer, journalistisk, barnfostran och utbildning vilket leder till en enorm samhällsförändring. Förändringen sker i demokratins namn och man inleder ett helt nytt sätt att se på medier och kommunikationsteknik som verktyg.

> Think of the press as a great keyboard on which the government can play.[35] — Joseph Goebbels

Politisk propaganda

Företaget "United Fruits" som under 1900-talets första hälft äger plantager i hela Guatemala i Centralamerika, samarbetar med diktatorer för att stärka sin makt över landets tillgångar och för att plantagen, som är en stor del av Guatemalas mark, ska behållas i deras ägo. När en ny president, som lovar att United Fruits ska slängas ut ur landet till förmån för det inhemska folket, vinner väljarnas sympati vänder sig United Fruits

---

34 Feminist Media Studies. Publication details, including instructions for authors and subscription information: "It's up to the women" by Jane Marcellus

35 Joseph Goebbles, https://time.com/archive/6750957/germany-scared-to-death/

i desperation till Bernays med uppdraget att bli av med den nya politiska kandidaten.

Bernays börjar med att ändra kandidatens image från att vara en ansedd politiker, som ska rädda sitt folk, till ett "hot" som tar "risker", just när kalla kriget står på tröskeln. Guatemalas demokrati framställs som hotat. Bernays skickar, som en del av kampanjen, ner inflytelserika journalister från USA som får till uppgift att sprida information att kandidaten och landet är under kommunistisk attack. Samtidigt startar han en byrå, på hemmafronten Amerika, som om och om informerar USA:s media att Ryssland har planer på att attackera Guatemala. I syfte att skapa provokation och rädsla, släpper den amerikanska militären ner förklädda bomber i Guatemala, och Bernays får, tillsammans med underrättelsetjänsten och journalister det att se ut som om Demokraterna "frigör" Guatemala. Man iscensätter att en kommunistiskt regim blir befriad av "folket", en inhemsk arme som i hemlighet är tränad av CIA. Detta koncept är något helt nytt. Ingen hade någonsin gått så långt för att säkerställa en maktposition. Denna "succé" lägger en ny grund för CIAs och underrättelsetjänstens framtida metoder men uppgifter om att Eisenhower och CIA i hemlighet tränar en arme i Guatemala, blir inte offentliggjorda förrän långt senare.[36]

Enligt Dr Daniele Ganser, en schweizisk historiker och fredsforskare, existerar ett liknande samarbete fortfarande mellan medier och politiker, fast i ett ännu större omfång. Ganser, som har startat ett fredsinstitut i sitt hemland, menar att man kan ha förtroende för medierna och nyhetsinnehållet när det gäller sportartiklar och väderrapporter. Däremot uppstår det en problematik, menar han, när det handlar om mer komplexa frågor som har att göra med omvärldspolitik och internationella maktstrukturer.

Exempelvis bär många reportage om kriget i Syrien,

---

36 Dr. Daniele Ganser: Können wir den Medien vertrauen? https://www.youtube.com/watch?v=4bF-3rulJz0&t=931s

och reportagen gjorda om kriget i Afghanistan, en sådan komplexitet och Ganser menar att man behöver nyansera frågorna, istället för att "bara" läsa artiklarna rakt upp och ner. De frågor som kan ställa komplexiteten i dess rätta ljus är - *vilka* framställs som de "goda" i krigen? *Vilka* är de "onda"? *Vem* startade kriget *egentligen* och hur? Dessa frågor besvaras ofta ensidigt i medierna, med en förvriden sanningshalt. Ingen kollar upp vad tidningarna skriver noggrannare, och många journalister imiterar varandras artiklar. Då och då jämför och kartlägger forskare och historiker dessa händelser, oftast 10-20 år senare och då är tiden förbi - de ansvariga kan inte längre ställas till svars.

Inte nödvändigtvis att media skulle ljuga om innehållet, snarare täcker inte mediereportaget hela bilden. Ett krig består av många komplexa komponenter och vissa når aldrig offentlighetens ljus. De "ögonblicksbilder" som man får läsa om, som tidningarnas omvärldsbevakning tar sikte på, täcker inte helheten, den helhet som har rötterna i det militära, i underrättelsetjänsten, bland toppolitiker, inom vapenexporten och bland investerande storföretag.

På samma sätt som med reklam, har man utvecklat PR-kampanjer, som handlar om något annat än varorna i butiken, nämligen propaganda för samhälle, politik och krig.

På liknande vis använder man således tekniker för att påverka tankar och känslor gentemot militära insatser - annars skulle alla folk vara emot krig, då de flesta människor inte vill ha lidande. Den del man väljer att rapportera om när det gäller krig, publiceras på ett ändamålsenligt sätt i nyheterna, och med ett syfte som involverar läsarnas känslor. Man kan dölja eller framhäva krig och krigsattentat genom kommunikation. Och denna teknik används i medierapporteringen för att påverka läsaren. Bernays hävdade detta rakt ut under sin tid:

46

Varje individ kommer i kontakt med samma, exakt samma intryck som miljoner andra medborgare… Alla erhåller samma påverkan… Till självständigt tänkande leder detta mycket sällan.[37]

I teorin bildar alla fria medborgare sin egen mening… I praktiken är dock inte möjligt, för var och en att komma underfund med alla komplexa ämnen… Från opinionsbildare och från medierna tar vi emot bevisföringen och diverse perspektiv till ämnet ifråga, som skall diskuteras.[38]

När det gäller komplexa teman som krig i Afghanistan eller Brexit har man opinionsbildare som går ut i medierna och förmedlar sina åsikter och sin expertis. Dessa opinionsbildare, som ofta har en förankring i politiken, använder sitt utrymme i nyheterna för att nå ut till och påverka populationen. Ett exempel är en PR-kampanj där politikern Colin Powell satt med en burk som sades innehålla biokemiska vapen. Han viftar med burken och uttrycker att sådana vapen har Saddam Hussein massvis av och just därför måste USA gå ut i krig. Biokemiska vapen och bakterier i synnerhet leder nämligen till känslor av rädsla och obehag. Kombinationen av bilden och Powells tal skapar således en känsla hos tittaren. Denna känsla blir en legitim anledning till att den militära aktionen får fortgå och tittaren är därmed övertygad. Hade detta övertygande reportage inte sänts hade protesterna mot kriget kanske varit fler.

Ett annat exempel är Tony Blair som i en stor PR-kampanj meddelade de brittiska tittarna att motståndarsidan har kemiska och biologiska vapen och missiler som kan träffa sitt mål inom 45 minuter. Hade Blair istället sagt att missilerna kan träffa målet inom 45 år

37 Edward L Bernays, "Propaganda", sid 18, 1928
38 Ibid

47

hade det inte infunnits samma känsla av nödvändighet, nödvändigheten att gå ut i krig. Blair är dessutom statsminister och därför "måste" sanningshalten i uttalandet vara stor. Vid "*Stanley Milgram Experiment*", ett statligt experiment om information och påverkan, undersökte man på 1960-talet på vilket sätt människor löd auktoriteter och hur människor blev övertalbara.[39] Man ville veta – hur kom det sig att så många tyskar löd nazisterna under andra världskriget? Man ville påvisa att makt-hierarkier och lydnad spelar en avgörande roll i det militära, liksom i det övriga mänskliga samhället. Samhället består av hierarkiska system där auktoriteten påverkar både den enskilda individen och den stora massan. Titlar och expertisutlåtanden är alltså en viktig faktor, det ger en känsla av auktoritet och autenticitet. Powell medgav senare att hans nyhetskampanj inte var bra, utan en skamfläck i hans karriär. Dock var redan 1.000.000 irakier döda.

Skillnaden mellan vanlig reklam och krigspropaganda är att bakom krigspropagandan har en missiltank och krigsskepp lämnat ett land för att attackera ett annat. I Irak och de drabbade länderna pågår krig med granater och bomber. I väst pågår det också krig – fast med bilder och nyhetsreportage i medierna.. Ett sätt att övertyga en population om rättfärdigandet av en händelse är att enbart visa en del av händelsen, samtidigt som man utelämnar det som motverkar syftet.

Framing – en förmåga att influera våra åsikter

En nutida doktorand i lingvistik, språk och kognitionsforskare, Elisabeth Wehling, har publicerat en manual i kommunikationsteknik för makthavare, om bland annat hur man inom medierna ramar in eller "framar" delar av omvärldsnyheterna. Framing, som är

39 Torsten Thuren,"Vetenskapsteori för nybörjare" docent i journalistik och fil. Lic i historia. Verksam vid Stockholms universitet.

ett medialt verktyg, är att ta ett stycke informati-
on ur sitt sammanhang, basera hela nyhetsstoryn på
just detta stycke - och utelämna resten av in-
formationen. Läsaren får då inte helhetsbilden av en
situation utan enbart det utvalda stycket vilket i
sig påverkar perspektivet. För att kunna analysera
vad framing är kan man ta några exempel i beaktande.
Under 1960-talet skriver tidningar att ryssarna har
kärnvapen utplacerade på Cuba. Endast ett år tidigare,
år 1959 placerar amerikanerna missiler i Turkiet, vil-
ket är ett hot mot Ryssland. Detta skrivs inte om i
medierna och läsarna får då inte hela bilden av Cubas
situation. Denna bortklippning av verkligheten, som är
ett typexempel på "framing", eller propaganda-teknik -
erbjuder en ytterst ensidig bild. En annan teknik är
att man enbart offentliggör en del av en tidslinje och
väljer bort allt som händer innan och efter. Har man
som läsare enbart en del av en händelse kan man heller
inte fullt ut välja sina åsikter, som till exempel vil-
ka är egentligen de "goda" i detta krig, eller de
"onda"? Trots det utmålas framing som en positiv metod
av medierna. Så här beskriver en större tidning fra-
ming-tekniken:

> "Framing" - en förmåga och kunnighet i att
> använda vissa ord och språk och bilder för
> att influera våra åsikter. Ett medel för
> politik och reklam. Kritiker kallar detta
> "hjärntvätt".[40]

Här kan man tydligt se hur artikeln försöker
dekonstruera begreppet framing, som annars skulle verka
ganska manipulativt, till ett begrepp med positiva
egenskaper. Orden "förmåga" och "kunnighet" är positivt
laddade begrepp som de flesta människor kan relatera
till, som får framingtekniken att låta som något posi-

---

40 Dr. Daniele Ganser: Können wir den Medien vertrauen?https://www.youtu-
be.com/watch?v=4bF-3rulJz0&t=931s

tivt och bra. "Influera" – ett annat positivt laddat
ord som används i artikeln, istället för ord som skulle
kunna låta mer negativa som "lura" eller "manipulera".
Genom att dessutom ta upp "kritikerna" avdramatiserar
man konceptet; det har ju "redan" blivit kritiserat,
samtidigt som man får det att verka som en fråga om
"kritik", snarare än ett sunt ifrågasättande. Sist men
inte minst har vi ordet "hjärntvätt" som är ett äldre,
mindre använt ord som också betyder "manipulation".
"Hjärntvätt" är ett negativt laddat ord, som står i
samma mening som "kritikerna", medan de positiva be-
greppen "förmåga", "kunnighet" och "influera" tillfal-
ler framing-teknikens mening. På så vis laddar man både
ord, begrepp och meningar, som håller kvar läsaren i
vissa förutfattade meningar och åsikter. Ordet
"hjärntvätt" är i sig manipulerat eftersom det egentli-
gen betyder att tvätta rent men har kommit att betyda
det motsatta.

> What sort of responsibility does a journalist
> or a newspaper have to his readers, or to his
> history -- or to history? If they have misled
> public opinion or the government by
> inaccurate information or wrong conclusions,
> do we know of any cases of public recognition
> and rectification of such mistakes by the
> same journalist or the same newspaper?[41]

Ganser menar att man ska använda mycket av det egna
kritiska tänkandet. Han menar också att man ska obser-
vera hur man känner och tänker när man läser vissa ar-
tiklar. Är man observant, bidrar man till att upprätt-
hålla ett kritiskt och objektivt förhållningssätt när
det gäller informationsgranskning och användandet av
källkritik. Därför, säger Ganser, är det bra att jäm-
föra mellan olika mediekällor om möjligheten finns.
Detta exempel kan jämföras med mat, har man ett val kan

---

41 Alexander Solzjenitsyn, "A World Split Apart", 8 June 1978, Harvard
    University

50

man välja sin maträtt, innan man sväljer den. När man läser en framad eller dekonstruerad artikel och saknar valmöjligheten, då "sväljer" man informationen obearbetad vilket sker tusentals, miljontals gånger per dag, vilket Bernays också påpekade.

> With the printing press and the newspaper, the railroad, the telephone, telegraph, radio and airplanes, ideas can be spread rapidly and even instantaneously over the whole of America.[42]

En läsare öppnar tidningen och redan är redaktörens tankar i hans huvud. Fem gator bort gör en till läsare samma sak. Detta kallas massinformation. Tack vare tidningar och medier finns för staten en "möjlighet" att leda populationen i mer eller mindre samma riktning, vilket Bernays beskriver i sin bok, "Propaganda":

> Popaganda styr massornas psyke på liknande sätt, såsom befälet hos militären som soldaterna fysiskt underkastar sig. Talet av de manipulerbara är stort.[43]

Bernays jämför propaganda med träning av soldater, som kräver att man inte använder ett självständigt tänkande, utan underkastar sig informationen blint. Genom ständig repetition – ett lyssnande på auktoriteten gång på gång, blir konceptet till slut accepterat. Men, säger Ganser, det är lättare att förstå hur soldater tränas att uppfatta order uppifrån, hur 50 man utför samma övning samtidigt, än att förstå hur exakt samma sak sker med våra tankar och känslor. Detta är eftersom att känslor och tankar till större del är en osynlig process.

Säger man till exempel "OLW – för att du älskar det

---

42 Edward L Bernays "Propaganda", sid 12, 1928
43 Edward L Bernays "Propaganda", sid 22, 1928

51

goda", eller sjunger vinjetten till SF film, så triggas en känsla. Inget särskilt händer i det yttre – men i det inre har känslan redan etablerat sig. Det uppstår en process där tankarna och känslorna fokuseras mot olika mål. Kan man förstår detta kan man även stoppa det. Även fotomanipulation används för att skapa olika känslor - av glädje, rädsla eller sorg, samtidigt som man för fram en politisk eller kommersiell poäng. Det kan handla om att ta bilder så att byggnader eller explosioner ser större ut, eller att man fotoshoppar bort människor ur en bild för att få önskad effekt. Vilken ide som helst kan bli implementerad på detta sätt genom social ingenjörskonst. Man behöver bara rätt strategi. "Overton Window"[44] är ett koncept som betyder "fönstret" av de accepterade idéer och opinioner inom ett samhälle. Inom "fönstrets" ramar lever tankar och åsikter som är accepterade i en samtid. Det som var accepterat för 500 år sedan är mindre accepterat idag. Teorin bakom konceptet kan förklara allmän opinionsbildning och hur nya idéer föds och anammas i ett samhälle. Skalan för mottagandet av nya ideer, består av fyra omdömen; från "populär", till "acceptabel", till "radikal", till "otänkbar". En ny ide kan tas emot som otänkbar först, och efter hand godtas som acceptabel. Fönstret kan bli bredare eller smalare i tider av samhällskriser eller under speciella omständigheter. Konceptet används av regeringen när det till exempel finns en agenda som man vill implementera utan protester eller upplopp; när man vill göra det hitintills "otänkbara" till det nya "normala". Tekniken används när man vill att en befolkning ska lära känna en ide och inte avfärda den, till exempel höjd pensionsålder. För att ytterligare manövrera med mottagarnas känslor, framkastar man till en början en ide som är radikalare än ursprungsidén med syftet att människor ska avfärda den första iden. Därefter presenteras en liknande, mindre radikal ide – som låter

44 Glenn Beck,"The Overton Window" 2010

mindre radikal och som plötsligt inte längre är lika
otänkbar.

The smart way to keep people passive and
obedient is to strictly limit the spectrum of
acceptable opinion, but allow very lively
debate within that spectrum(...) That gives
people the sense that there's free thinking
going on, while all the time the presupposi-
tions of the system are being reinforced by
the limits put on the range of the debate.[45]

Dessa strategier har använts på den västerländska be-
folkningen under flera årtionden. Det många studenter
vid journalistik- eller marknadsinstitutioner inte kän-
ner till är att samma kommunikations- eller propagan-
datekniker som lärs ut vid universiteten idag, är de
som uppfanns av Bernays och vidareutvecklades av de
största krigsförbrytarna genom tidernas historia. Vi
lever i Stalins spöke, vi lever i Goebbels spöke - vi
lever i en omvärld där vi inte känner till grunderna
till det samhälle som omringar oss.

45   Noam Chomsky "The common good", 1996

Det som göms i snö, kommer upp i tö...

The only thing necessary for the triumph of evil is for good men to do nothing[46]

Edmund Burke

I den nutida historiska skildringen framställs Tysklands politiska riktning under andra världskriget gärna som "högerpolitik" – men stämmer det med verkligheten? I gryningen av andra världskriget kunde man i världen urskönja tre typer av socialism – Bolsjevik-Socialism (Kommunisterna) i Ryssland, Välfärds-Socialism (Demokraterna) i USA och i Sverige (SocialDemokrater), samt National-Socialism (Nazisterna och Fascisterna) i Tyskland och Italien.[47] Något som inte framgår i dagens politiska diskurs ät att alla dessa riktningar hade sin grund i socialism och vänstern. Man ville få arbetare att känna tillhörighet med arbetare över nationsgränserna men den internationella socialismen uteblev, på grund av de stora ekonomiska förlusterna som första världskriget ledde till, och förenandet skedde istället inom nationerna. Inom den nationella socialismen, som går mot två skilda riktningar, den ena i Tyskland och den andra i Italien, är man emot individualism och kapitalism, och all fokus ligger på att ska folket enas.

Dessa socialistiska riktningar hade vissa ideologiska grundprinciper som var gemensamma, bland annat ville man att alla institutioner, industrier och företag skulle bli statligt ägda och inrätta sig efter de statliga lagförordningarna. Tidens politiska likriktning

---

46 Edmund Burke. Letter to William Smith [January 9, 1795] https://quote-investigator.com/2010/12/04/good-men-do/

47 The Best Enemies Money Can Buy: An Interview with Prof. Antony C. Sutton, https://www.youtube.com/watch?v=zTDvLmEBESY

kan observeras i partiernas valprogram: i det National-Socialistiska (Nazistiska) partiprogrammet under 1930-talet vill man ha statlig vård, statliga tidningar och statliga banker. National-Socialisterna lovade också garanterade arbetstillfällen, avskaffande av all inkomst som inte var "arbetad" för, ett statligt ägande av alla företag och fonder, delad vinst i alla större industrier, avskaffande av barnarbete, avskaffande av kyrkans makt som istället ersätts med statlig makt. Läser man partiprogrammet för ett nutida socialistiskt parti, hittar man flera gemensamma punkter.

Samma sak gällde Fascisternas partiprogram - som lovade 8 timmars arbetsdag, rösträtt till kvinnor, avskaffandet av adelns privilegier, minimilön, arbetsmiljöreformer, fördelning av adelns landområden, statliga skolor som skulle utbilda proletärer, och att ta kyrkans tillgångar till staten.[48] Fascisterna, som leddes av Mussolini hade en politisk riktning som var väldigt snarlik socialismen, vilket förmodligen berodde på att Mussolini hade växt upp med en far, som hade läst Karl Marx "Kapitalet" för honom när han var barn. Han var döpt efter en revolutionär i Mexiko och började sin politiska karriär som ledare för socialisterna och var väldigt beundrad av Trotskij och Lenin. Inspirerad av socialistisk progressivism, sade Mussolini alltid "Avanti", vilket inte är olikt dagens socialistiska slagord och paroller - demokraternas president Barack Obama sade till exempel "Foreward" som paroll och Annie Lööf säger "Framåt". När Mussolini blev utslängd från Socialistiska partiet för att ha stöttat första världskriget, sade han: "Vad som än händer kommer ni inte att förlora mig, 12 år av mitt liv i partiet borde vara en garanti för min socialistiska tro. Socialism är i mitt blod!"[49] Mussolini förblev socialist även i fort-

---

48 Jonah Goldberg "Liberal fascism : the secret history of the American left, from Mussolini to the politics of change", 2009
49 Speech at the Italian Socialist Party's meeting in Milan at the People's Theatre on Nov. 25, 1914. Quote in Revolutionary Fascism by Erik Norling,

sättningen som medlem i det fascistiska partiet. Det man nuförtiden inte talar om är att Mussolinis politik var en del av den nya socialistiska strukturen som var på framfart efter första världskriget, inte en *motsättning* till denna; istället räknar man Mussolinis politik som motsatsen till socialism. Hur kommer det sig?

Ett nytt slags samarbete

Ett ekonomiskt samarbete påbörjas mellan också mellan de "socialistiska" länderna. Näringsidkare börjar, efter första världskriget, intressera sig för att investera i olika industrier och politiska valkampanjer runtom i världen. Alla de tre socialistiska rörelserna finansierades på olika sätt, enligt Anthony Sutton historiker, av stora företagskoncerner som hade vuxit sig större efter industrialismen - bland annat genom Wall Street - trots att den socialistiska vågens riktningar också hade gemensamt att man var emot kapitalism och privatisering av företag och institutioner[50]. National-Socialisternas ledare Hitler gick så långt att han tyckte att judar och kapitalism var ett och samma. Han ville få bort både dem och deras kapital och nazisterna menade att:

> Vi är socialister och dödliga fiender till kapitalismen med utnyttjande av de ekonomiskt svaga, med ett ojämlikt lönesystem och det omoraliska sättet att döma människor utifrån deras pengakapital.[51]

Finansieringen av industrier och socialistiska valkampanjer går från företagskoncernerna - via staten. Ett samarbete mellan de stora företagen och makthavare påbörjas – som slår ut småföretagare och ger upphov

Lisbon, Finis Mundi Press (2011) p. 88.
50 Antony Sutton, "Wall Street and the Rise of Hitler" 1976
51 Gregor Strasser "Thoughts about the Tasks of the Future", by Gregor Strasser - (1926 June 15)

till statlig monopol. Innan andra världskrigets utbrott samarbetar socialistiska politiker i USA på olika sätt med fascisterna i Italien, kommunisterna i Ryssland samt National-Socialisterna i Tyskland. Man har det gemensamt att man vill få bort kapitalismen och adeln, samtidigt som att staten börjar stödja storföretagen och deras monopol.[52]

Det som man idag inte heller talar om är att större delen av världen låter sig inspireras av både Italien, Tyskland och Ryssland och hyllar det progressiva som dessa länder sägs stå för. Journalistkåren världen över imponeras av kommunisternas och nazisternas framfart och sprider sina lovord i hundratals artiklar. Inte bara medier, utan även några av de största företagen världen över är imponerade och intresserade av det nya partiet i Tyskland och vill investera i den nya tidens progressiva anda. Därmed får både Adolf Hitler och andra ledare hela sin politiska karriär sponsrad under 1920- och 30-talen. Heinrich Himmler, chef för SS, får en egen fond som kan knytas till företagsmagnater som ITT, General Electric och Standard Oil. Henry Ford, den amerikanska bilmagnaten och industrimannen och skaparen av bilmärket Ford, med många kontakter inom amerikansk politik - är en av dem. Ford får år 1938 en medalj, "The Grand Cross of the German Eagle"[53] för sina ekonomiska insatser som bygger upp Tyskland. Medaljen delas ut utav ingen annan än National-Socialisterna.

52 Antony Sutton, "Wall Street and the Rise of Hitler" 1976
53 https://rarehistoricalphotos.com/henry-ford-grand-cross-1938/

En viktig del av historien som inte har offentligg-
jorts, är att det ödesdigra valet som Hitler till slut
vinner bygger på valkampanjer som till stor del är fin-
ansierade - utifrån. Kapitalet kommer ur ett konto som
sponsras av flera stora internationella företag med
säte i Amerika. Bland annat är det namn som Ford, Gene-
ral Electrics, Ozram och Standard Oil, som ägs av
Rockefeller. General Electric, som står för uppbyggan-
det av elektrisiteten i USA, upprättar före andra
världskriget till och med en stor el-filial i Tyskland.

Förutom finansiell sponsring får Tyskland även en
del av sin ammunition från dessa stor-företag, bland
annat *tetra-ethyl* för bensin, som utvecklas i Ethyl-
laboratorier i USA och sedan sänds vidare till Tys-
kland. Oljan får de genom en process som överlåts till
dem av Standard Oil, som även ger dem tillgång till an-
dra teknologiska och kemiska processer. Fabrikerna som
ägs av amerikanska stor-företag bombas inte av de al-
lierade efter andra världskrigets slut, när tyskarna
förlorar kriget. De Brittiska och Amerikanska bankerna
lånar också stora summor kapital till National-Socia-
listerna. Det handlar om många miljoner dollar som
lånas ut just som de kommer till makten. På så sätt
sponsras både den militära och den medicinska forsknin-
gen i Tyskland.

Ten years after Virginia passed its sterilization act, Joseph DeJarnette, superintendent of Virginia's Western State Hospital, observed in the Richmond Times-Dispatch, "The Germans are beating us at our own game." America funded Germany's eugenic institutions as well as providing the framework and guidance for the development of their eugenics research. By 1926, the Rockefeller Foundation had donated some $410,000, almost $4 million in today's money, to hundreds of German researchers.[54]

Vad som inte framgår i historieböckerna är att denna beundran och viljan att samarbeta - är ömsesidig. Hitler låter sig inspireras av USA och använder amerikanska restriktioner för immigration och segregation, som är baserade på ras, som modell för Tyskland inhemska judepolitik. De nya National-Socialistiska lagstiftarna, som har till uppgift att skriva lagar om bland annat judefrågan, inspireras av Ku Klux Klan. Man tittar på hur USA definierade den afroamerikanska befolkningen under slaveriets tid och upprättar samma slags ordning i Tyskland. Hitler själv prisar den progressiva immigrations restriktioner och noterar att: "Genom att helt enkelt exkludera vissa raser från att förvärva Naturalisation (medborgarrätt)" närmade man sig National-Socialisternas ide om en vit övermaktstat. Han prisar även lagar som var emot blandäktenskap, skapade av de amerikanska demokraterna. "De germanska invånarna på den amerikanska kontinenten" skrev han i Mein Kampf, "som har förblivit rena och oblandade, reste sig till att bli kontinentens herrar; de kommer att förbli herre så länge de inte faller offer för orent blod".[55]

54 Black, "Eugenics and the Nazis -- the California Connection" - A Study of the United States Influence on German Eugenics, Cameron Williams, East Tennessee State University
55 Dinesh D'Souza, *Death of a Nation.*" sid 152, 1918

Then Hitler remembered what Andrew Jackson
and his successors did to the American
Indians. Jacksons Indian Removal Act had
driven tens of thousands of Indians - the
Chickasaw, the Choctaw, the Creek and the
Seminole - out of their ancestral homes,
forcing them to relocate further west. When
the Cherokee resisted, they were forcibly
removed, leading to the infamous Trail of
Tears.[56]

Hitler gillade däremot inte Lincoln eftersom att han
genom att avskaffa slaveriet, förhindrade "en början av
en ny social ordning baserad på slaveriets princip och
ojämlikhet".[57] Men både Mussolini och Nazisterna låter
sig inspirerats av "The New Deal", som demokraten Fran-
klin D. Roosevelt lanserar, en stor reformistisk kam-
panj i USA som skulle ta bort privatisering och införa
statligt överseende av alla institutioner, företag och
andra samhällsinstanser. När det gällde stor-företagen
och National-Socialisternas sponsorer, skulle något an-
nat gälla, nämligen upprättande av ett helt nytt samar-
bete som bland annat innebar att alla storföretagsoli-
garker fick skydd av staten.

We too as German National Socialists are
looking towards America." FDR, (Roosevelt)
the Nazi-publication said, was replacing "the
uninhabited frenzy of market speculation" of
the 1920s with a "adoption of National
Socialist strains of thought in his economic
and social policies."[58]

Roosevelt hade själv ett samröre med den amerikanska
motsvarigheten till Hitlers fruktansvärda raspolitik.
Woodrow Wilson, den demokratiske politikern som hade
återupprättat Ku Klux Klan och varit ansvarig för deras

56 Dinesh D'Souza, "Death of a Nation." sid 152, 1918
57 Dokumentär: Death of a Nation. Dinesh D'Souza, 2018
58 Dokumentär: Death of a Nation. Dinesh D'Souza, 2018, Völkischer Beobachter

tillväxt i hela Amerika, hade kontinuerligt nära samverkan med Roosevelt. Roosevelt samarbetade även med andra högt uppsatta klan-medlemmar som fick ämbetstjänster i den amerikanska senaten. En av dessa progressiva som fick stor uppmärksamhet var sjuksköterskan Margaret Sanger. Hennes idéer om att "hjälpa mänskligheten framåt" genom eugenik och rasbiologi, inspirerade Hitler och han uttryckte tacksamhet för hennes förslag i brev.

A i ämnet"Aron" står för Ambros

Samarbetet fortsatte även efter andra världskrigets slut, fast nu i hemlighet. Genom "Operation Paperclip", en av den amerikanska underrättelsetjänstens hemliga militära operationer, ville man komma åt den vapenteknik National-Socialisterna hade utvecklat. Före kriget hade amerikanerna investerat pengar i militärteknologin i Tyskland och ville därför inte släppa det som militärindustrin hade producerat. Framför allt ville man åt ingenjörerna som låg bakom projekten. Vid Tysklands befriande hittar de amerikanska soldaterna en lista på 1600 forskare som är hjärnorna bakom teknologin, som både Sovjetunionen och USA vill åt. Bytet är stort - tyskarna hade satsat mycket av kapitalet på forskning. Detta leder till att USA är villiga att benåda de nazistiska forskarna och i hemlighet skona dem från Nürnbergrättegångarna. Man smugglar ut cirka 1600 män, ingenjörer, läkare och forskare som hade begått krigsbrott i samma omfattning som de anklagade och varit medskyldiga i förintelsen.

Istället åker de nazistiska forskarna till USA för att där åtnjuta både kapital och yrkeskarriärer med höga poster - inom USAs viktigaste institutioner som NASA och den amerikanska regeringen. En av förbrytarna heter Siegfried Knameyer, en pilot som räknas till en av Gö-

rings närmaste män. Göring kallar honom "min grabb" och
Siegfried kallas i sin tur för Görings högra hand. Som
tack för det forskningsarbete Knameyer bedriver för den
amerikanska staten belönas han, av USA:s stat, med den
högsta militära medalj som går att få. Flera av de an-
dra forskarna får också priser av NASA.

Ett annat exempel är Otto Ambros, Hitlers favoritke-
mist och nazi-forskare, med ett omfattande ansvar för
Auschwitz. Det beskrivs hur han och hans kollegor, ef-
ter arbetsdagens slut går och spelar tennis på ett
tennisplan i närheten av krematoriet. Otto Ambros får
efter kriget en karriär som kemist i USA. A i ämnet
"Aron" står för Ambros - hans efternamn. Fler exempel
utgörs av Dr Blom och Dr Schreiber, som under kriget
genomför fruktansvärda experiment på människor och ef-
ter krigets slut bedriver forskning vid medicinska in-
stitut i USA.

Några av forskarna får umgås med president John F
Kennedy och andra i den amerikanska societeten. Några
börjar arbeta för CIA och den amerikanska underrättel-
setjänsten. Ett flertal arbetar med raketer och utveck-
lar den kända raketen Apollo. Två av månens kratrar
blir därefter döpta efter nazistiska forskare och en av
de tyska forskarna får ett pris döpt efter sig, som de-
las ut ända in på 2000-talet.[59]

Paradigmskifte

Hur kommer det sig att dessa "felsteg" som begås av
politiker och företagsledare i väst inte är mer upp-
märksammade? Utbildningsinstitutioner, skolböcker och
den offentliga debatten borde gemensamt informera och
påminna om dessa segment av historien som inte är of-
fentliggjorda, så att alla de ovan beskrivna händelser-
na får sin rättmätiga plats i historieskrivningen. Men

---

59 Föreläsning: Annie Jacobsen, Operation Paperclip https://www.youtu-
be.com/watch?v=DdoIKaCLOIo&pp=ygU-
jQW5uaWUgSmFjb2JzZW4sIE9wZXJhdGlvbiBQYXBlcmNsaXA%3D

så är det inte och det finns en anledning till detta. När de miljontals offer, som andra världskriget skördade, uppdagades och många av de ansvariga i Tyskland blev ställda till svars för sina krigsbrott, uppstod nämligen ett stort tumult. Hela världen börjar samarbeta för att ställa det fruktansvärda till rätta. Samtidigt inser politiker, elit och stor-företagare att man har låtit stödet för Hitler gå för långt. Nu vill man tvätta bort den oönskade stämpeln av nazism. Allt ansvar - lämpas över på tyskarna.

Inom den socialistiska rörelsen världen över, påbörjas en reningsprocess och för att inte associeras med nazismens fruktansvärda brott, omdefinieras nazismen som "högerextrem", trots den uppenbara bristen på logik. Den nazistiska ideologin, som tidigare förknippats med arbetarna, vänstern, "SS" och enbart är en förkortning av ordet "National-Socialism", omdifinieras plötsligt till att höra ihop med politikens högra sida. Nu ska begreppet nazism förknippas med "konservatism" istället för "socialism" i denna avsiktliga begreppsförvirring. Man löser således inte problemet med den nazistiska ideologin utan "skiftar" bara över det på någon annan. På detta sätt behöver inte politikerna som stöttade Hitler och Wall-Street magnaterna som sponsrade Nazi-Tyskland ekonomiskt ta ansvar för något som skedde under andra världskriget. Exakt vem eller vilka som var ansvariga för denna paradigm-skifteskampanj är fortfarande inte känt, dessa dokument är förmodligen fortfarande hemlighetsstämplade. Är paradigmskiftet en kampanj som dåtidens socialistiska makthavare, storföretagare och ledare bedrev för att kunna vara kvar vid makten? För att slippa ställas till svars för sina nazist-sympatier, sitt investerade kapital och sitt samarbete med Hitler som senare ledde till utrensningen av miljontals judar?

En stor del av det "narrativ" de socialistiska makthavarna bedriver i sina valkampanjer, handlar om anti-

rasism och en inkluderande syn på minoriteter. Ett upp-
dagat samarbete med Hitler skulle förmodligen smutsa
ner den naiva föreställningen som dagens befolkning
har.[60]

Sverige och folkhemmet

Varför skulle den svenska Socialismen under 1930-talet
vara annorlunda och skilja sig från de politiska vindar
som hade spridit sig över Europa? Idag känner många
människor inte till det Socialdemokratiska partiets
historia i dess helhet. Man förlitar sig på den offici-
ella historien, och den bild som kommer fram i valkam-
panjer, det narrativ som är fabulerat av partiets PR-
anställda. Kan det vara så att Socialdemokraterna, Sve-
riges största parti under 100 års tid, inte vill att
den mörka historien ska komma fram? Och var Sverige un-
der andra världskriget så svagt att man kapitulerade
under Tysklands nya regim? Eller gjorde man trots allt
ett medvetet val? I Sverige har man inte varit helt
varse om att skolor, stiftelser, sjukhem och andra in-
stitutioner är grundade och uppbyggda av individer med
Nazistsympatier och antisemitiska åsikter, likt Alma
Hedin eller makarna Myrdal. Denna bakgrund har
politiker, institutioner och skolor helt enkelt lagt på
is. Istället har man fokuserat på att bygga upp det
svenska folkhemmet.

Folkhemsbegreppet, som blev myntat i början av förra
sekelskiftet av statsvetaren Johan Rudolf Kjellén, bi-
drog som inspiration till den dåvarande statsministern
Per Albin Hansson. Hansson var inte den ende som skulle
låta sig påverkas av Kjellén – hans böcker hade en stor
popularitet bland National-Socialisterna i Tyskland.
Ordet folkhem hade i Sverige använts sedan slutet av
1800-talet, innan begreppet breddades av Kjellén och

---

60 Dokumentär: Hillary's America: The Secret History of the Democratic Party,
    2016

64

socialdemokraterna. I Tyskland kallades det "Volksheime" med betydelsen inrättningar av typen Folkets Hus. Efter andra världskriget blir många av Kjelléns verk bannlysta i stora delar av Europa – i det Socialdemokratiska Sverige förblir dock begreppet "folkhemmet" kvar under många år.[61]

Är detta tredje riket?

Att den Socialdemokratiska regeringen med full medvetenhet tog beslut om militärt samarbete och militära operationer är nog inget man kan bestrida men hur pass mycket visste egentligen civilbefolkningen?

> Det svenska folket var hänvisat till de fakta som spreds av journalisterna och av tidningarnas redaktioner. De svenska dags- och kvällstidningarna var de nyhetsorgan, som Sverige hade, och i dessa kunde den svenska regeringen, som då leddes av Per Albin Hansson, få framförda de nyheter som de ansåg att Sveriges befolkning skulle få ta del av.[62]

Medierna som från början var ett neutralt organ fann sig under andra världskriget mer och mer styrda av staten. Samtidigt som ett flertal av de, vars röster hördes i tidningarna - journalister och politiker - var protyska och visade på en stöttande attityd.

Aftonbladet 31 januari 1933: Är detta tredje riket? Har man en gång haft det nöjet att i "Das braune Haus" i München iakttaga vördnaden för Hitler personligen, förstår man att bakom de många åthävorna och orden, kommandoropen och ställningsstegen, ligger en sanning, någonting reellt, som knappast låter sig jävas. (...)

61 RUDOLF KJELLEN: THE FATHER OF GEOPOLITICS An essay by Torbjørn l. Knutsen
    https://www.academia.edu/43436284/RUDOLF_KJELL
    %C3%89N_THE_FATHER_OG_GEOPOLITICS_REAPPRAISED
62 Tidningarna i Sverige under andra världskriget ur "Om motstånd och kol-
    laboration - Sverige under 30- och 40-talen" - En del av projektet Past to
    Present (www.pasttopresent.org)

Detta äkta, som man kommer underfund med om man hört hans tal, vilket också svenskar kunnat göra i radio, är att han är en troende man, att han har värme i bröstet och att det finnes strömmar i hans tal, som rinna direkt från den tyska kulturens högland.[63]

De svenska nazist-vänliga artiklarna är fullt godkända av den svenska regeringen, trots den bild av neutralitet man långt senare vill påskina. Tvärtom, alla artiklar som är kritiskt inställda till Hitlers och National-Socialisternas strategier, blir förbjudna. Man inför 1940 till och med en statlig institution, SIS, som ska stävja alla nazi-kritiska röster.

> Regeringens politik gick ut på att försöka hålla Sverige så "neutralt" som möjligt gentemot nazismen och den politiska makt som höll på att växa fram i Europa. Allt eftersom nazismen växte sig allt starkare i Tyskland väcktes protester bland journalisterna. Man protesterade mot att man i Sverige var för "eftergiven" mot Tyskland. I början av 1940 inrättades Statens Informationsstyrelse (SIS), som skulle informera allmänheten om krisåtgärder men också granska pressen. (...) Artiklar som gavs en grön lapp godkändes och fick publiceras, artiklar som försågs med grå lappar skulle inte publiceras.[64]

Alla journalister är inte lika begeistrade av Hitler när kriget väl bryter ut och det framgår att tusentals judar är i koncentrationsläger. Det inleds en kamp där majoriteten av den svenska journalistkåren och makthavare stödjer Tyskland.

Bokförlaget *Natur och Kultur* kämpar för att ge ut böcker om Nazitysklands övergrepp men Per Albin Hansson och den socialistiska regeringen lägger utgivningsför-

---

63 Aftonbladet 31 januari 1933
64 Tidningarna i Sverige under andra världskriget ur "Om motstånd och kollaboration - Sverige under 30- och 40-talen" - En del av projektet Past to Present (www.pasttopresent.org)

bud på litteraturen.

FÖR AFTONBLADET VAR DE FÖRSTA ÅREN på fyrtiotalet en skammens tid. Tidningen, ägarmässigt kontrollerad av finansmannen Torsten Kreuger, låg inrikespolitiskt folkpartiet nära men utrikespolitiskt var den klart tyskvänlig och ofta förstående för den tyska regimen. Dåtidens Aftonbladet trodde att bästa sättet att uppnå fred var att låta Hitler bli herre över hela Europa.[65]

Aftonbladet vidtar åtgärder mot två journalister som skriver Nazi-kritiska artiklar. Den ditintills brukliga svenska lagtexten gör saken komplicerad och hösten 1939 ändrar regeringen tryckfrihetslagen för att underlätta kontrollen och stävja "obekväma" artiklar. Lagändringen ger regeringen tillstånd att beslagta material i tidningar - utan rättegång.

1941 godkände regeringen även grundlagsändringar, som bl.a. innebar införande av censur vid krig eller krigsfara, utgivningsförbud vid krig, revidering av tryckfrihetsförordningens brottskatalog, fullmakt för regeringen att förbjuda offentliggörandet av nyheter, som kan skada landet, och nya ansvarighetsregler.[66]

Göteborgs Handel- och Sjöfartstidning, GHT, är en av de icke-statligt ägda tidningar som inte ger upp. GHT blir därför nedstängda och drabbas bland annat av så kallad "transportförbud".

Under den aktuella tiden var Torgny Segerstedt chefredaktör [publicist och

---

65 "Krigsåren och folkhemmets födelse" – Aftonbladets chefredaktör *Rolf Alsing* skildrar här det svenska 1940-talet - som började i krigets skugga och slutade i fredens glädje och välfärds-Sveriges framväxt. – Materialet återgivet med särskilt tillstånd av Aftonbladet och av författaren

66 Heddelin, Ekstrand & Frantzen, Segerstedt i GHT, s 73

religionshistoriker]. Han stred i sina ledare
för GHT för frihet och han bekämpade våld och
förtryck. Han skrev att regeringen var feg,
oppriktig och inte motsvarade folkets
vilja.[67] Redan under 20-talet varnade han för
nazismen och Hitler. Segerstedts protester
gjorde att kungen och utrikesministern ansåg
att det skulle leda till att Sverige skulle
dras in i kriget. Kungen lät kalla till sig
Segerstedt och uppmanade honom att behärska
sig. GHT utsattes för annonsbojkott från
näringslivet. Segerstedt själv mordhotades
och fick hatbrev. GHT beslagtogs 8 gånger
p.g.a. "Idag-artiklarna" som var klart
antinazistiska. Ett exempel var GHT av den 12
mars 1942 då GHT beslagtogs för en skildring
av tortyr i de norska fängelserna.[68]

Den nya "informationsstyrelsen" menar att alla reporta-
ge som beskriver kriget och nazityskarnas förehavanden
enbart är anklagelser och förolämpningar utan grund.
Dessa totalförbjuds nu och fängelsestraff är en av
påföljderna:

I maj 1940, en och en halv månad efter
Nazitysklands angrepp på Norge, lyder en av
Informationsstyrelsens grå lappar på följande
sätt: »På förekommen anledning - senast vissa
i pressen synliga uppgifter om tyska
övergrepp mot norska civilbefolkningen -
fästes pressens uppmärksamhet vid det faktum,
att varje krigförande stat betraktar alla
påståenden om våldsdåd och övergrepp mot de
civila såsom mycket allvarliga beskyllningar
för att icke säga grov förolämpning mot
vederbörande krigsmakt. Det är därför av yt-

---

67 Maria-Pia Boëthius, "Heder och samvete", s 151, 1991
68 Tidningarna i Sverige under andra världskriget ur "Om motstånd och kol-
    laboration - Sverige under 30- och 40-talen" - En del av projektet Past to
    Present (www.pasttopresent.org)

tersta vikt, att dylika uppgifter icke givas publicitet.«[69] [70]

Under en period går flera tidningar ihop och bestämmer sig för att publicera kritisk och sanningsenlig information om Gestapo. Den svenska säkerhetspolisen får genom avlyssningar informationen om detta, ingriper och stoppar utgivningen. Artikeln, som skulle ha hetat "I norska fängelser och koncentrationsläger." kommer aldrig ut. Därför når inte information om nazisternas förbrytelser svenskarna. Ytterligare hela 300 artiklar beslagtas, med lagstöd, utan rättegång. 1939, på Hitlers födelsedag, lyder istället Aftonbladets huvudrubrik "Störste tysken i alla tider". Utomlands uppmärksammas den kämpande svenska oppositionen mer än i Sverige. Så här skriver BBC om Göteborgs Handels och Sjöfartstidning efter krigets utbrott:

Redaktör och utgivare åren 1939 - 45 var Ture Nerman. Han angrep starkt nazismen och det faktum att svenska myndigheter lät den tyska makten få sin vilja fram. Genom "Trots Allt!" ville man få människor att kämpa för demokrati och det fria ordet, mot länder som inte tillät folket att leva i frihet. Efter attentatsförsöket mot Hitler i november 1939 skrev Ture Nerman att nu var nazirikets dagar räknade. Tyskland borde få fred »på villkor att det nazistiska gangsterväldet helt utrotas, tyska folket återges sin frihet, judarna sina mänskliga rättigheter (..) Björnen är inte skjuten än. Det är sant. Men jakten har börjat.«[71]För detta åtalades Ture Nerman enligt en paragraf från 1912 om smädliga omdömen om främmande makter. Han

69 Hans Dahlberg, "Sverige under andra världskriget", s 88, 1983
70 Tidningarna i Sverige under andra världskriget ur "Om motstånd och kol-
    laboration - Sverige under 30- och 40-talen" - En del av projektet Past to
    Present (www.pasttopresent.org)
71 Hans Dahlberg, "Sverige under andra världskriget", s 224

döms till tre månaders fängelse och domen fastställs av hovrätten.[72]

Svenskarna är inte ensamma – samma politiska vindar går på flera håll i världen och i flera stora tidningar imponeras man av National-Socialisternas genomslagskraft – ända tills dess, att det som försiggår i koncentrationslägren uppdagas. Nedan kommer flera skrämmande exempel på Socialdemokratiska politikers attityd som råder. Dessa idéer börjar redan tidigare att infiltrera Sverige och Europa. Ett citat från en Socialdemokratisk politiker lyder:

> Varför vara så rädda för revolutioner och våld, när vi ändå måste tillgripa våldet som medel att genomdriva våra fodringar? Nej, låt oss reflektera över och överlägga om *vad slags* våld vi måste tillgripa samt lära arbetarna tillverka och nyttja både dynamit och dolk. För min del anser jag småmord vara alldeles utmärkta, och sådana attentat sätta skräck i de härskande i samhället. Vi skola ingjuta det gift, som heter hat, så att vi bli mogna för vilket våld som helst.[73]

Uttalandet tillhör Hinke Bergegren, under lång tid redaktör på Social-Demokraten, författare och representant för Socialdemokraterna, som uttalade sig under den andra kongressen. Han blev emotsagd men inte avsatt utan satt kvar under flera år, fram till 1908 då man äntligen fann sig i att utesluta honom.

> Varje arbetare som redan bär hatets och kärlekens eld i sitt bröst, måste alltid oavbrutet söka tända samma hatets och kärlekens eld i sina likgiltiga kamraters bröst. Hatet till tyranniet och förtrycket,

---

72 *Tidningarna i Sverige under andra världskriget* ur "Om motstånd och kollaboration - Sverige under 30- och 40-talen" - En del av projektet Past to Present (www.pasttopresent.org)

73 Andra kongressen under tiden runt sekelskiftet 17-20:e maj 1891

70

till utsugningen och slaveriet, kärleken till sina kamrater, till hela mänsklighetens frihet. Flammande måste hatet bli.[74]

Partiets ideologer sätter tonen för Sverige under ett helt sekel. Bengt Lidforss, professor i botanik vid Uppsala Universitet och socialdemokrat säger, att "blandning med andra raser skulle bli anledning till kulturell nedgång i Sverige".[75] Vid 1800-talets slut kommer Lidforss i kontakt med tyska antisemitiska rörelsen och skriver sedan att antisemitismen är "ett berättigadt moment (...) som vill bevara och uppfostra det germaniska skarplynnet i dess ursprungliga renhet och känslodjup."[76] och att "antisemitismen är en förskola för socialdemokratin", vilket publiceras i tidningen Arbetet.

Andra skribenter är inte bättre. Om gästarbetare från Ukraina och Polen skriver tidningen Arbetet, ur artikeln om den "Galiziska faran":

> De knappast kunde kallas civiliserade i vanlig europeisk mening och som tillhöra i odling efterblivna raser, kunna på grund av sin lägre kultur och sina små anspråk på livet (...)[77]

FRAM, Socialdemokratiska Ungdomsförbundets tidning, publicerar i juli 1903 följande utsaga, av Fabian Månsson, som sedan sitter i partistyrelsen 1911-1916: "Genom varje svenskt sinnad mans ådror går en skälfning av raseri och man får en obetvinglig lust att tvätta sina händer i utländska skojares blod (...)". I Socialde-

74 Ungdomsförbundets tidning FRAM, Mars 1907
75 Bengt Lidforss, "Utkast och Silhuetter", 1922
76 "Fragment och miniatyrer - uppsatser i skilda ämnen af Bengt lidforss", Stockholm, Albert Bonniers förlag, 1904, sid 122
77 Arbetet (1904: 14/4) Den galiziska faran, s. 2 https://lup.lub.lu.se/luur/download?func=downloadFile&recordOId=1528967&fileOId=1528968

mokratiska Ungdomsförbunds tidning "Fram" publiceras dikten *Vårt land,* år 1907, författad av Leon Larsson:

> Vårt land, o vårt väldiga fädernesland/det äges av ockrande judar/och landet är fjättrat i kedjor och band/och lämnat åt pänningens gudar.[78]

I Socialdemokratiska Kvinnoförbundets tidning "Morgonbris", juli 1907, skriver man varmt om diktaren: "Arbetarklassens lidanden ha aldrig på svenskt språk tolkats så modigt, sant och i all sin tragiska storslagenhet som hos Leon Larsson".[79]

Rasbiologiska institutet – att byta skinn

Hjalmar Branting som är redaktör för den Socialdemokratiska tidningen "Tiden", låter artikeln, där det står hur folkgrupperna i Afrika inte klarar av att sköta om sitt land varför de västerländska människorna blir tvingade att ta över, publiceras. Bland annat vill man även uppmuntra till tvångssterilisering:

> En sterilisering av notoriskt belastade individer kan visserligen ha sin stora betydelse men kan dock endast bli ett palliativ med föga inflytande på den verkligt rationella rasförädlingen.[80]

Inte bara Socialdemokratiska partipolitiska tidskrifter har denna inställning.

Till slut kulminerar idéerna och man gör slag i saken. Riksdagsman Alfred Petrén (i riksdagen 1912-1935) föreslår i en motion införandet av ett institut för rasbiologi. Utdrag ur motionen:

---

78 Socialdemokratiska Ungdomsförbunds tidning Fram publiceras år 1907
79 Socialdemokratiska Kvinnoförbundets tidning Morgonbris, juli 1907
80 från tidskriften Tiden 1929. av skribenten Ture Agrup.

Den rasbiologiska forskningen som arbetar för ett högt och ädelt mål: skydd mot släktets degeneration och främjande av goda rasegenskaper, växer sig för varje dag allt starkare, (...) Denna forsknings uppgift är att närmare utreda och klargöra alla de förhållanden beträffande ärftlighet och miljö, som förorsaka ett höjande eller sänkande av ett folks inre värde. [81](ur skrivelse till Konungen)

Denna motion, som läggs fram av bland annat Alfred Petrén, undertecknas av Hjalmar Branting den 13:e januari år 1920 och den 13:e maj år 1921 öppnas det Rasbiologiska institutet på regeringens begäran - världens första i sitt slag.
Inget annat land hade kommit så långt i denna typen av forskning. Institutet öppnas invid Uppsala domkyrka i dekanhuset, för att understryka dess allvarliga intention. Det blir sedan den plats där 100.000 svenskar registreras och rangordnas, vilket senare resulterar i att man klassificerar människor som lättsinniga, kriminella, eller rasblandade, i en första utgåva vid namn "The Racial Characters of the Swedish Nation". Arbetet får ett stort genombrott i Sverige och utomlands. Tidningen Socialdemokraten skriver:

Institutets kraftansträngningar har nu resulterat i ett monumentalt arbete, behandlande svenska folkets rasbeskaffenhet, vilket utkommer i dagarna. Boken, som i färdigt skick torde omfatta omkring 400 foliosidor, är den största och fullständigaste rasbeskrivning som någonsin utgivits. Det tillägnar förvisso svensk forskning till all heder att ha gått i spetsen på detta område.[82]

81 https://www.riksdagen.se/sv/dokument-och-lagar/dokument/proposition/
    kungl.-may.ts-proposition-nr-114_di30114
82 Socialdemokraten, okänt datum

73

På Stockholmsutställningen stoltserar Sverige med det Rasbiologiska institutet. Aftonbladet skriver att "Kunna vi undertrycka de sämre folkelementen i vårt land och främja de bättres trevnad då få vi på alla områden bättre arbete utfört, mera lugn och ro och lyckligare samhällsförhållanden."[83] Alla dessa "innovationer" leder till studiebesök från Tyskland. Man beundrar det svenska arbetet och 1933 öppnas det i Tyskland ett rasbiologiskt institut – inspirerat av Uppsalainstitutet. Att Socialdemokraterna gång på gång inspirerar National-Socialisterna i Tyskland är inget partiet idag öppet vill diskutera.

Ett verk som institutet publicerar strax därpå heter "Svensk Raskunskap" och på baksidan kan man läsa att Sverige med boken, vunnit nazisternas beundran:

> Den tyske rasforskaren dr Hans Günther, Adolf Hitlers och Nazitysklands blivande rasexpert, skriver i Nationen: Det nya verket utgör den mest betydande rasvetenskapliga undersökning över ett europeiskt folk som någonsin utkommit… Sverige har nu två gånger inom ett kvarts sekel uppställt ett exempel åt andra folk.[84]

Man har inget emot att ta åt sig den ära som Tyskarna och Hitler vill förmedla. Efter krigsslutet försvinner det Rasbiologiska institutet i Tyskland, medan man i Sverige fortsätter sitt arbete som om ingenting har hänt, under flera år framöver. År 1945 utser regeringen och Per Albin Hansson, professor Nils von Hoffsten till ordförande för det Rasbiologiska institutet. Nils von Hoffsten skriver redan år 1929 i Husmoderns läkarbok:

> Vi kunna därför utan tvekan fastslå att den svarta rasen står lägre än den vita. En svunnen tids verklighetsfrämmande idealism

83 Aftonbladet, okänt datum
84 Herman Lundborg, "Svensk Raskunskap" 1927

74

kunde ännu tro att svarta äga samma utvecklingsmöjligheter som vita; en sådan tro vore numera en löjlighet och en dumhet. [85]

Arbetet fortsätter vid institutet i självständig regi ända till hisnande år 1958. Därefter byter man som på beställning både namn och syfte:

Gränsen till den gamla rasbiologiska forskningen var alltså inte glasklar, men den enskilde sattes mer satt i fokus, kvalitativa och rasmytiska omdömen försvann, folkhälsa i stället för värnandet om den nordiska rasen var syftet. [86]

Institutet byter namn till Institutionen för Medicinsk Genetik och går in under Uppsala Universitets styre. Man skaffar sig sponsorer som Rockefeller Foundation, som skänker 50.000 dollar och Wallenberg som ur sin fond skänker 100.000 kronor. [87] Och det är inte bara inom Rasbiologiska Institutet som man byter skinn, när kriget börjar gå mot sitt slut.

Den tyska pulsåldern

Riksdagen sammankallar 1939 till Fyrmaktsmötet där Norden visar stöd för Nazi-Tyskland. Ett halv år senare angriper Tyskland Norge. Man väljer då att stötta Tyskarna genom att låta Per Albin Hansson skicka förnödenheter till tyskarna som gör att de kan fortsätta angripa Norrmännen.

---

85 Nils von Hoffstenår "Husmoderns läkarbok" 1929

86 Statlig En historik rasforskning över rasbiologiska institutet (Gunnar Broberg Ugglan 4, Andra upplagan, Lund Studies in the History of Science and Ideas) "Reformeugenik och medicinsk genetik: verksamheten efter 1937, sid 79

87 En historik rasforskning över rasbiologiska institutet (Gunnar Broberg Ugglan 4, Andra upplagan, Lund Studies in the History of Science and Ideas) "Reformeugenik och medicinsk genetik: verksamheten efter 1937, sid 80-81

Från nederlaget och Karl X IIs kapitulation vid Perevolotjna och Poltava följde en rad kapitulationer vid krig, nästa stora blev kapitulationen vid Helsingfors efter ett felslaget försök att återvinna de förlorade finska provinserna vilket ledde till hela att Finland tillföll Ryssland. Detta skedde helt utan kamp. Samma tråd följde svenskarna, som kompromissade sin neutralitet i andra världskriget och tillät tyska trupper åka tåg efter tåg genom den svenska järnvägen, på grund av Socialdemokraternas protyska inställning.[88]

Det svenska järnvägen beskrivs som en Tysk pulsåder. Allt sker under stort hemlighetsmakeri. Enligt uppgift innehöll tågen även norska fångar på väg till de tyska koncentrationslägren.

Den 29 - 30 juni 1940 rullade de första tågen med tyska soldater genom Sverige till och från Norge. Tågen ökade snabbt i antal och även antalet passagerare ökade. Den svenska regeringen beslöt midsommaren 1941 att låta tyskarna sända en fullt rustad division på svenska järnvägar från Norge till Finland. Partierna konsulterade sina riksdagsgrupper. Det röstades två gånger om saken och vid den andra röstomgången röstades för bifall. Den svenska regeringen gick alltså med på tyskarnas krav på transitering av trupp.[89]

Statsminister Per-Albin Hansson röstade ja i den andra omröstningen. Han skrev i sin dagbok 18 juni 1940: »Så bröts vår kära och strikt hållna neutralitetslinje av insikten

---

88 Roland Huntford, "Det Blinda Sverige" (The New Totalitarians), 1971
89 *Transiteringen av tyska soldater genom Sverige* ur "Om motstånd och kollaboration - Sverige under 30- och 40-talen"

om det orimliga i nuvarande läge att taga risken av ett krig.«[90]

Sverige bryter sin neutralitet och bevisen talar sitt tydliga språk. Totalt fraktas 100.000 vagnar och 1.000.000 soldater mellan Sverige och Norge tills överenskommelsen mellan Sverige och Nazityskland avbryts år 1943. 10.000 människor i Norge dör, de flesta civila. I dagens Sverige är man inte så noggrann med att diskutera dessa fakta. Tysklands vapenindustri är också beroende av Sveriges malmindustri som under krigets gång exporterar till Tyskarna:

En engelsk tidning skrev 1939: »Man har beräknat att de svenska malmleveranserna förlängde första världskriget med två år. De allierade måste tydligen ta under övervägande att stoppa malmleveranserna till Tyskland.«[91]

Englands politiker påpekar att de företräder demokratins sak och att om Sverige nu av olika skäl inte kan delta i den kampen, borde man i alla fall vara återhållsam i sina ekonomiska mellanhavanden med nazisterna.[92] England föreslår även att Sverige ska förbjuda all malmexport till alla krigförande länder men detta får avslag av svenskarna.[93]

Alla med ett rött J i passet ska inte släppas in i Sverige

Sigfrid Hansson, bror till statsministern Per-Albin, var oroad över att Sverige kunde utsättas för massinvasion från Österrike och Tyskland. (...) Viseringstvång för

---

90 *Transiteringen av tyska soldater genom Sverige* ur "Om motstånd och kollaboration - Sverige under 30- och 40-talen"

91 "Om motstånd och kollaboration - Sverige under 30- och 40-talen"

92 Maria-Pia Boëthius, "Heder och samvete", s 127, 1991

93 *Järnmalmstransporterna* ur "Om motstånd och kollaboration - Sverige under 30- och 40-talen"

österrikiska medborgare utfärdades därför av den svenska regeringen i april -38 och plötsligt hade UD ett instrument för kontroll av inresande. Under hösten -38 förvärrades flyktingproblemet och inför hotet om en allt större invandring av judar från Tyskland gick UD till aktion, den här gången genom direkta förhandlingar med de tyska myndigheterna.[94] Den undantagsbestämmelse som sade att politiska flyktingar inte fick sändas tillbaka borde sättas ur spel vid krigsutbrott.[95]

När Hitlers invasion i Österrike resulterar i att judarna börjar fly förekommer Per Albins regering detta genom att stifta en lag som stoppar dem redan vid den svenska gränsen. Tyskland och Sverige utvecklar tillsammans en "ny" gränsmetod som innebär att alla med ett rött J i passet ska inte släppas in i Sverige. Ytterligare omständigheter gör att Tyskland börjar använda samma pass-teknik i hemlandet.

Tyska regeringen uppmanade Sverige att upphäva viseringsbeslutet (...) Sålunda skulle tyska passbestämmelser gälla. Den svenska invandringsspärren mot den österrikiska flyktingströmmen skulle därmed brytas upp. Inför hotet om en allt större invandring av judar från Tyskland kom UD att gå till aktion, denna gång genom direkta förhandlingar med tyska myndigheter.[96]"[97]

Byråchefen för UD, Magnus Hallenborg[98], som representerade Sverige i Eviankonferensen,

94 Hans Lindberg, "Svensk flyktingpolitik under internationellt tryck 1936-41" s 118
95 Maria-Pia Boëthius, "Heder och samvete", s 122, 1991
96 Maria-Pia Boëthius, "Heder och samvete", s 118, 1991
97 De speciella judiska passen ur "Om motstånd och kollaboration - Sverige under 30- och 40-talen"
98 https://svjt.se/svjt/1936/661

framförde i detta läge ett förslag om vanliga
pass för personer som som så att säga var
önskvärda i Tyskland, samt att
»viseringstvånget ... skulle införas för den
kategori tyska medborgare, som icke i
Tyskland ansågs som önskvärda«. Svenska UD
föreslog alltså för tyskarna att all icke
önskvärda - med andra ord judiska personer -
skulle erhålla ett från det normala passet
avvikande utseende.[99]

Några dagar senare skickar
tyska UD ett svar till den
svenska beskickningen i Berlin
där man förklarade att den
tyska regeringen nu skulle
ombesörja, att alla pass för
"reichsangehörigen Juden"
skulle utmärkas med ett tre cm
stort "J" i röd färg uppe i
vänstra hörnet på första sidan. Det var
alltså denna kommunikation mellan Sverige och
Tyskland, som blev uppstarten till att de
tyska myndigheterna på detta sätt började
stämpla alla judiska medborgares pass med
detta "J" och följaktligen försvårade eller
många gånger omöjliggjorde flykten undan
nazisternas terror. Något offentliggörande av
detta avtal skedde inte, det enda som medde-
lades allmänheten var ett kort fattat TT-
meddelande ang. "passtekniska förhandlingar
med avseende på den svensk-tyska
resandetrafiken".[100] (Foto: Krigsarkivet)

Att Sverige inspirerade Tyskland till ett nytt passys-
tem är inget man lär ut i skolböckerna idag. Till samt-
liga passkontroller utgick ett nytt hemligt meddelande

99 Maria-Pia Boëthius, "Heder och samvete", s 141, 1991
100 De speciella judiska passen ur "Om motstånd och kollaboration - Sverige
    under 30- och 40-talen"

79

år 1938 från svenska Socialstyrelsen med följande in-
struktioner - Innehavare av österrikiska eller tyska
pass som:

I betraktande av rådande förhållanden måste
skälig anledning för närvarande anses
föreligga till det antagande, att innehavare
av såsom österrikiska betecknade pass ävensom
innehavare av sådana tyska hemlandspass,
vilka enligt i Tyskland utfärdade be-
stämmelser ("Verordnung iiber Reisepässe von
Juden" av den 5 oktober 1938) äro märkta
förmedelst anbringandet av bokstaven J å
passets första sida, äro emigranter.
Innehavare av pass av något av de båda nu
angivna slagen bör därför avvisas med mindre
han innehar uppehållstillstånd eller
gränsrekommendation."[101] (dvs rätt att ta sig
genom gränskontrollen).

Förändringens vindar

1943 börjar världens länder uppmärksamma Nazitysklands
förbrytelser samtidigt som Tyskland förlorar mark. Den
svenska Socialdemokratiska regeringen påbörjar då det
mödosamma arbetet med att ställa sina misstag till rät-
ta, genom att bland annat inta en ny position. Man
försöker hävda att de fängslade judiska flyktingarna är
politiska fångar - inte fångar på grund av sin
härkomst. Man vill också påskina att man har hjälpt det
judiska folket under kriget.

Den svenska judepolitiken ändrades ju 1941 så
att judar då skulle tas emot - när man redan
visste att de inte släpptes ut ur Tyskland
eller av detta land ockuperade länder. 1943
togs ca 7000 judar emot som flydde från
Danmark natten innan de skulle transporteras

---

101 RA, Ub, E V, Skrivelser angående passkontrollerna, volym 3, Hemlig, K.
Socialstyrelsen till samtliga passkontroller, 27 oktober 1938

till koncentrationslägren. På våren 1945 togs de med i de bussar som for ned till Tyskland för att i första hand ta hem skandinaver.[102]

Statsarkiven visar något helt annat, hur hela familjer blev avvisade och hur de som avvisades deporterades till de tyska koncentrationslägren. Man har personliga uppgifter på varje nekad judisk flykting som sedan förintades i koncentrationslägren.

Vipeholm

Samtidigt ökar dödsantalet på anstalten för de så kallat sinnesslöa, Vipeholm. Strax innan uttalar sig de ansvariga om att dessa patienter inte längre kommer att vara ett problem. Den 9:e juni 1944 lägger Socialdemokraten Gustav Möller, ledare för Socialdepartementet, ett förslag att man ska genomföra medicinska experiment på Vipeholm. Det går ut på att framkalla karies genom att ge patienterna kilovis socker och godis, som ska fräta hål på tänderna. Undersökningsobjekten förvägras tandvård trots stora smärtor vilket skildras i filmen *Sockerexperimentet* från 2023.[103] Experimentens resultat tjänar sedan som grundläggande modell för hela den svenska tandvården. Tack vare Vipeholm lär sig det svenska folket hur man ska sköta om sin tandhygien – för bästa möjliga resultat. De patienter som under stort lidande offras för detta – återgäldas aldrig. "Tandexperimenten" pågår ända till år 1955 då anstalten blir tvungen att stänga på grund av massiv kritik från allmänheten. Experimenten sker under Per Albin Hansson och Tage Erlanders mandattid.

102 *De speciella judiska passen* ur "Om motstånd och kollaboration - Sverige under 30- och 40-talen"
103 Film: Sockerexperimentet 2023, https://sv.wikipedia.org/wiki/Vipeholms-experimenten

I tredje rikets skugga

1956 blir Tage Erlander för tredje gången statsminister och intresset för rasbiologi är kvar. 1965 talar Tage Erlander om raser i riksdagen:

> Vi svenskar lever ju i en så oändligt lyckligare lottad situation. Vårt lands befolkning är homogent inte bara ifråga om rasen utan också i många andra avseenden.[104]

Det han här inte berättar om, är de flertal hemliga koncentrationsläger som upprättas i Sverige under andra världskriget. Dessa läger kallas ibland "arbetsläger" och förväxlas med de läger militären anlägger ungefär vid samma tid.

> Även här i Sverige upprättades läger, för kommunister såväl som för andra människor som på något sätt kom i motsättning till den från myndigheternas sida förda politiken. Försvarsministern Per Edvin Sköld godkände att militärledningen skulle få upprätta särskilda arbetskompanier, där man skulle ta hand om s.k. "opålitliga element". (…) Lägren upprättades, enligt fångarna, för att ge signaler till nazisterna att den svenska militären stod på deras sida.[105]

I sin bok "Svenska koncentrationsläger i Tredje rikets skugga" avslöjade Niclas Sennerteg och Tobias Berglund redan år 2008 information som hade varit sekretessbelagd under 50 års tid. Dessa dokument avslöjar mycket om livet i lägren vars spår idag nästan är helt utplånade. Hela fjorton läger hade upprättats och åtskilliga av dem hade det dittills inte skrivits en rad om. Långmora, Smedsbo, Vägershult, Rengsjö, Hälsingmo, Sä-

---

104 Tage Erlander, Riksdagens protokoll vid lagtima riksmötet år 1965, första kammaren, volym 1, 1965, s60.
105 *Arbetslägren i Sverige* ur "Om motstånd och kollaboration - Sverige under 30- och 40-talen"

ter och Sörbyn Tjörnarp var några av dem.[106] Den social-
demokratiska regeringen med Tage Erlander och Gustav
Möller var ytterst ansvariga för dessa läger.

Som statssekreterare i socialdepartementet
under Gustav Möller var han (Tage Erlander)
en av arkitekterna bakom en
anpassningspolitik som sände tillbaka tyska
desertörer till en säker död, och politiska
flyktingar från Hitlertyskland till åratal av
internering i något som kan kallas svenska
koncentrationsläger.[107]

Genom beslut av Socialstyrelsens tjänstemän
kunde därefter utlänningar frihetsberövas i
läger utan rättegång och på obestämd tid.
Frihetsberövandet behövde inte motiveras och
kunde inte överklagas, och som mest satt
närmare 1.500 utlänningar inspärrade på en
och samma gång.[108]

Detta svenska lägersystem utgjorde ett fundamentalt av-
steg från *Habeas Corpus*, principen om en individs rätt
att få ett frihetsberövande eller fängslande prövat i
domstol. Upprättandet av dessa läger byggde på liknande
idéer som upprättandet av det idag ökända amerikanska
lägret Guantanamo Bay.[109] I de svenska lägren satte man
antinazister och kommunister, utlänningar, judar och
andra icke önskvärda personer.

I modern tid har man valt att lägga locket på när
det gäller svenska koncentrationsläger, men under 1940-

106 Tobias Berglund, Niclas Sennerteg, *"Svenska koncentrationsläger i Tredje
rikets skugga"* - s.6, 2008
107 Svenska koncentrationsläger i tredje rikets skugga/ förnekandet /osyn-
liggörandet får härmed ett slut!
https://sussstensson.wordpress.com/2008/09/01/svenska-koncentrationslager-
i-tredje-rikets-skugga-fornekandet-osynliggorandet-far-harmed-ett-slut/ &
Borås Tidning, https://www.bt.se/boras/bt-journalist-avslojar-svenska-
koncentrationslager-i-ny-bok/Niclas Sennerteg
108 Tobias Berglund, Niclas Sennerteg, *"Svenska koncentrationsläger i Tredje
rikets skugga"* - s.6, 2008
109 ibid s.6-7

talet utspelade sig en debatt om lägren i tidningarna. En rad kritiska artiklar och insändare publicerades, bland annat i Syndikalistiska Arbetaren. Man ansåg att Sverige på detta vis stöttade Nazi-Tyskland:

> Koncentrationsläger! Känn på ordet, smaka på det, tugga varje stavelse och äcklet och harmen stiger upp inom dig. Det finns ingen möjlighet att någon kan ställa sig likgiltig inför detta faktum; koncentrationsläger i Sverige! Den svenska staten använder sig av brutala tvångs- och våldsmetoder för att eftertryckligt trampa ned den utländska anti-fascisten som likt en vrakspillra efter den tyska demokratins skeppsbrott kastats upp på svensk strand.[110]

Men inte alla tidningar var emot att man placerade fångar av utländsk härkomst i de svenska koncentrationslägren. Socialdemokratiska Dala-Demokraten, som rapporterade från området där Långmora och Smedsbo var belägna, försvarade lägrens syfte. Man kallade internerna för icke önskvärda flyktingar och menade att de enbart väntade på utvisning ur landet. De var visserligen inte kriminella, men inte heller "Guds bästa barn", hette det.[111] Under den tiden "jagade" regeringen både utlänningar, kommunister och motståndare till Hitler. Man beslutade bland annat att ingripa mot kommunister under ledning av Tage Erlander, Eric Hallgren och Möller.

> Fyra dagar senare, morgonen den 10 februari, omringades och stormades kommunistiska partilokaler i hela landet. Samtidigt genomfördes husrannsakan hos ett flertal ledande partimedlemmar. Razzian omfattade totalt 45 partilokaler och 995 personer.

110 ibid s.14
111 Ibid s.15

84

Efter ytterligare polisingripanden den 11 februari anhölls 16 personer i Stockholm och Göteborg.[112]

Den 1:a september 1939 hade regeringen bestämt att "särskild tillsyn över utlänningar" skulle ske, vilket betydde att myndigheterna skulle hålla ett extra öga på de med utländsk härkomst. Alla som flyttade till och från Sverige registrerades. Den 25 februari 1940, införde regeringen även möjligheten att "omhändertaga utlänningar i förläggning", det vill säga att utan rättegång stänga in dem i särskilda läger.[113]

Motivet för den redan år 1927 antagna utlänningslag var att värna den svenska arbetsmarknaden från utländsk konkurrens och att "skydda den nordiska rasen".[114] Men för att undvika en direkt koppling till Nazi-Tyskland döpte man lägren till slutna "interneringsläger".[115] Alla fångarna registrerades och man förde långa journalen med uttalanden om bland annat deras brister:

> Gläser. Anses av förläggningsledningen mindre tjänlig till ordnat arbete. Verkar avvand från arbete överhuvudtaget. Tillhör dem som sabotera anvisade arbeten genom passivitet. Ar den ivrige men talanglöse bolchevikagitatorn. Kan rubriceras som opålitlig och illojal.[116]

Att alltför frispråkigt vara anhängare av västmakterna eller att kritisera svensk politik kunde sommaren 1942 fortfarande få obehagliga konsekvenser för flyktingar i Sverige.[117]

112 Ibid s.17
113 Ibid s.18
114 Ibid s.24
115 Ibid s.32
116 ibid s.40
117 ibid s.97

För Sveriges del var det militära hotet från Tyskland fortfarande påtagligt (…) Under hösten 1941 hade Hitler börjat oroa sig för att Sverige skulle sluta upp på de allierades sida om dessa landsteg i Norge. Följden blev att den officiella tyska tonen mot Sverige skärptes, både via propaganda och via diplomatiska kanaler. Samlingsregeringen ansåg sig vidare ha detaljerade upplysningar om nära förestående tyska planer på att anfalla Sverige i februari 1942 och inledde omfattande inkallelser. Spänningen mellan Sverige och Tredje riket avtog (...) efter att kung Gustaf V hade försäkrat Hitler om att Sverige skulle bekämpa allierade styrkor som satte sin fot på svensk mark.

För Sveriges del innebar 1942 alltså en svår situation. De allierade började få både ett avgörande strategiskt överläge och ett visst militärt övertag, vilket ledde till en hårdare attityd gentemot Sverige. På samma gång hade Sveriges läge i förhållande till Tyskland inte förbättrats.[118]

Under denna tid började Sverige ta emot de tyska desertörerna. Avsikten är diplomatisk och Sverige undviker därmed ännu mer problem.[119] Fångarnas bakgrund hade ändrats. Under de tyska glansdagarna i början av kriget handlade det huvudsakligen om antinazister eller kommunister – tysktalande statslösa och judar samt motståndare till Hitler.[120] Efter att kriget fortlöpt och att Nazi-Tyskland förlorat mark, tog man istället emot tyska fångar.[121]

---

118 ibid s.98
119 ibid s.99
120 *ibid* s.12
121 ibid s.99

Det var en anmärkningsvärd balansgång som på-
gick. I det isolerade och dolda Ingelslägret
sattes flyktingar från den nazityska ockupa-
tionsmakten i hårt skogsarbete (...)
Samtidigt visade svenska myndigheter
hjälpsamhet mot Nazityskland som fick
information om lägrets existens och
internernas identitet av en tjänsteman på
Socialdepartementet. Han hade blivit ålagd
att informera den tyska legationen om de tys-
ka flyktingarna.[122]

I november 1943 svängde man om helt och säkerhetspoli-
sen började avlyssna och skugga de man ansåg vara spio-
ner för tyskarnas räkning. "Snaran höll på att dras
åt".[123] År 1944 hade den stora förändringen redan ägt
rum. Från att huvudsakligen ha hyst motståndare till
Hitlertyskland, härbärgerade lägren mot slutet av kri-
get framför allt nazister, och samarbetsmän till tys-
karna.[124]

Avståndet var svindlande från de tidiga
krigsårens arroganta tyska diktatpolitik,
svenska militära studieresor till Tredje
riket, svenska förslag på militärt deltagande
på östfronten, förföljelsen av svenska
kommunister, presscensuren och inte minst
interneringen av tyska antinazister och
kommunister (...) På samma gång som det var
en illustration av den nazistiska maktens
slutliga sönderfall visade det också vidden
av den svenska anpassningspolitiken. (...)
Istället var det den nazistiska statens
representanter som skulle låsas in medan
svensk press skrev skadeglada artiklar.[125]

122 ibid s.100
123 ibid s.123
124 ibid s.176
125 Ibid s.178

I en statlig utredning om en ny utlänningslag, som presenterades i början av 1945 framhölls förslaget om ett läger för bara kvinnor. Man avsåg främst de kvinnor som hade haft samröre med nazister, tyska och andra misstänkta med även de som ansågs som "lösaktiga" och "arbetsovilliga". Socialstyrelsen öppnade en förläggning för enbart kvinnor i Tjörnarp. Utländska kvinnor skulle alltså utan rättslig prövning spärras in i läger på obestämd tid om de ansågs misstänkta.[126] Något som kan sägas vara särdeles uppseendeväckande är att man inackorderade kvinnor från två olika politiska läger – i samma internat. Det rörde sig om överlevande från nazistiska koncentrationsläger, judinnor och icke-judinnor. Dessutom fanns det kvinnor som hade umgåtts med tyska nazister och samarbetat med tyskarna.[127] Att detta skapade agg och svår psykisk stress brydde man sig inte om. Inte heller i efterhand har någon fånge fått upprättelse eller kompensation. Helt enkelt för att dokumenten varit hemlighetsstämplade. Istället sopade man igen alla spår.[128]

SOCIALSTYRELSENS OCH Utlänningskommissionens slutna utlänningsläger begravdes efter krigsslutet snabbt i glömska och paradoxalt nog kan den utredning som skulle kasta ljus över lägrens verksamhet ha bidragit till just detta. [129]

---

126 Ibid s.186
127 Ibid s.193
128 *ibid*, kapitel XVIII, Sandlerkommissionen & Borås Tidning,
https://www.bt.se/boras/bt-journalist-avslojar-svenska-koncentrationslager-i-ny-bok/Niclas Sennerteg
129 ibid s.201

Ingenting här, ingenting där...

När det hade kommit fram att flera svenskar vid inflytelserika poster hade kollaborerat med tyskarna, väcktes en stor debatt, och i pressen ställdes krav att Säkerhetstjänsten och behandlingen av flyktingar i Sverige skulle utredas. Man ville ha någon att skylla på. Spionaget hade fortgått under en lång tid och som svar på kritiken tillsatte regeringen i januari 1945 en parlamentarisk undersökningskommission. Ordförande i kommissionen blev Rickard Sandler, socialdemokraten som suttit med i partiet under en lång tid. Man ansåg att han var tillräckligt oberoende för att kunna leda utredningen[130] Dock var Richard Sandler långt ifrån oberoende. Han hade en mångårig politisk karriär som Socialdemokrat och många kontakter bland toppolitikerna, bland annat – Tage Erlander. Under sin tid som statsminister 1925-1926 samt utrikesminister 1932-1939, skriver Sandler att man ska väga familjernas ekonomiska bärkraft mot deras fysiska rasvärde. Förutom en spiondömd anställd, utpekade Sandler inte ut någon av de ansvariga för missförhållandena i vare sig utlänningspolitiken eller härvan med koncentrationslägren.

Kommissionens ordförande var med andra ord en central person inom den svenska socialdemokratin. Han var dessutom god vän med socialminister Gustav Möller och dennes statssekreterare Tage Erlander. Vidare hade han på Brunnsvik varit kollega med Per Albin Hanssons bror Sigfrid och med Gustaf Uhr, som sedermera blev hårdför lägerchef i Smedsbo. Såväl Erlander som Möller och Gustaf Uhr hade varit direkt eller indirekt ansvariga för många av de missförhållanden som Sandlerkommissionen hade att utreda. Men inte nog med detta, i kraft av sin roll som utrikesminister under större delen av 1930-

130 Ibid s.201

89

talet (…) kan faktiskt även Sandler själv
anses ha deltagit i utformningen av den
stränga svenska politiken mot utlänningar och
flyktingar.(...) De övriga politiker som
ingick i kommissionen var också riksdagsmän
från partier som hade ingått i
samlingsregeringen och därmed deltagit i det
krigstida styret av Sverige.[131]

Att tyska desertörer skickades tillbaka, kallblodigt
och till en säker död var inget kommissionen ville ta
ställning till, trots den fakta som redovisades kring
händelserna.[132] Man erkände bara 13 läger, samtidigt som
att man inte gick in på några detaljer kring omständig-
heterna. Kvinnolägret i Tjönarp – utelämnade man helt
ur redogörelsen. Vad gäller detta läger finns det skäl
att tro att det utelämnades medvetet då det bland annat
saknades laglig grund till att överhuvud taget fängsla
dessa kvinnor.[133]

> Mot bakgrund av vad som redan vid denna tid
> var känt om de nazistiska koncen-
> trationslägren skulle det möjligen ha
> framkallat reaktioner om det blivit känt att
> kvinnliga före detta koncen-
> trationslägerfångar sattes i tvångsarbete i
> ett svenskt taggtrådsinhägnat läger.[134]

Efter att kommissionen var färdig med sin rapport bes-
löt man sig för att hemlighetsstämpla en stor mängd av
de dokument som bevisade lägrens existens. En debatt,
liksom ett sämre rykte skulle undvikas till varje pris.

> Här finns dessutom vissa möjliga motiv från
> myndigheternas sida att inför 1946 års
> allmänhet och även inför eftervärlden

---

131 Ibid s.203-204
132 Ibid s.205
133 Ibid s.206
134 Ibid s.206-207

försköna sanningen något. (...) Behandlingen
av de tyska desertörerna och flyktingarna
från de tyska tvångsarbetslägren i Norge
under de första krigsåren var inget man var
särskilt angelägen att skylta med 1946.
Desertörerna hade ju skickats rakt in i döden
och de andra flyktingarna behandlats mycket
kallsinnigt.[135]

Trots det hade kommissionen inga konkreta lösningar på
den problematik som man kan tycka hade uppkommit på
grund av lägrens tillblivelse. Man pekade inte heller
ut några ansvariga politiker.[136]

Utan att bli alltför konspiratorisk är det
svårt att komma ifrån intrycket att
Sandlerkommissionens betänkanden var
vitböcker som syftade till att rättfärdiga
och i viss mån skönmåla inte bara det slutna
lägersystemet och interneringsförfarandet,
utan också andra delar av den krigstida
svenska utlännings- och flyktingpolitiken.[137]

Även Tage Erlander var mycket knapp och sparsam i sina
beskrivningar av koncentrationslägren i sin självbio-
grafi. Således medger han inte att han och de övriga
ansvariga spärrade bland annat in judar och nazistmot-
ståndare - helt olagligt.

Erlander, som 1938 utsågs till statssekreterare, va-
rigenom han blev Gustav Möllers närmaste man, hade en
central position i den politiska ledningen för de slut-
na koncentrationslägren.[138] Enbart i vissa enskilda aka-
demiska kretsar och hos de, numera bortgångna, direkt
inblandade, har minnet av lägren levt vidare.[139]

135 Ibid s.208
136 Ibid s.212
137 Ibid s.213
138 Ibid s.221
139 Ibid s.214, 221

91

Erlander blev efter Per Albin Hanssons bortgång socialdemokratisk statsminister 1946-1969, men under krigsåren var han en relativt anonym statssekreterare i Socialdepartementet. I den egenskapen var han Gustav Möllers högra hand när de svenska slutna lägren planerades och upprättades.[140]

Det är svårt att komma ifrån intrycket av att Erlander medvetet försökte mörklägga sin egen roll som högste tjänstemannaansvarig för lägren. Det framstår också som att han skönmålade sin attityd och sitt handlande mot utlänningar och flyktingar. Att han skulle ha glömt bort det ansvar han hade delat för ett lägersystem, vilket som allra mest omfattade mer än ett dussin läger med tusentals interner – varav ingen hade dömts i domstol – är knappast troligt. Han ville nog bara inte tala om det.[141]

Tvångssterilisering – ett svenskt världsrekord

1946 slog den Socialdemokratiska regeringen världsrekordet i tvångssterilisering, en metod som hade varit aktuell i Europa och USA i flera år. Socialdemokraten Rickard Sandler, samma man som var ansvarig för utredningskommissionen för koncentrationsläger, recenserar boken *Föräldraskap och Raskultur* i den Socialdemokratiska tidskriften Tiden och skriver:

De undermåliga må leva och leva så gott som möjligt – men de må icke tillåtas att fördärva kommande släkten, de skola frånkännas föräldraskapets rätt. Så skall

140 Ibid s.44
141 Ibid s.47

humanitet mot de levande förenas med den lika viktiga humaniteten mot de ännu ofödda.[142]

År 1922 tar Alfred Petrén initiativ till en motion som godkänner tvångssterilisering av bland annat sinnesslöa. Bland annat motiverar han det med att:

Till belysande av detta förhållande må här anföras några av Svenska Fattigvårdsförbundet meddelade exempel på de rashygieniska vådorna av att sinnesslöa fortplanta sig.[143]

Man åker till Hamburg för att ta del av den senaste steriliseringstekniken i Nazityskland och lägger sedan grunden till en tvångssteriliseringslag som ger rätten att sterilisera både barn och vuxna. Gunnar Myrdal och Alva Myrdal, sociologer, psykologer och pedagoger, kritiserar lagen och tycker att den är - för svag.

Det är två syftlinjer, som korsa varandra i steriliseringsfrågan, en rashygienisk och en socialpedagogisk. Den rashygieniska frågan är svår: Vilka individer skola anses som så otvetydigt dåliga arvsbärare att de ej bör tillåtas fortplanta sig? Helst skulle man väl på den vägen vilja utrota all slags fysisk och psykisk mindervärdighet inom befolkningen, både sinnesslöhet och sinnessjukdom, kroppsliga sjukdomar och dåliga karaktärsanlag." - "I det närmaste planet ligger då givetvis den radikala utsovring av höggradigt livsodugliga individer som kan åstadkommas genom sterilisering.[144]

142 Tiden / Tredje årgången. 1911 nr 345 (1908-1940)
   https://runeberg.org/tiden/1911/0351.html
143 Motion 1922:38 Första kammaren Nr 38 https://www.riksdagen.se/sv/dokument-
   och-lagar/dokument/motion/motioner-i-forsta-hammaren-nr-38_dj2c38/
144 Gunnar & Alva Myrdal, "Kris i befolkningsfrågan", s 260, 1934

År 1941 steriliserar man även de som anses asociala. Människor steriliseras av rashygieniska skäl. Merparten var inte sinnesslöa i dagens bemärkelse – snattade man så ansågs man sinnesslö. 63.000 människor steriliseras mot sin vilja. Per Albin Hansson och Tage Erlander ser till att detta händer. Även Olof Palme, under sina första sju år som statsminister, har högsta ansvaret för utförandet av denna fruktansvärda statliga metod. Fram till 1976 fortsätter man nämligen att tvångssterilisera människor. Detta lägger man helst locket på inom det Socialdemokratiska partiet. Så här ser till exempel Stefan Löfven på arbetarrörelsens historia:

> Och är det några som har stått upp för demokratin och människors lika värde genom hela historien, den moderna historia, så är det arbetarrörelsen, det går inte att förneka, det är vi som står upp för detta.[145]

Högern får sitta på läktaren

Var det så att de konservativa politikerna var på nazisternas sida i samma utsträckning, eller är det en myt, skapad av samma regering som har suttit vid makten i över 100 år? Det hävdas att en "samlingsregering", snarare än Socialdemokraterna stod bakom alla beslut under andra världskriget – stämmer det eller säger man så för att undvika att tala om Socialdemokraternas i praktiken helt ostraffade inblandning?

Under 100 år har Socialdemokraterna varit vid makten i Sverige som det största partiet. Under lika lång tid har de lyckats hålla helhetsbilden av sin historia borta från skolböcker och den offentliga debatten. Ända från industrialismens storhetstid har en kollektiv anda, som passar som handen i handsken för vänster-

---

145 Protokoll 2015/16:96 Torsdagen den 21 april. § 1 Anmälan om subsidiaritetsprövningar. 42 Statsminister STEFAN LÖFVEN (S) https://www.riksdagen.se/sv/dokument-och-lagar/dokument/protokoll/protokoll-20151696-torsdagen-den-21-april_H30996/html/

94

politiken, florerat i Sverige.

Under industrisamhället utvecklades en känsla
för kollektivets bästa. På grund av brukens
unika form växte det fram en känsla av
gemenskap, arbetarna var organiserade i
arbetslag och kunde inte unna sig lyxen av
att verka individuellt. Fackföreningens
påtryckningar skapade slutligen ett starkt
grepp som den svenska arbetarrörelsen
fortsättningsvis hade på befolkningen.[146]

Denna anda har inneburit att man har hållit varandra om
ryggen; fortfarande är många av dokumenten som rör an-
dra världskrigets händelser hemlighetsstämplade. De in-
blandade har aldrig ställts till svars: istället har
man, liksom i övriga världen försökt att göra ett para-
digmskifte, där man helt enkelt genom ett fabulerande,
har dekonstruerat nazismens ursprung så att den istäl-
let kom att tillhöra högern under många år framöver.
Det är, liksom i resten av Europa och USA, en manöver
som saknar både logik och berättigande. Det finns des-
sutom ett flertal bevis på att det svenska Högerpar-
tiet, senare Moderaterna, och de konservativa under
denna tid var motståndare till både nazismen och Hit-
ler. Man bryter exempelvis med pro-tyska organisationer
som Svenska nationella ungdomsförbundet - redan år
1934.[147]

Partiledaren för Högerpartiet, Arvid Lindman tar be-
stämt avstånd från nazismen och tar informationen om
vad som pågår i Tyskland på allvar. Högerpartiet är
även med och utvecklar den nya demokratin som kommer
efter sekelskiftet. Högerns och konservatismens
politiska strävan är en lugn samhällsutveckling och mo-
narki - inte krig.[148] Nazism och Fascism är icke "natio-

---

146 Roland Huntford, "Det Blinda Sverige" (The New Totalitarians), 1971
147 Torbjörn Nilsson "Ideologier 2019 - Moderaternas idéer".
148 Leif Lewin, & Torbjörn Nilsson, "Historisk Axess 2019 - Demokratin 100 år"

nell", ansåg man, och icke svensk. Den var emot monarkin, den var kritisk mot kristendomen, som var starkt förankrad i det konservativa. "Vi ska inte importera utländska diktaturidéer." var Moderaternas eller det gamla Högerpartiets hållning och paroll under denna tid.

- Högern och antinazismen är alltså ett tema som forskningen "glömt" bort. Man har också negligerat Högerpartiets roll för antinazismen i samhällslivet. Utifrån sina värderingar mobiliserade sig nämligen Högerpartiet för en antinazistisk hållning. Därmed slog man undan benen på en nazistisk rekrytering inom konservativa grupper och hade till och med en viktig roll gentemot nazistiska övertaganden.[149] Trots detta blev den nazistiska eller National-Socialistiska ideologin, med hjälp av begreppsförvirring och PR-manipulation, deplacerad till högersidan.

Under 1900-talets början motsätter sig Högern klassisk parlamentarism, där vinnaren tar allt och bildar regering medan förloraren inte får vara med; enligt högerpolitik skulle alla vara med, särskilt om man ville ha "riktig" demokrati. Man vill inte bara tillfredsställa en majoritet utan även resten av den politiska skalan. Högerpartiet introducerar den allmänna rösträtten för män, men när det införs år 1909, röstar både Hjalmar Branting (S) och Karl Staff (Liberala samlingspartiet) - nej! Den gamla Högern hade alltså författningsideal om samarbete istället för partistrid, som inspirerade den unga demokratin.

1800-tals konservatismens samarbetspolitik är alltså en del av modellen för dagens demokratiska modell i Sverige. Högerns politik var bland annat att ta ansvar för samhället och inte enbart ha det egna partiets egoistiska intressen. Man såg bland annat till att Kungen inte blev avsatt. 1918 räddades således monarkin eftersom att man ansåg att Kungen var en symbol för den

---

149 Torbjörn Nilsson "Ideologier 2019 - Moderaternas idéer"

lugna samhällsutvecklingen. Kungen övertalades även att ställa sig bakom den nya reform. Högern accepterade demokratin och målet var att samhällsutvecklingen blev lugn och lagenlig. Man oroade nämligen sig för att det skulle gå som i Ryssland efter marxisternas övertag, ville inte ha revolt och gick därför med på att genomföra demokrati och förbättra samhället för alla klasser. – Högern har alltså inte fått det erkännande och upprättelse de förtjänar för utvecklandet av den svenska demokratin. Trots sina insatser hamnade de utanför styret - under många år.[150] Och de har inte försökt att rentvå sin politik eller sina förehavanden från en nazistisk stämpel, eller från de anklagelser som ställdes emot dem - inte i tillräcklig omfattning.

Framstående socialdemokratiska ledarinsatser

När kampen om Europa och andra världskriget äntligen var över ville ingen inom det Socialdemokratiska partiet längre kännas vid samröret med nazismen. Det uppdagades, denna gången med bevis, att tyskarna hade begått en mängd krigsbrott och motståndarsidan visade ingen nåd.

> Hitler-Tysklands toppfigurer, Göring, Ribbentrop, Hess och de andra krigsförbrytarna, spårades upp, fängslades och rannsakades i Nürnberg. Elva dömdes till döden genom hängning.[151]

I Sverige fick varken de svenska nazisterna eller nazisympatisörerna straff; inte heller kände några av de ansvariga av ens de mildaste konsekvenserna. Istället lade man för omvärlden ut en teori om att Sverige – under hela andra världskriget – var neutralt, vilket också var vad som skrevs ned i historieböcker som sedan

---

150 Leif Lewin, & Torbjörn Nilsson, "Historisk Axess 2019 - Demokratin 100 år"
151 "Krigsåren och folkhemmets födelse" - Aftonbladets chefredaktör *Rolf Alsing* skildrar här det svenska 1940-talet

presenterades inom den svenska skolan. Kanske var det
på grund av just detta, som alla namn på gator och
torg, alla statyer och utmärkelser, som upprestes i de
svenska nazistsympatisörernas namn – aldrig togs bort,
såsom man hade tagit bort de nazistiska krigsförbrytar-
nas namn i Tyskland. Inte en enda gata i Tyskland heter
numera "Göring-Straße" eller "Adolf-Hitler-Platz". Fak-
tum är att man i Sverige, till skillnad från i Tys-
kland, istället fortsätter att på olika sätt hedra des-
sa nazistsympatisörer, män och kvinnor, med bland annat
stipendium och priser. Där finns det inget "Himmler-
stipendium", ty det skulle med rätta verka förskräck-
ligt och groteskt.

I Sverige har vi följande utmärkelser, dedikerade till
svenska nazistsympatisörer, som har hängt kvar:

- Gunnar Myrdal får Nobelpriset, vilket ej har
  återkallats

- Alva Myrdal - en staty på Djurgården, samt en
  gata döpt efter sig.

- Alva och Gunnar Myrdals stiftelse och Alva
  Myrdal, som menade att det bör ske en .."utso-
  vring av höggradigt livsodugliga individer (…)
  genom ett "ganska skoningslöst steriliseringsför-
  farande."[152] har ett eget forskarcentrum vid Uppsa-
  la Universitet döpt efter sig. Alva och Gunnars
  stiftelse blev till och med skattebefriad år
  1982.

- Per Albin har eget museum och byst i hemorten
  Kulladal samt två vägar döpta efter sig - en i
  Kulladal en i Stockholm. Han, som var ansvarig
  för tusentals tvångssteriliseringar, har även en

---

152 Alva och Gunnar Myrdal "Kris i befolkningsfrågan", 1934

98

stiftelse. Hans motto var: "Sverige åt svenskarna
– Svenskarna åt Sverige!"[153]

- Hjalmar Branting fick ett monument byggt för sina insatser, samt en stiftelse med bidrag och stipendier.

- Hinke Bergegren är uppmärksammad vid Kalmar läns museum. Han som yttrade: "För min del anser jag småmord vara alldeles utmärkta... Vi skola ingjuta det gift, som heter hat, så att vi bli mogna för vilket våld som helst".[154]

- Bengt Lidforss byst finns i Biologihuset inne på Lunds universitet samt en staty av en örn som är upprest efter honom. Lindforss som en gång uttryckte: "blandning med andra raser skulle bli anledning till kulturell nedgång i Sverige".[155]

- Alma Hedin är grundaren av Blomsterfonden som fortfarande äger fastigheter och innehar flera boenden inom äldreomsorg i centrala Stockholm. Om henne har det sagts: "Hon blev en stor vän till de nya makthavarna och sympatiserade med Hitlers regim."[156]

153 https://arbetet.se/2024/02/21/sd-kan-aldrig-aterskapa-per-albin-hanssons-folkhem/
154 Andra kongressen under tiden runt sekelskiftet 17-20:e maj 1891
155 Bengt Lidforss, "Utkast och Silhuetter", 1922
156 Bibi Jonsson "Bruna pennor. Nazistiska motiv i svenska kvinnors litteratur", 2012

Alla dessa gamla nazistsympatisörer beundras och hedras alltså än idag. Hade Socialdemokraterna haft den anti-nazistiska riktningen de säger sig stå bakom, hade de för länge sedan rensat ut ovanstående tendenser och ta-git ansvar för det som inträffade på bekostnad av mil-jontals offer. I Socialdemokratiska sammanhang framträ-der aldrig någon kritik mot gamla partimedlemmarnas handlingar; de gamla nazistsympatisörerna framställs istället som förebilder för sina goda ledarinsatser. Om följande stiftelser står det att läsa på Socialdemokra-ternas webbsida: Stiftelsen till Hjalmar Brantings min-ne samt Stiftelsen till Per Albin Hanssons minne:

Socialdemokraterna

Hem / Vårt parti / Om partiet
/ Stiftelser, fonder och medaljer

Stiftelser, fonder och medaljer

Här hittar du information om stiftelser inom socialdemokratin.

Stiftelsen till Ernst Wigforss minne, Stiftelsen till Hjalmar Brantings minne, och Stiftelsen till Per Albin Hanssons minne.

Stiftelserna har inrättats med syfte att hylla framstående socialdemokratiska ledarinsatser. Genom stiftelsernas verksamhet är tanken att minnet av ledargestalternas gärningar ska leva vidare och påminna om deras insatser för arbetarrörelsen och svenskt samhälle.

Stiftelserna har inrättats med syfte att hylla framstående socialdemokratiska ledarinsatser. Genom stiftelsernas verksamhet är tanken att minnet av ledargestalternas gärningar ska leva vidare och påminna om deras insatser för arbetarrörelsen och svenskt samhälle.[157]

Märk väl hur man beundrar och påtalar dessa "ledarge-stalters gärningar" samt "deras insatser (…) för svenskt samhälle". Vilka gärningar åsyftar man mer ex-akt? De nazistiska uttalanden? Hindrandet av judiska flyktingars passerande av den svenska gränsen? Medgör-ligheten gentemot nazisternas fraktande av norska politiska flyktingar? Tvångssterilisering?

157 Från Socialdemokraternas hemsida "Stiftelser, fonder och medaljer"

100

Där, på webbsidan, finns även Tage Erlanders heders-
medalj, som kostar 1500 kronor att köpa och ingravera.
Brantingmedaljen som visserligen bara kostar 250 kronor
är också en hedersutmärkelse, som visar att man beun-
drar den Socialdemokratiska regeringen liksom man förr
i tiden beundrade kyrkans män.

Isolering, okunnighet och hierarkisk smak
gjorde svenskarna lätta att kontrollera, och
identiteten mellan kyrka och stat gav
politikerna förmåner. Även om den religiösa
bakgrunden numera blivit mycket svag,
fortlever kyrkans arv i politisk undergiven-
het och intellektuell träldom. Om de olika
reorganiserade regimerna i Sverige, från
1800-talets liberaler till 1960-talets so-
cialdemokrater, varit i stånd att genomföra
snabba och ofta obekväma förändringar
praktiskt taget motståndslöst, så är det
emedan konformitet gjorts till en kar-
dinaldygd och meningsskiljaktighet till en
dödssynd.[158]

158 Roland Huntford, "Det Blinda Sverige" (The New Totalitarians), 1971

De enda människor som inte ljuger är de döda

Patricia: You think people will buy this?

Dascombe: Well, why not? This is the BTN. Our job is to report the news, not fabricate it. That's the government's job. – V for Vendetta 2005

Enligt den allmänt rådande uppfattningen i väst, är en nations befolkning, genom demokrati fri att påverka den politiska utvecklingen. Detta stämmer inte. Under större delen av 1900-talet har den politiska strukturen över hela världen varit kapad av idéerna skapade av Karl Marx och Friedrich Engels. Således har större delen av den västerländska politiken, i mer än 150 års tid, varit präglad av Marx och Engels filosofi. Den kommunistiska filosofi når sin kulmination i samband med den sovjetiska revolutionen i början av 1900-talet; ingen annan filosofi har utrotat så många människor och samtidigt varit så aktad att man i delar av den västerländska kulturen fortfarande tillåts idolisera de ansvariga. Det handlar om en människoutrotning på ungefär 100 miljoner drabbade offer, där frågan om skuld och ansvar fortfarande inte är helt utredd. Vad kommunisternas mörka förflutna döljer beträffande de brott som har begåtts har i den allmänna diskursen inte varit tillräckligt prioriterat, för att en mer rättvis bild av kommunism ska kunna träda fram. Det här kapitlet är ämnat att skriva fram en mer nyanserad helhetsbild, av kommunisternas brott men också av det hemliga samarbete med den socialistiska regimen i väst, vilket moderna socialistiska partier försöker dölja. Socialism, som i dess begynnelse kallades "den vetenskapliga kommunismen", utvecklades parallellt och delade trots den mindre

framträdande totalitära agendan, likt ett syskon, många
av kommunismens grunddrag.

Having experienced applied socialism in a
country where the alternative has been
realized, I certainly will not speak for it.[159]

The well-known Soviet mathematician Shafare-
vich, a member of the Soviet Academy of
Science, has written a brilliant book under
the title *Socialism*; it is a profound analy-
sis showing that socialism of any type and
shade leads to a total destruction of the
human spirit and to a leveling of mankind
into death.[160]

WAR of classes

Kulminationen börjar med den ryska revolutionen, som år
1917 leder till att kommunismens motståndare drivs ut
ur landet eller avrättas. I början handlar revolutionen
om en klasskamp, men våldet stegras snabbt. År 1917
kallar Lenin detta "The War of Classes". Enligt bolsje-
vikernas teori kan harmoni i ett samhälle endast uppstå
när vissa grupper eller klasser av människor blir "und-
anröjda". Under den ryska revolutionen dödas därför ca
10% av befolkningen. Alla som är intellektuella, rika,
adliga, utbildade och tillhör det kulturella etablisse-
manget, avrättas till förmån för den nya sociala struk-
turen.[161] De som opponerar sig mot marxistiska eller
kommunistiska ideer blir skjutna och sammantaget dör
fler än 10 miljoner.[162] Adeln och alla med makt avsätts,
inklusive utbildade chefer och ingenjörer. Utan manna-

159 Alexander Solzjenitsyn, "A World Split Apart", 8 June 1978, Harvard
University
160 Alexander Solzjenitsyn, "A World Split Apart", 8 June 1978, Harvard
University
161 Vladimir Bukovsky (1942-2019, författare, dissident, aktivist och kritiker
av Sovjet, The Sovjet story, 2008
162 Norman Davies, Cambridge University, The Sovjet story, 2008

kraft blir man tvungen att stänga ner fabrikerna, som trots allt har stått för försörjning av miljontals människor i dussintals år. En stor del av arbetarna kan inte längre försörja sig, den klass för vilka man säger sig reformera landet, och en omfattande hungersnöd tar sin början – de ryska arbetarna svälter till döds. Exporten går ner radikalt eftersom att bolsjevikerna själva inte klarar av att operera fabrikerna.[163] Det nya kommunistiska styret stöter på sitt första stora misslyckande och precis som med alla sina nederlag, förnekar man allt.

> I have spent all my life under a Communist regime and I will tell you that a society without any objective legal scale is a terrible one indeed.[164]

Många av kulturlivets stora - konstnärer, författare och tonsättare flyr landet; Chagall, Bunin, Stravinskij, Prokofieff och Diagileff reser till Frankrike och Rachmaninoff reser till Californien. Man gör en utrensning i kulturlivet för att istället skapa utrymme för kommunistisk propaganda. Nu utbryter även en migration av forskare vars forskning går över "gränserna" för den vetenskapliga linjen som den nya regeringen kräver. Fenomenet har drabbat många kommunistiska diktaturer. Ett liknande fenomen har i en mindre skala förekommit vid institutionerna i Sverige, på grund av en stram och otillåtande social miljö, då ett flertalet forskare inte känt sig tillräckligt fria och istället valt att bedriva sin forskning i andra länder. Många av de sovjetiska forskarna flydde till USA, vars regering, under revolutionens gång, följde händelserna i Ryssland. Men deras roll i revolutionen skulle bli mer än bara observatörens.

163 Anthony C Sutton, "Triology Of Western Technology And Soviet Economic Development 1917 To 1930, 1930 To 1945, 1945 To 1965", 1968
164 Alexander Solzjenitsyn, "A World Split Apart", 8 June 1978, Harvard University

Vem tar notan?

Prof. A. Sutton, California state University, och Stanford Universitet, hävdar i sin stora forskningsrapport "Western Technology and Soviet Economic Development" att västerlandet visst hade en stor och avgörande roll vid det kommunistiska Sovjets födelse. En stor mängd länder och institutioner stöttade Bolsjevikernas framfart – statsmakterna i USA, Europeiska stormakter, storföretagen vid Wall Street samt även – Sverige.[165]

Enligt Sutton befann sig både Lenin och Trotskij dessförinnan i exil i USA, Kanada och England, på grund av tidigare misslyckade revolutionära försök mot den ryska staten. Trotskij och de ryska kommunisterna är nu i behov av hjälp och ekonomiska bidrag. President Woodrow Wilson och den brittiska underrättelsetjänsten bistår Trotskij med både pass och kapital. Med sig har han på tillbakavägen hela 10.000 dollar i guld, trots att hans egen lön inte överstiger 600 dollar per år. Enligt uppgift kommer detta guld och senare även annat kapital från affärsmän och investerare i Europa och Wall Street. Lenin som befinner sig i exil i Schweiz och i Tyskland får också uppmuntran och beröm för sina revolutionära handlingar. Även han blir finansierad av både Europa och USA. Revolutionärerna är i början endast 10.000 man och i stort behov av kapital. I Europa och i USA är den politiska strukturen, under samma tid, på väg att förankra sig i en omfattande socialistisk reform. Ett av målen är ett enväldigt socialistiskt världsstyre.[166] I samma anda bistås även bolsjevikerna; man vill nämligen reformera hela det ryska imperiet. Flera av sponsorerna som är i toppen av Wall Streets kretsar, har just publicerat böcker om det utopiska socialistiska samhället, till exempel rakbladsföretaget

---

165 The Best Enemies Money Can Buy: An Interview with Prof. Antony C. Sutton (early 1980s)
166 Wall Street and the Bolshevik Revolution - Antony Sutton, https://www.youtube.com/watch?v=kEVOIO4TbZs

Gillettes grundare som skriver boken "The Human Drift"[167], under en tid då företagskorporationer fortfarande öppet engagerade sig i politiska maktspel. Ett flertal av Wall Street finansiärerna sitter på politiska poster i kommunistiska partier runtom Europa och USA, eller har släkt som gör det. Drömmen är att starta ett socialistiskt internationellt eller globalistiskt imperium och finansiering av en revolution, är ett led i detta imperium. Dessa fakta ligger oftast utanför allmänhetens kännedom. De är en indikation på den roll som storföretagseliten har haft under 1900-talets historia, vars redogörelse saknas i den historiska diskursen.[168]

En stor anledning till de ekonomiska bidragen är att den kommunistiska reformen i sig inte var innovativ; istället skulle den nya kommunistiska regimen behöva exportera en ny teknologi. Här såg storföretagsledare en investeringsmöjlighet. De ryska bolsjevikernas agerande, då de med sitt nya kapital, utrotade ryska intelligentian, akademin och ingenjörerna, gjorde att det nya Sovjet automatiskt blev beroende av sin omvärld. Efter en omfattande kamp mot svält ber man omvärlden om hjälp. Cirka 200-300 amerikanska företag kommer till undsättning och börjar på olika sätt bygga upp det nya Sovjet. Målet är att öppna upp fabrikerna samt bygga nya industrier. I detta skulle anammandet av den senaste västerländska teknologin och industriella processerna ingå.[169]

År 1917, vid revolutionens utbrott, sker ett stort fall av den ryska ekonomin; det ryska imperiet blomstrar dessförinnan av prakt och stadsbyggnation. Den ekonomiska uppgången beror till stor del på infrastrukturen

---

167 King C Gillette, "The Human Drift" 1894,
168 The Best Enemies Money Can Buy: An Interview with Prof. Antony C. Sutton (early 1980s)
169 The Best Enemies Money Can Buy: An Interview with Prof. Antony C. Sutton (early 1980s)

som byggs över hela landet.[170] Innan bolsjevikerna över-
tagande är Ryssland ett starkt land; man är bland annat
ingift i de europeiska kungahusen. Teknokrater och by-
råkrater äger industrier som i sin tur ger upphov till
miljontals arbeten. Kulturen frodas. Ryssland är fullt
av naturresurser och landet har bra investeringsmöjlig-
heter och geopolitiskt samarbete.[171]

Den nya försämrade ekonomin under revolutionärernas
regi skapar förutsättningar för de västerländska aktö-
rerna. Citibank och Midland bank (UK) öppnar sina ryska
kontor år 1917. På grund av investerarna går industrin
och ekonomin återigen upp. Frankrike, England och Tys-
kland är de största aktörerna och enligt Sutton är även
USA inkluderat.[172]

> "I feel more certain that ever that Russia
> itself will come out in the end stronger than
> ever. I still consider all foreign
> investments here advisable and safe and I
> sincerely hope that the United States will
> now be willing to help Russia more in every
> way" 1917, Federal state reserve director.[173]

Varför investerade de västerländska aktörerna i det
kommunistiska Sovjet och sponsrade deras militära ak-
tioner istället för att sträcka ut en hjälpande hand
till det fallande ryska imperiet? På vilket sätt gagna-
de detta fall investerarna?

Idag hävdar man att bolsjeviker och kommunister var
emot bankväsendet och kapitalister, men själva förde de
ett finansiellt krig och en finansiell omstrukturering.
Lenin förstod ekonomi och beundrade den internationellt
finansiella uppbyggnaden. De använde finanser som ett

---

170 KASB Webinar on Investing in emerging markets - lessons from Russia with
Hasan Malik
171 "Bankers & Bolsheviks": an interview with Hassan Malik
172 KASB Webinar on Investing in emerging markets - lessons from Russia with
Hasan Malik
173 KASB Webinar on Investing in emerging markets - lessons from Russia with
Hasan Malik

av sina revolutionära verktyg.[174] Detta tar makthavarna
i väst fasta på och upprättar ett samarbete som lönar
sig. De ryska finansplaceringarna ger de ekonomiska
makterna en tillgång till den globala marknaden i en
mer omfattande utsträckning än tidigare. Nu skulle man
i Wall Street få kontroll över en omvärldsmarknad, en
socialistisk marknad.[175] Den globala finansierings-
politiken ändras och kapitalflödet likaså. De gamla
privatägda banker får konkurrens från de gemensamt ägda
globala bankerna.[176] Marx idéer handlar trots allt om
ett globalt samarbete.

In short, the Communists everywhere support
every revolutionary movement against the
existing social and political order of
things. The Communists (…) openly declare
that their ends can be attained only by the
forcible overthrow of all existing social
conditions.[177]

Of course, in the beginning, this cannot be
effected except by means of despotic inroads
on the rights of property, and … further
inroads upon the old social order.[178]

Även humanitärt ekonomiskt stöd till den ryska befol-
kningen, som skickas från USA, går istället till bols-
jevikerna som med alla medel fortsätter uppbyggandet av
den Sovjetiska kommunistiska staten. År 1928 var man i
Sovjet tillbaka på fötterna, med hjälp av de europeiska
och amerikanska investerarna. Enligt Anthony Sutton
fortsätter det finansiella stödet i cirka 60 år till.[179]

174 KASB Webinar on Investing in emerging markets - lessons from Russia with
    Hasan Malik
175 The Best Enemies Money Can Buy: An Interview with Prof. Antony C. Sutton
    (early 1980s)
176 "Bankers & Bolsheviks": an interview with Hassan Malik
177 Manifesto of the Communist Party. IV "Position of the Communists in Re-
    lation to the Various Existing Opposition Parties"
178 Manifesto of the Communist Party. II "Proletarians and Communists"

Ett mer detaljerat exempel på oligarkernas insats är Röda korset-kampanjen. Efter en omfattande brevkommunikation mellan de kommunistiska revolutionärerna och deras ekonomiskt allierade, uppdagas det att kommunisternas övertag har kommit till Moskva men inte längre. Då bestämmer man sig för att ännu en gång stötta de kommunistiska trupperna – i hemlighet, med Röda Korset som täckmantel. Röda Korset, som är en välgörenhetsorganisation, är till en början emot detta uppdrag, men övertalas, då många involverade kommer från etablissemanget i Wall Street. Under kampanjen samlas bankirer, företagare, doktorer, advokater - finansierade av bland annat William Boyce Thomson, ägare av aktier i Chase Manhattan Bank Federal Service System, samma bank som grundas av Rockefeller.

Uppdraget går ut på att vara på plats och assistera den bolsjevikiska revolutionen - med Röda Korset som förevändning. Man för över 1.000.000 dollar från USA till Ryssland för att den militära kuppen kan fortgå och bolsjevikerna kan ta över mer än bara Moskva. Man sätter även tryck på de amerikanska statliga myndigheterna att skicka vapen till revolutionen, vilket också sker år 1918. Trotskij skickar brev till amerikanska staten där han vädjar om amerikanska instruktörer för att träna den nya ryska armen. På detta sätt har man en gemensam fiende – det adliga, kulturella Ryssland som man ser som motståndare till den internationella socialismen. På samma vis utbryter även Socialistiska reformer på andra håll i världen.

År 1918 kontrollerar bolsjevikiska bara en del av Ryssland då de icke-kommunistiska trupperna fortfarande håller stånd i St Petersburg. Förutom ett omfattande ekonomiskt stödkapital stationerar den amerikanska regeringen ut amerikanska soldater som vaktar den transsibiriska järnvägen. Direktivet är att "hålla" järnvägarna tills bolsjevikiska kan ta över. År 1919

179 The Best Enemies Money Can Buy: An Interview with Prof. Antony C. Sutton
   (early 1980s)

skriver New York Times i en rubrik: "Äntligen har bolsjevikerna intagit järnvägen". I samma artikel tackas även den amerikanska armen för sin insats.[180] Inom den växande skaran kommunister uppstår dock opposition. Cirka 70.000 bolsjeviker börjar kalla sig "gröna" när de upptäcker att kommunisterna har sålt sig till amerikanska storföretag. De gröna byter sida och slåss istället sida vid sida med den vita armen.[181]

Nu börjar uppbyggnaden av fabrikerna. Miljoner ryssar, som är motståndare till den marxistiska regimen, offras i arbetsläger när industrierna växer fram. De flesta delarna av produktionen kommer från stor-företagen och investerarna. Gruvverktygen och metallprocesserna kommer från Joy Manufacturing. All syntetisk tygbearbetning och industriteknologi för kärnvapen kommer likaså från utomstående aktörer. Tågen kommer från General Electrics. Flygplansmotorer kommer från Rolls Royce. Skeppsskrov är också tillverkade i väst. Teknologi från IBM, Dunlop, Standard Oil, General Electric, Ford, Douglas Aircraft bidrar alla på ett eller annat sätt.[182] De exporterar inte bara till Sovjetunionen. Man sponsrar även kommunistiska partier i hela världen. Averell Harriman, Almond Hammer och Julius Hammer – medlemmar av Wall Streets toppskikt, är alla ledare för uppstickande kommunistiska partier i USA.[183]

Svenska insatser

Även i Sverige stödjer några av de högst uppsatta inom etablissemanget den kommunistiska reformen. Den första socialdemokratiska hjälpkommittén kommer till under den första ryska för-revolutionen 1905-1906, då både SAP (socialdemokratiska arbetarpartiet) och ungsocialister-

---

180 The Best Enemies Money Can Buy: An Interview with Prof. Antony C. Sutton (early 1980s)
181 Antony C. Sutton – The Bolshevik Revolution Speech (1976)
182 Ibid
183 Ibid

na bistår kommunisterna med att i hemlighet genomföra den fjärde ryska partikongressen i självaste huvudstaden Stockholm.[184] Även finansiellt bistånd beviljades via bland annat bankiren Olof Aschberg, vars betydande roll i arrangerandet av affärer sponsrade Bolsjevikernas revolution, något som han även beskriver i sina memoarer. Aschberg, som hade startat Nya Banken i Sverige år 1912, befann sig i New York 1916 för att förhandla om ett lån på 50.000.000 dollar till den kommunistiska regimen.[185] Han får då smeknamnet "Den Röde Bankiren", i Sverige eller "The Bolchevik Banker", internationellt. Om Amerika skriver han:

> The opening for American capital and American initiative, with the awakening brought by the war, will be country-wide when the struggle is over. There are now many Americans in Petrograd, representatives of business firms, keeping in touch with the situation, and as soon as the change comes a huge American trade with Russia should spring up.[186]

Han var inte ensam. En stor mängd svenska politiker och andra tjänstemän sluter samman för att hjälpa till. De högt uppsatta makthavarna genomför stödet helhjärtat och man glädjer sig åt kommunismens framfart. Toppolitikern Hjalmar Branting, uttrycker sig positivt om revolutionen och det han kallar för "den sociala konfrontationen" och "demokratins triumf".[187]

---

184 Relationerna mellan den ryska och svenska arbetarrörelsen utgör ett kart ämne inom den svenska, ryska och även internationella forskningen. Genombrottet kom med engelsmannen Michael Futrell, sv. *Underjordiskt i Norden*, 1963. För att spara utrymmet, avstår förf. från en litteraturöversikt - eventuellt en ny uppsats - och nämner föregångarna i ert konkret sammanhang.

185 Antony Cyril Sutton, OLOF ASCHBERG IN NEW YORK, 1916 - "Wall Street And Bolshevik Revolution" 2001

186 Ibid

187 Zeth Höglund, *Hjalmar Branting och hans livsgärning, d.2, s.130-131*

I sin ledare i Social-Demokraten 17.3 påpekar Branting revolutionens väsen som ett "radikalt demokratiskt genombrott". Revolutionens betydelse är helt klar: detta var ett nytt 1789, dock med "det stora sociala inslaget" från proletariatets sida. Därför måste efter den politiska revolutionen följa den sociala konfrontationen mellan arbetarna och bourgeoisien, bönderna och godsägarna, förutsade Branting. Men nu vore det segerns och triumfens dag - "demokratin triumferar i Ryssland efter dess Bastiljestorm"[188]

I Sverige gör man sig lättillgänglig för samarbete och kommunisterna möts av en uppmuntrande miljö. Efter att ha ordnat sina förhållanden i Schweiz inser Lenin snabbt Stockholms fördelar framför till exempel Köpenhamn när det gäller förbindelserna med hemlandet. Zimmervaldmötet funderar han att flytta till Stockholm. Det praktiska arbetet i Skandinavien ges i uppdrag åt Sjlapnikov (då Belenin), som kommer till Stockholm i oktober 1914. Dock uträttar han ingenting utan hjälp av svenska meningsfränder som gärna ställer upp; man hjälper ryssarna med både postadresser, lagerhållning av litteratur, bostadsförmedling, mindre penninglån, hos polisen och till och med vid inskrivningen till det Kungliga biblioteket.[189] I svenska skolor får man inte lära sig om hur omfattande samarbetet mellan kommunister och socialdemokrater faktiskt var, och hur den svenska eliten bidrog till den ryska revolutionens framgångar. Hur kommer det sig?

188 *Ibid*
189 Aleksandr Sjlapnikov, *Kanun semnadtsatogogo*, Moskva 1992, s.67-69.

Bolsjevikerna och National-Socialisterna

Det man inom socialdemokratiska partiet inte förutser är att man sponsrar en revolution som resulterar i en utrotning, under vilken miljontals människor försvinner vid fruktansvärda förhållanden, och som pågår både före och efter andra världskriget. De som överlevde tilläts aldrig att varken offentligt tillkännage de skoningslösa grymheterna eller att läka sina sår; därför har mycket av förföljelsen i Sovjet försvunnit från det allmänna minnet – till skillnad från nazisternas förföljelse, där offren har fått en mer omfattande upprättelse, bland annat genom att de ansvariga har ställts till svars och genom att hedra offren med monument, böcker samt en korrekt historieskildring. Det existerar en stor skillnad i hur omvärlden har behandlat de efterlevande, trots att likheterna mellan förföljelserna i Nazityskland och Sovjetunionen egentligen var mycket stora.

Sovjetunionen är den första kommunistiska nationen i världen där man inte bara låter sig inspireras av Marx, utan fullt ut införlivar Karl Marx kommunistiska teorier i hela samhället - och är egentligen ett socialt experiment. Trots det är man inte så olik sina grannländer i Europa. Ett av kommunisternas mål är att skapa en ny människa, ett slags mänskligt ideal, liknande vad den nationalsocialistiska regeringen avser. Den "nya" socialistiska och kommunistiska människan som figurerar i propagandabilder runtom i hela världen och anses vara den nya förebilden, är inte helt olik den nazistiska människan. Det gemensamma ståndpunkten är att den "naturliga" människan är i sig otillräcklig och man anser att det finns stora möjligheter att göra henne perfekt. Nazisterna vill ha hälsosamma, vackra, blonda och glada människor. Det är ursprungsidén, vilket Alfred Rosenberg berättar under Nürnbergrättegången, som är en del

114

av deras utopiska paradis. Projektet misslyckas i Tyskland, likväl som Sovjets nya människa. I båda fallen dör istället miljoner oskyldiga människor. Det många inte vet är att våld och död, var något Marx och Engels förutsatte när de lade fram instruktioner för den socialistiska revolutionen.

Det oumbärliga våldet

Marx och Engels har haft stor inverkan på 1900-talets politiska struktur och är ansedda historiska auktoriteter i alla utbildningsinstitutioner runtom i världen. Men hur förhåller de egentligen sig till massmord, krig och våld? År 1849 skriver Engels i Neue Rheinische Zeitung om klasskriget och menar att folkmord är ofrånkomligt och ett nödvändigt ont:

> The next world war will result in the disappearance from the face of the earth not only of reactionary (de som hindrar en revolution, f.a) classes and dynasties, but also of entire reactionary peoples. And that, too, is a step forward.[190]

Engels menade att denna utrotning av vissa grupper av befolkningen, är ett steg framåt. Marx skriver vidare att det ofrånkomliga våldet som behövs för att säkerställa en revolution, skulle bli effektivare genom "revolutionär terror":

> There is only one way in which the murderous death agonies of the old society and the bloody birth throes of the new society can be shortened, simplified and concentrated, and that way is revolutionary terror.[191]

190 Friedrich Engels, "The Magyar Struggle," first published in Neue Rheinische Zeitung No. 194, January 13, 1849.
191 Karl Marx, "The Victory of the Counter-Revolution in Vienna," Neue Rheinische Zeitung No. 136, November 1848.

Inte nog med att Marx och Engels accepterar folkmord som ett gångbart alternativ; de anser att kulturer, som inte är tillräckligt framåtskridande för att kunna genomföra en revolution, ska förintas på grund av just denna anledning. Efterblivna samhällen, eller som Engels kallade dem, "folkliga avfallsprodukter", "völkerabfelle" och populationer som enligt honom var "två steg bakom i utvecklingen", "kunde" enligt Engels inte, utföra en revolution - på grund av sin "oförmåga".

> Dessa rester av en nation som skoningslöst trampas under fötterna av historiens gång, (...) dessa rester av nationer, blir och förblir alltid kontrarevolutionens fanatiska bärare tills de fullständigt utrotas eller denationaliseras, precis som deras blotta existens är en protest mot en stor historisk revolution.[192]

Marx och Engels är inte de enda som uppmanar till våld. Lenin uttrycker år 1917: "The state is an instrument for coercion … We want to organize violence in the name of the interests of the workers."[193] Lenin, som är starkt präglad av Marx och Engels ideologi, skriver att revolutionärer har rätten att utöva "organiserat våld", i arbetarnas namn. Våldet är till och med, enligt dåtidens kommunistiska politiker Dzerzhinsky - "oumbärligt".[194]

> The public and the press misunderstand the character and tasks of our Commission. We stand for organized terror — this should be frankly stated — being absolutely

192 Friedrich Engels, "Den Ungerska frågan" (Neue Rheinische Zeitung) 1848/49
193 Vladimir I. Lenin, quoted in George Leggett, The Cheka: Lenin's Political Police, Oxford University Press, 1987
194 Dokumentär: George Watson, professor vid Cambridge University, The Sovjet story, 2008

indispensable in current revolutionary
conditions.[195]

Detta våld blir till en utpräglad del av Sovjetregimens
metoder och fortsätter att utövas under svältåren i
Ryssland och "Holodomor", massutrotningen i Ukraina.
Strategin är densamma. Under åren 1937-1941 blir över
10.000.000 människor mördade i Ryssland.[196] Tvärtemot de
mänskliga rättigheterna i FN-stadgan som antas år 1948,
intar de kommunistiska ledarna ståndpunkten att det or-
ganiserade våldet - var ett effektivt verktyg - långt
efter andra världskrigets slut. Filosofen och högt upp-
satte sovjetiska politikern Leon Trotsky skriver så
sent som år 1940:

> Under all conditions, well-organized violence
> seems (...) the shortest distance between two
> points.[197]

En ömsesidig beundran

Förutom det organiserade våldet, fanns det flera punk-
ter inom vilka National-Socialisterna ansåg sig vara
jämställda sina kommunistiska medkämpar. Goebbels sade
själv i en tidningsintervju att Lenin var National-
Socialisternas idol och att enbart Hitler var större än
honom, och att skillnaderna mellan nazism och kommunism
- är små.[198]

> National Socialism derives from each of the
> two camps the pure idea that characterizes
> it, national resolution from bourgeois

195 Felix Dzerzhinsky, press interview in early June 1918, quoted in Leggett,
   The Cheka
196 Dokumentär: Natalia Lebedeva. Historiker, "The Soviet Story", 2008
197 Leon Trotsky, "Stalin - *An Appraisal of the Man and his Influence*", un-
   finished manuscript published in 1941
198 New York Times i November 1924

tradition; vital, creative socialism from the
teaching of Marxism.[199]

Det som under historiens gång har hamnat i
skymundan är att Nazisterna också lät sig
inspireras av Marx och Engels. Hitler säger
att hans nazism var baserad på Karl Marx
ideologi som doktrin och att han har lärt sig
mycket av Marx.[200]

Spår av dessa likheter kan ses i nazisternas valaffi-
scher och valkampanjer. Man använder sig av hammaren
och skäran i propagandabilder, som symbol för den na-
zistiska ideologin.

The hammer will once more become the symbol
of the German worker and the sickle the sign
of the German peasant.[201]

I början är kommunisterna och nazisterna inte rivaler
utan ser sig som allierade. I Sovjet anser man sig
sträva mot en internationell socialism medan man i Tys-
kland anser sig sträva mot en nationell socialism.

På samma sätt som det viktorianska England, vill
tyskarna föra ut sin nationella socialism i världen,
som en slags imperialism. Hitler vill nämligen göra
Tyskland till det han kallar för: "Mistress (härskarin-
na) of the earth".

"Had the German people possessed that hard-
like unity which served either nation so
well", says Hitler in his book, "The German
Reich would today be the mistress of the
Earth".[202]

199 Hanns Johst interview with in *Frankforter Volksblatt* January 27, 1934,
200 Dokumentär: "The Soviet Story", 2008, George Watson, professor vid Cam-
   bridge University
201 Adolf Hitler, May Day speech in Berlin, May 1, 1934
202 Congressional Record: Proceedings and Debates of the second session of
   thesevety-fifth Congress of The United State of America, Volym 82 part 1,
   november 13, to december 7, 1937 - United States. Congress

Tankesättet påminner om de gamla kinesiska kejsarnas filosofi och anspråk på världen - samma kejsare som under "Mittens Rike" satt på den imperialistiska tronen i Kina, under ett helt millennium.

Det som inte alltid framgår i historieböckerna är att Hitler således var vänster, en socialist till ideologins rötter, och stöttades likaså av vänstern. En av de som stöttade Hitler helhjärtat var författaren Bernard Shaw. Han skrev att vänstern var väl medvetna om att Hitler skulle döda, och stöttade Hitler - på grund av att han vågade använda våld. Som vänster stod Shaw bakom både Mussolini, Hitler och Stalin:

> This remark may puzzle readers who are aware of Shaw's fervent enthusiasm for Soviet Communism. Actually there is no contradiction, no deliberate paradox in Shaw's attitude. He admired Hitler and Stalin, just as he had admired Mussolini, because these men were trying to get something done and because they had all got rid of the "pseudo-democratic" party system - that "unparalleled engine for preventing anything being done." For G.B.S. dictatorship was "the only way in which government can accomplish anything." The party system would have to be eliminated if we really intended to solve our political problems. [203]

Shaw lät sig inspireras av National-Socialisternas åsikter om hur vissa människor skulle räknas som "onödiga" och inte kunde tillföra något till samhället. Bernard Shaw ansåg till och med att man skulle uppfinna en gas som dödade smärtlöst.[204] - 10 år senare uppfinns Zyklon B, den "humana gasen".

---

203 H. M. Geduld, "Bernard Shaw and Adolf Hitler," s 11-20. 1961
204 Bernard Shaw, The Listener 7 feb 1934

Vi ska rädda våra bröder

En avhoppad Sovjetisk agent avslöjade att Gestapo under 1930-talet besökte Ryssland för att studera koncentrationsläger och dess uppbyggnad. I Ryssland hade de nämligen redan funnits - i 20 år.

Ett par år senare, år 1938 arrangerar Tyskland och Sovjet ett hemligt möte i Krakow som ska besvara "Judefrågan". Protokollet från mötet undertecknas både av den National-Socialistiska och den kommunistiska sidan. I dokumentet kan man bland annat läsa att alla semitiska människor, shamaner, klarseende, dvärgar, alla med fysiska defekter, krumma, fattiga, skulle undanröjas av KGB tillika Gestapo. En stor del av den judiska befolkningen försöker fly Tyskland till Ryssland men Stalin skickar tillbaka dem vid gränsen. Samtidigt ökar förföljelsen av Judar även i Sovjetunionen. Ryssarna "levererar" många judar och andra "oönskade" till tyskarna. Leon Trotskij, som varnar världen för Stalins antisemitism och samarbetet mellan KGB och Gestapo, blir kort därefter mördad.

Den allmänna övertygelsen som i västerlandet gör anspråk på historien, är att alla krigsbrott under andra världskriget är utförda av nazi-tyskarna och att Sovjetunionen har liten eller ingen skuld i det inträffade. De grymheter som utspelade sig i Sovjetunionen har man mer eller mindre lagt ett lock på och de bolsjevikiska krigsförbrytarna har kommit undan. Sovjetiska officerare som hade skjutit 20.000 obeväpnade människor, ansågs ha utfört en bragd och fick istället för straff, höga pensioner, ordnar och medaljer.

(Följande avsnitt är hämtat ur två föreläsningar, se referens nedan)[205]

205 1. Hitler-Stalin Pact. Discussion by Roger Moorhouse and Norman Davies on the 75th anniversary of the Soviet attack on Poland, accompanying "The Devils' Alliance" book launch. 17 Sep 2014 at the Embassy of the Republic of Poland in London. 17 Sep 2014 at the Embassy of the Republic of Poland in London.

I paktdokumentet fanns inte bara direktiv för massmord av "oönskade element" i samhället. Den hemliga pakten, som är nedskriven på ett a4 papper, deklamerar att Tyskland och Ryssland delar upp Polen, Finland, samt alla de baltiska staterna mellan Moskva och Berlin. Internt kallas uppdelningen för ett "terroristisk omarrangerande", trots att det innebär flera militära ingripanden av det mest fruktansvärda slaget. Trots att 40 miljoner människor påverkas av detta enda A4 papper, väljer Stalin och Hitler att hålla pakten – hemlig.

Ryssland, som är ett land rikt på naturtillgångar, lovar i dokumentet att bistå Tyskland med naturresurser i utbyte mot färdiga produkter, som vapen och den senaste militärteknologin. Tilläggsdokument, som består av ritningar på tillverkningsprocesser, färdiga vapen, beskrivning av råmaterial och resurser - kategoriserar och till och med *avgör* kriget. Utan Sovjetunionens och National-Socialisternas väldigt specifika utbyte av tillgångar skulle kriget vara omöjligt att inleda. Hitler och Stalin planerar alla sina militära mål utifrån de möjligheter pakten ger dem.[206]

Det mycket betydelsefulla avtalet mellan Sovjet och Tyskland är således grunden till att andra världskriget överhuvudtaget går av stapeln. Utan denna överenskommelse skulle händelserna troligtvis se mycket annorlunda ut. Både i västvärlden och i Sovjetunionen utesluts dessa händelser och deras betydelse ur det historiska narrativet. Pakten och dess enorma inverkan på andra världskriget, figurerar inte i historieböcker, utom möjligen i mindre notiser, trots att man i väst försöker publicera stora delar av dokumentet till allmänhetens kännedom redan år 1946, under namnet "A Secret Protocol". Den sovjetiska reaktionen var att hävda att protokollet var en förfalskning. Man förnekade att So-

2. Roger Moorhouse - Hitler and Stalin: the Forgotten Relationship Between the Two Superpowers of WWII, 2 januari 2020. Muzeum II Wojny Światowej w Gdańsku (Museet för andra världskriget i Gdansk)
206 Ibid

vjet hade något med kriget att göra under åren 1939-41
och hävdade att Sovjetunionen var helt neutralt under
denna tid.

Att kriget startar först år 1941 lever kvar som en
allmän uppfattning - både i Sovjetunionen och i USA.
Detta trots alla offer de första åren skördar. I USA
hävdar man fortfarande att kriget börjar år 1941 - vid
Pearl Harbor. Allt som sker dessförinnan anses vara
blotta "förberedelser" inför kriget - trots de omfat-
tande krigsförbrytelserna som utförs under dessa två
år.[207] I Sovjet stämplas allt som sägs emot Sovjetunio-
nens offentliga version av historien som anti-sovjetisk
propaganda och Gulag presenteras som "folkliga arbets-
insatser i en växande industri". Pakten varar i hela 22
månader, till kommunisternas och National-Socialis-
ternas fördel och Stalin får tillbaka de länder Ryss-
land "förlorar" under första världskriget.[208]

Krigets utbrott sker en vecka efter att dokumentet
skrivs på; och 1939 anfaller de båda makterna Polen -
Stalin med det berömda uttrycket "vi ska rädda våra
bröder". Istället deporteras en och en halv miljon po-
lacker till Sibirien, och lika många till koncentrati-
onslägren som tyskarna har byggt. Röda armen och SS
slåss således på samma sida. Kommunisterna invaderar
delar av Balkan och Arabien - genom deportering,
avrättning och förföljelse. I det västerländska narra-
tivet är nazisterna anklagade för att begå de värsta
krigsbrotten - ej kommunisterna.

I verkligheten tar de kommunistiska partierna i USA,
England och Frankrike, under 1940-talet nyheten väldigt
hårt, när pakten kommer till allmänhetens kännedom.
Medlemmar i partiet kan inte hantera skulden och på
vissa håll utbryter det ut en självmordsvåg. Paktens

207 Hitler-Stalin Pact. Discussion by Roger Moorhouse and Norman Davies on the
    75th anniversary of the Soviet attack on Poland, accompanying "The Devils'
    Alliance" book launch. 17 Sep 2014 at the Embassy of the Republic of
    Poland in London. 17 Sep 2014 at the Embassy of the Republic of Poland in
    London.
208 Ibid

122

offentliggörande innebär en så stor händelse i världshistorien, att man minns det som att "jordens axel roterade". Som Stalin uttryckte det: "Tillsammans med Tyskland är vi ostoppbara".[209] Trots det är pakten numera helt glömd i väst. Allmänheten är "biased" när det gäller det historiska perspektivet så som det har blivit framställt. Pakten, som kallas Molotov-Ribbentroppakten, är blott omnämnd som en fotnot i akademiska sammanhang och inom specifika historiska institutioner. Hur kommer det sig?

Att uppmärksamma denna undangömda del i historien innebär inte att Hitler på något sätt blir rentvådd. Det finns ett svartvitt tänkande i den moderna västerländska debatten som behöver arbetas bort; bara för att man ser ned på ena sidan skulle man inte vara i favör för andra sidan. Både National-Socialisterna och Sovjetunionen agerade fel och var de mest fruktansvärda Europeiska regimerna under 1900-talet.[210]

Ett minskat antal elever

I Ukraina, som på den tiden är ett självständigt republikanskt land, uppstår protester mot marxismen och det sovjetiska maktövertagande. För att stävja upproren slutar Sovjetunionen år 1932-33 att skicka mat och andra förnödenheter till Ukraina och avbryter samtidigt alla kedjor av all matleverans till och från utlandet. Ingen får heller åka in eller ut från landet. All matproduktion och odling upphör. Då börjar en av de mest fruktansvärda, av människor förorsakade, katastroferna - i mänsklighetens historia.

I början äter man av det överflöd och de sparade resurserna man har kvar. Varpå den sovjetiska armen även konfiskerar den lagrade maten.[211] Ukrainas befolkning börjar dö av hungersnöd. Färre av barnen kommer till-

209 Ibid
210 ibid

123

baks till skolan efter loven och antalet elever i första och andra klass minskar kontinuerligt, vilket står att läsa bland siffrorna i lärarnas dokumentation och närvaroanteckningar som finns kvar från denna tid. Orsaken är att eleverna dör av svält och klasserna blir allt mindre. Den Sovjetiska regeringen ger istället sanktioner till soldater och andra frivilliga, som får i uppdrag att hjälpa till och bära lik till massgravar. Lönen blir en brödbit per lik. När utländska aktörer försöker skicka mat till det svältande folket stoppas även detta och Moskvas ledning hävdar att det inte pågår någon svält och att ryktena är - bourgeoisie propaganda. Först år 1989, vid kommunismens fall, erkänner den ryska regeringen att 3.5 miljoner har avlidit av svält i Ukraina under förkrigstiden och det som senare kommer att kallas Holodomor. De verkliga siffrorna är ca 10.000.000[212]:

> Professor of Kyiv Shevchenko University Volodymyr Serhiychuk is a Chair of the International Association of Holodomor Researchers competed an impressive work on studying of archives and evidences of the period 1920 - 1940. In his presentation he persuasively demonstrates that generally-accepted number of Holodomor victims is significantly underestimates the true picture. His study is showing that the number of Ukrainians who died in Holodomor has to be at least doubled up to the value of 7 million

---

211 Norman Davies, Cambridge University. Professor at the Jagiellonian University, professor emeritus at University College London, a visiting professor at the Collège d'Europe, and an honorary fellow at St Antony's College, Oxford.

212 Volodymyr Ivanovych Serhiychuk: Doktor i historiska vetenskaper, professor, chef för institutionen för Ukrainas historia vid Taras Shevchenko National University of Kyiv, chef för utbildnings- och yrkesprogrammet med avancerade studier av främmande språk för kandidatexamen "World Ukrainians in Civilisational Progress". http://serhijchuk.unicyb.kiev.ua/

on Ukrainian territory and 3.5 more million outside Ukraine.[213]

Vänstern börjar under tidigt 40-tal att opponera sig mot nazism, då de anser att Hitler vid denna tid har förstört socialismen bortom all igenkänning. Att gasa människor utifrån deras nationalitet är inte förlåtligt. Däremot protesterar man mindre och är mer förlåtande när urvalet är baserat på klass. I Sovjet avrättas människor, man låter dem svälta och allt skylls officiellt på klasskriget och offrens klasstillhörighet. Men inofficiellt spelar klass en mindre roll. Om fienden eller motståndaren inte ger upp – oavsett klass - måste de avrättas. För det fanns särskilda avdelningar i fängelser där man, under den kommunistiska regimens ledning, sköt gripna – utan rättegång. Varje natt kunde uppemot 100 skjutas. Bara 50 år senare fick familj och släkt reda på var de offrets massgrav låg. Alla geografiska regioner av Ryssland har massgravar, vilket visar massmordets omfång och offrens antal – siffror som annars kan vara svårt att förstå och acceptera.

Miljoner ukrainska barn blir hemlösa på grund av saknade föräldrar och börjar tigga på gatorna. Stalin beslutar att barn får skjutas från 12 års ålder och uppåt, med anledning att det annars inte ser bra ut inför turister.[214] Det ukrainska guldet och värdesakerna som konfiskeras, vet ingen var det tar vägen - det finns inga vittnesmål kvar om detta. Dessa ägodelar tas ifrån offren på samma fruktansvärda sätt som man konfiskerar guld och värdefulla saker i Nazityskland. Däremot finns dokumentationen bevarad där det framgår var den ukrainska befolkningens mat tar vägen – den mat som hade såtts och planterats av dem själva. All mat, korn och frön som konfiskeras - exporteras till Väst-

213 Dokumentär: "The Soviet story", 2008, Professor Volodymyr Serhiychuk's Holodomor Research (YouTube)
214 Dokumentär: "The Soviet Story", 2008

världen. År 1930 går Ukrainas export plötsligt upp –
till hela 2000% och håller sig så, under tre års tid.
Underrättelse om Ukrainas fruktansvärda nöd når de väs-
terländska tidningarna, som rapporterar om det inträf-
fade, men till ingen nytta. Hjälpen når inte fram och
svälten fortskrider.

Ett hisnande antal på 7.000.000 ukrainska män, kvin-
nor och barn blir utrotade under bara ett års tid, år
1933. Det är den mest effektiva utrotningen mänsklighe-
ten någonsin har bevittnat. Händelsen har fått namnet
Holodomor, Голодомор och uttrycket "*holodom moryty*" be-
tyder "att tillfoga döden genom hunger". Det ukrainska
verbet "*moryty*", морити betyder "att förgifta, att dri-
va till utmattning eller att plåga". Den grammatiskt
perfektiva formen av moryty är zamoryty, "döda eller
driva till döds".[215] Holodomors framlidna offer och
deras ättlingar har varken fått kompensation, en ursäkt
eller upprättelse av den kommunistiska regimen, trots
att Holodomor var lika fruktansvärt eller värre än Ho-
locaust i Europa. Bristen på upprättelse är även i nu-
tid så pass omfattande, att Holodomor inte ens finns
med som ett erkänt ord i skrivprogrammet Word, medan
ordet Holocaust finns med i det digitala ordförrådet.

Efter andra världskrigets slut skall det dröja länge
tills sanningen om de hemska krigsbrotten i Ukraina
kommer fram. År 1945 vinner de allierade andra
världskriget och efter krigets slut förstör Stalin inte
lägren, där de grymma förhållandena driver många fångar
till döden, såsom det sker med koncentrationslägren
runtom i Europa. Kommunisterna fortsätter istället att
använda lägren under en lång tid. Och terrorväldet upp-
hör inte, varken i Ryssland eller i de baltiska länder-
na. Man konfiskerar lägenheter och hus från Ester och
Letter som opponerar sig och flyttar dem från deras
hem, till koncentrationsläger i Sibirien. Istället

---

215 https://sv.wikipedia.org/wiki/Holodomor

flyttar man in "kommunistiska krigshjältar" i deras lägenheter som används som "semesterlägenheter". På samma vis fortsätter kommunismen att skörda sina offer under 1950, 60, 70, och 80-talen. Ända in på 2000-talet anses soldater som har gjort uppdrag åt kommunisterna vara hjältar och respektabla veteraner. De flesta har fått hög pension och man har varit stolt över dem. En utredning av deras förehavanden har aldrig gjorts, trots de otaliga dokument, dokumentärer och böcker som har publicerats och utgivits om ämnet. Europa har under en lång tid varit beroende av ryska naturtillgångar som gas och olja och bensin. Är det anledningen till att man aldrig har ifrågasatt kommunisternas krigsbrott?

De osynliga

År 1970 sker ett massivt avslöjande när författaren Aleksandr Solzjenitsyn för första gången i detalj underrättar västerlandet om Sovjetunionens förfaranden.[216] Hans hjältemod blir firat, och vid ett tal hållit vid ett högt ansett västerländskt Universitet blir han hyllad:

> The powerful directness of his (Solzhenitsyns) work which so clearly reflects his own experiences illuminates for us the perils we court if we do not take heed and cherish the rights and privileges we enjoy.[217]

Men vägen dit är lång och farlig. Solzjenitsyn är en före detta fånge, en överlevande från Gulag i Sibirien. Efter att straffet är avtjänat får han ett uppdrag av den kommunistiska regimen och hans uppgift blir att genomföra ett projekt åt regeringen som innebär att han får tillgång till brev och dokumentation från överlevande i Gulag. Han bestämmer sig att skriva ihop det

216 Discussion by Roger Moorhouse and Norman Davies
217 Alexander Solzjenitsyn, "A World Split Apart", 8 June 1978, Harvard University

till en bok, trots att han vet hur riskabelt det är att spara vittnesbörd. År 1965 blir två författare gripna för misstanke om att skildra händelserna vid Gulag. KGB misstänker att deras berättelse ska skickas till väst och deporterar dem till Sibirien. Alla spår efter dem är därefter försvunna. Det är ett mycket farligt projekt och Solzjenitsyn måste skriva under full sekretess. Han går långa vägar för att gömma de olika kapitlen. Men han får hjälp av en grupp människor som kommer att stå honom nära. De börjar till slut kalla sig "de osynliga" och är en handfull vanliga medborgare; en fotograf, en bokbindare, några släktingar till de överlevande, en tolk. Fångarnas skildringar skrivs ner i olika anteckningsböcker och Solzjenitsyn förbereder ett hemligt gömställe hos en vän på landet för att kunna avsluta boken.

Denna vän och de andra "osynliga" riskerar sina liv för projektet. Om KGB kommer på dem är straffet mycket hårt. Solzjenitsyn och de andra tar för vana att byta buss och spårvagn varje gång de åker iväg på ärenden som har med boken att göra, för att inte bli förföljda. Alla delar av boken är spridda på olika ställen. När boken äntligen är färdig, är alla kapitel för första gången samlade hos bokbindaren under några få timmar. Sammanlagt tre volymer med fyra kopior av vardera, lyckas till slut en av de "osynliga" få med sig ut. Bokbindaren och hans fru står vid fönstret och ber att inget ska hända henne när hon går ut på gatan nedanför. "Jag är dem evigt tacksam. Utan dem hade jag inte kunnat genomföra detta. En man kan inte ensam slåss mot ett sådant system." säger Solzjenitsyn senare om sina vänners oerhörda insatser. Samtidigt är det en bok som han anser sig vara skyldig offren att skriva.[218]

And if I'm writing this book it is solely from a sense of obligation because to many stories and recollections have accumulated in

218 Dokumentär: Secret story: The Gulag Archipelago, 2008

my hands and I cannot allow them to perish. I don't expect to see it in print anywhere with my own eyes and I have little hope that those who managed to drag their bones out of the Archipelago will ever reed it.[219]

En fotograf hjälper att fota av det färdiga manuskriptet på en mikrofilm. År 1968 hålls en politisk konferens i Moskva. En av tolkarna, som översätter vid konferensen, har tidigare haft kontakt med de "osynliga" och "Natalia" tar kontakt med honom igen. Hon frågar "Would you have the courage to take the volume?" varpå tolken svarar ja. Han sover sedan inte på fyra nätter av oro för hur han i hemlighet ska smuggla ut filmen. De stämmer en hemlig mötesplats. Där överlämnas filmen av ytterligare en person. På vägen i bilen kör de förbi KGB:s högkvarter samtidigt som att mikrofilmen är gömd i en burk med kaviar. Operationen lyckas men Solzjenitsyn vågar inte släppa boken till utgivning just där och då.

I väst läser man andra, tidigare utgivna böcker skrivna av författaren och ämnar att hedra Solzjenitsyn med Nobelpriset. Detta visar sig vara mycket svårt och kommittén misslyckas gång på gång. Till slut går det vägen - med hjälp av en svensk journalist.[220] Stig Fredrikson stämmer flera möten med författaren i hemlighet. Men efter Nobelkommitténs uppvaktning ökar KGB:s övervakning av Solzjenitsyn och hans vänner. De blir nu avlyssnade.[221]

1973 blir Elisabet Varanjanskaja, som har den senaste versionen av boken utskriven, arresterad. Det är en version, som de egentligen har bestämt sig att bränna. Elisabet, som inte kan förmå sig att bränna boken, blir förföljd i flera månader. Hon är vid gripandet 66 år

219 ibid
220 ibid
221 ibid

gammal. KGB är hårdhänta och får tag i kopian av den ännu osläppta boken. Hon hittas strax därefter hängd, med sticksår. Detta drabbar Solzjenitsyn hårt som i sorgen inser han måste publicera boken på grund av att hans vänners enorma insatser annars har skett i onödan. Ett franskt bokförlag tackar ja till att översätta och publicera boken. Enbart tre personer på förlaget känner till vad som ska ske. De börjar med att publicera den på ryska och boken smugglas in i Ryssland där den läses under läsekedjor. På grund av risken att bli gripen och skickad till Sibirien, lånar man den i endast en natt och ger den sedan vidare till nästa läsare.[222]

KGB ökar sin attack och börjar gripa och arrestera de andra ur de "osynliga". Solzjenitsyn blir avslöjad och får både media och KGB på sig. I tidningarna beskrivs han som en förrädare samt de brott som han har gjort sig skyldig till. I ett sista möte tar han farväl av Stig Fredrikson och kysser honom på det ryska viset, på båda kinderna. Han blir arresterad samma dag år 1974. De förhör honom men av en lycklig slump blir han inte dödad. KGB inser, att om de dödar honom finns det en risk att de utländska medierna får reda på det, vilket bevisar att allt han skriver är sant. Istället utvisar de honom ur landet. Hans fru och barn måste dock stanna.[223]

> I have done my duty to those who perished. Gives me relief and peace of mind. The facts have been destined for annihilation. They've been trampled on drowned burned reduced to dust. But now they are alive in print and no one can ever erase them.[224]

222 ibid
223 ibid
224 ibid

De "goda" och de "onda" ...

Man får i världen reda på sanningen om koncentrations-
lägren i Gulag och Holodomor men saken tystas ner och
tigs ihjäl. Inga av de allierade länderna säger emot
det Sovjetiska styret eller kräver upprättelse för alla
de offer som har dukat under. Trots Solzjenitsyns och
hans vänners kamp och bokens stora spridning lever my-
ten om den "goda" kommunismen kvar. Hammaren och skäran
används som en kommunistisk symbol inom vänster-
politiken och statyer av Marx och Engels ses dekorera
gator och torg världen över, trots alla dödsoffer. Hade
det handlat om Hitler och nazisterna skulle symbolen
och statyerna vara borta för länge sedan, vilket är ett
konkret bevis för att kommunisterna har sluppit ta kon-
sekvenserna för sina brott. Istället beundras kommunis-
terna av den västerländska vänstern – världen över.

> The communist regime in the East could stand
> and grow due to the enthusiastic support from
> an enormous number of Western intellectuals
> who felt a kinship and refused to see
> communism's crimes. And when they no longer
> could do so, they tried to justify them. In
> our Eastern countries, communism has suffered
> a complete ideological defeat; it is zero and
> less than zero. But Western intellectuals
> still look at it with interest and with
> empathy, and this is precisely what makes it
> so immensely difficult for the West to with-
> stand the East.[225]

I väst räknar man Sovjetunionen, trots allt ovanstå-
ende, som ett av de allierade länderna under andra
världskriget. I den generella debatten vill man tro att
Stalin var på de godas sida. Man sällar sig gärna till
den allmänna opinionen där de "goda" är britterna, ame-
rikanerna och ryssarna, medan de "onda" är nazisterna.

225 Alexander Solzjenitsyn, "A World Split Apart", 8 June 1978, Harvard
    University

131

Denna moraliska manöver som trädde i kraft efter andra världskriget har fortfarande ett starkt grepp om allmänbildningen. Sanningen är istället att en hänsynslös despot slogs mot en annan - lika hänsynslös despot. Andra världskriget var inte ett krig där de "onda" slogs mot de "goda", utan ett krig mellan de "onda" och de lika "onda". Allmänhetens felaktiga uppfattning är svår att ändra eller byta ut mot den mer sanningsenliga helheten. Föreställningen är att det finns en enda "skurk" och det är - Hitler.[226]

Marxism istället för religion

> And the new order socialism will triumph by overwhelming Christianity through institutions.[227]

Gramci, vars citat står skrivet ovan, infiltrerar med sina idéer många institutioner, universitet och media i de länder, där man vill låta kommunism och socialism erövra den gamla tidens politik. Antonio Gramci förstår att man bäst genomför en revolution – på det kulturella planet.[228] I samhällen världen över sker under 1900-talet en gigantisk omställning – religion och andlighet ersätts med underkastelse och dyrkan - av staten och dess ledare. Även i det socialistiska Sverige ersätts religion med politik:

> En tjänsteman i socialdemokratiska partiet yttrade 1969, att reformer måste genomföras med hastighetsbegränsning för att undvika opposition; kungar och riksdagskanslerer på 1600- och 1700-talen handlade utifrån exakt samma princip. Reformationen genomfördes i

226 Hitler-Stalin Pact: Discussion by Roger Moorhouse and Norman Davies, 17 Sep 2014 at the Embassy of the Republic of Poland in London
227 Antonio Gramci ur Uncle Tom II 2022. Återfinns i Antonio Gramci, "Audacia d Fide' in Avanti! Reprint In Sotto la Mole, 1916-1920, p. 148.
228 Uncle Tom II: An American Odyssey,2022, Carol Swain

Sverige under loppet av ett helt århundrade,
i makligt och bekvämt tempo, men alltid med
samma slutmål för ögonen: "Ett land med en
Herre och en konung" för att citera en svensk
biskop från tiden, Nicolaus Olai Bothniensis
på Uppsala möte 1593: "Nu är Sverige vordet
en man och alla havom vi en herre och en
Gud".[229]

När kommunisterna spränger, bränner ner och förintar
kyrkor upphöjs istället de marxistiska ledarna till
helgon med ett nytt profetiskt innehåll för att svindla
sig folkets lydnad. Att marxism ersätter Gud med staten
är en del av den process - som var ämnad av Marx. På
stora propaganda affischer och banderoller syns
kommunistiska ledare, som påvar eller helgon. Det är
som om Nietzsche ställer frågan och Marx ger den ett
svar.

Because what socialism promises is a utopia
It promises heaven on earth. A peace that the
world has not yet known and if we hunker down
and come together all in pursuit of this
heaven on earth, that we can accomplish
that.[230]

Man dyrkar de politiska ledarna i kommunismens och so-
cialismens anda; samma dyrkan övergår sedan till
filmstjärnor och sportstjärnor i konsumtionens anda -
med samma respekt och vördnad som människor under tu-
sentals år har visat Gud, religion och det sakrala.
"..They desire to place themselves in the place of
God."[231] Skulle man inte veta bättre hade man trott att
kommunismen på detta vis hade utnyttjat och exploaterat
människors tro på det högre, den tro som mänskligheten
under alla tider haft, vars potential fyllde ut en

229 Roland Huntford, "Det Blinda Sverige" (The New Totalitarians), 1971
230 Uncle Tom II: An American Odyssey,2022, Chad Jackson
231 Uncle Tom II: An American Odyssey,2022, Virgil Walker

plats i människans inre. Samma "potential" fylldes se-
dan av PR-konsulter och storföretag med idolisering av
de rika och behov av varor och produkter - för att få
människor att spendera mer.

> As humanism in its development became more
> and more materialistic, it made itself
> increasingly accessible to speculation and
> manipulation by socialism and then by
> communism. So that Karl Marx was able to say
> that "communism is naturalized humanism."[232]

Även högtidernas egentliga betydelse glöms bort, er-
sätts och börjar firas på ett nytt sätt när religion
mer och mer ersätts av konsumtion. Under 1940-talet än-
dras högtidernas karaktär och smälter istället samman
med shopping-centrumens skyltfönster. "Alla helgonens
natt" och Julafton är gamla traditionella högtider som
kapas av konsumtionssamhället medan "Valentines Day"
skapas av korporationerna enkom för att konsumenter ska
shoppa mer. Nya högtider kommer till när näringsverk-
samheten på ett "kreativt" sätt försöker slå förra
årets vinstresultat; "Halloween" och "Valentines day"
är sådana högtider.

I Tyskland ville Hitler också att kristendomen helt
skulle släppa taget om landet precis som den hade gjort
i Ryssland. I skolorna skulle allt religiöst som barnen
tog del av, ersättas med en dyrkan av Hitler. Nedan-
stående barnsång, sjungen i de tyska skolorna under
1930-talet utgör ett tydligt exempel:

We are the happy Hitler youth

We have no need for Christian virtue

For Adolf is our intercessor and our redeemer

---

232 Alexander Solzjenitsyn, "A World Split Apart", 8 June 1978, Harvard
    University

No priest no evil one can keep us from
feeling like Hitlers children

No Christ do we follow but Host Vessel!
away from incense and holy vessel
pots.[233]

Däremot använde National-Socialisterna sig av religiösa
inslag för partiets egen räkning - för att öka folkets
följsamhet och beundran. Nazisterna tågade igenom Tys-
kland i ständiga parader, med fanor högt i luften där
alla fanor var beklädda med ett svart Hakkors eller en
Swastika som det egentligen heter. Swastikan användes
även på sovjetiska rubel och på röda armens kläder samt
i kommunistiska statliga dokument under åren 1917-1922,
innan tyskarna tog över den. Nazisymbolen eller Swasti-
kan kommer från Indien och har egentligen en positiv
innebörd. Swastikan, som på många håll i den Indiska
kulturen representerar hopp, fred, lycka, välstånd, och
framgång, har genom västvärlden fått en helt annan
klang. Symbolen har utnyttjats i snart hundra år av
nazisternas politiska ideologi; att återföra symbolen
till dess korrekta betydelse vore inget annat än
rättvist. Indierna har all rätt att kräva tillbaka
denna heliga symbol och den kulturella och politiska
eliten i väst, kan inte ta Swastikan i anspråk genom
att befästa den med en nazistisk betydelse. Även bland
Indianerna kan man hitta denna symbol, med en positiv
innebörd. Förutom det återfinns den vitt spridda
Swastikan i en mängd olika kulturer, ingraverade på
historiska föremål och objekt, bland annat i Grekland
år 800 f.Kr, vid den Minoiska kulturen år 3000 f.Kr, i
Italien år 700 f.Kr och i Afrika år 1400 f.Kr.[234]
Ordet Swastika kommer från sanskrit: स्वस्तिक, romani-
serat: *svastika*, vilket betyder "som bidrar till välbe-

233 https://www.historyonthenet.com/what-did-hitler-believe-in
234 https://en.wikipedia.org/wiki/Swastika

finnande". Inom hinduismen kallas den högervända symbo-
len,medurs, 卐 för Swastika och symboliserar Surya,
"sol", välstånd och lycka, medan den vänstervända sym-
bolen, moturs, 卍 kallas Sauvastika och symboliserar
natt eller tantriska aspekter av Kali.[235] Man behöver
snarast frigöra denna stora indiska symbol från nazis-
tisk ideologi och det borde räknas som brott mot FNs
mänskliga rättigheter att man inte redan har gjort det
- världen över. I Australien har man påbörjat en åter-
upprättelse genom att förbjuda nazister att använda
symbolen. Däremot får den i landet användas konstnär-
ligt och i samband med utövandet av den indiska reli-
gionen.

235 https://en.wikipedia.org/wiki/Swastika

"Badges worn by the Kalmyk formations of the Red Army in 1919"

I play to win and if it looks like I've lost its only because its not over yet

And the great dragon was cast out that old serpent cal-
led the devil and satan which decieved the whole world

Revelation 12:9

Sedan urminnes tider och begynnelsen av världen har det i alla samhällen funnits makthavare med en styrande position. Ofta har dessa makthavare varit helt synliga för sin befolkning; i egenskap av kungar, präster, kejsare och adelsmän. Deras förehavanden har, på grund av en mindre hederlig karaktär, däremot inte alltid varit lika uppenbara. Detta har inte hindrat befolkningen från att skapa en relation med sin kung som ofta har baserats på en mer eller mindre verklighetstrogen bild.

I samband med monarkins tillbakagång, populationens ökning och städernas tillväxt sker en stor omställning i förhållandet mellan makthavare och deras undersåtar. En ridå faller ner som förlägger den ledande positionen till en politisk sfär i bakgrunden, som kan skydda den styrande eliten. Nu behövde man inte längre bli krönt inför tusentals åskådare för att ha makt. Istället för arv styrde kapitalet vilket gjorde att aktörerna kunde bli mer och mer – anonyma.

Under 1900-talet växte näringslivet som aldrig förr och en global aktiemarknad föds. Företagarna får en allt större roll i omvärldsekonomin. Man uppfinner nya koncept och begrepp för att underlätta för den globala marknaden. Med den växer även de allra största företagen. De stora företagskorporationerna och de statliga myndigheterna börjar samarbeta allt mer och nya lagar uppfinns för att främja detta samarbete som mynnade ut i monopol – och samtidigt skulle lagarna förhindra viss

139

typ av kapitaltillväxt som kunde utkonkurrera monopolet.

Defined by the Cambridge Dictionary, the "elite" are "those people or organizations that are considered the best or most powerful compared to others of a similar type."[236]

Denna elit fick nu ett allt större ansvar i takt med att deras makt och kapital växte. Man började forma organisationer och föreningar som skulle organisera en växande nationell och internationell ekonomi. En av dessa organisationer heter "Den Triaterala Kommissionen", en inrättning som bildades år 1973 för att bistå världens allra mäktigaste.

Men we have never heard of

Kommissionens representanter består av en tredjedel medlemmar från USA, en tredjedel medlemmar från Asien och en tredjedel medlemmar från Europa. Medlemmarna, som alltid har haft höga positioner vid ekonomiska eller politiska poster inom det egna landet, samlas vid Manhattan bank i USA, en bank som arbetar för globala intressen i världen. Utgångspunkten för deras mission är att utveckla och arrangera den internationella ekonomin, som de själva både etablerar och formar.

På sin webbsida ger Kommissionen en ganska sanningsenlig bild av vad de står för:

> The Trilateral Commission is a global membership organization that for decades has brought together senior policymakers, business leaders, and representatives of media and academe to discuss and propose solutions to some of the world's toughest problems. Founded in 1973 by David

236 https://dictionary.cambridge.org/dictionary/english/elite

Rockefeller, the Commission has long been an important venue to incubate ideas and form relationships across sectors and geographies.[237]

Kommissionens arbete är sponsrat av bland andra Rockefeller och Ford Foundation. Medlemmarna, som åtnjuter kommissionens stöd, är världskända bland andra ingår president Jimmy Carter, Bill Clinton, Al Gore, Henry Kissinger, Carl Bildt och Annie Lööf. Jimmy Carter vann ett presidentval, tack vare Kommissionens generösa sponsring av hans valkampanj.

Kommissionen har sedan länge ingått i ett samarbete, ett partnerskap med USA:s regering, likväl som med andra världsregeringar; genom finansiellt stöd eller att politiker är med i Kommissionen är man med och formar lagar och beslut. Många av medlemmarna sitter i USA:s riksdag och i andra byråkratiska institutioner som finns i Washington. George Bush SR var också medlem i den Trilaterala Kommissionen. Han har också uttryckt Kommissionens mål i ett av sina offentliga tal och anser sig här tala för hela mänskligheten:

> What is at stake is more then one small country, it is a big idea a new world order where diverse nations are drawn together in common cause to achieve the universal aspirations of mankind.[238]

Till sin uppgift ser Kommissionen att upprätthålla det "ansvar" som de, på grund av sitt enorma kapitalet har, och att på olika sätt hitta vägar för att befästa detta ansvar i omvärlden. Bland annat ser de det som sin uppgift att "påverka" internationella relationer och den globala ekonomin. På webbsidan publiceras det forskningsrapporter kontinuerligt, där den aktuella världs-

---

237 Triaterala Kommissionens webbsida https://www.trilateral.org/about/

238 Bush SR, State of the union adress, 29 jan 1991

situationen diskuteras. Det kan gälla olika internatio-
nella institutioner, eller relationen mellan olika län-
der. För att vara en förhållandevis okänd organisation
har medlemmarna och initiativtagarna en väldigt stor
makt.

> Yet with changing times and the proliferation
> of similar groups, the leadership of the
> organization – across its three pillars of
> North America, Europe, and Asia – has
> critically examined the Commission and
> instituted changes in order to rejuvenate the
> Commission and increase its impact. In
> particular, we have sharpened our mission and
> returned to our roots as a group of countries
> sharing common values and a commitment to the
> rule of law, open economies and societies,
> and democratic principles. We acknowledge
> that, today, our societies are grappling with
> difficult social, economic, technological,
> and political issues that are causing deep
> cleavages at home.

> These divisions are, to different extents,
> compromising the ability of individual
> countries – from the United States to Europe
> – to play the leadership roles they have long
> assumed in the international system. For this
> reason, the Commission has broadened its
> aperture to look at more internal issues,
> while at the same time focusing on the
> ability of the Commission to affect the
> unfolding of foreign policy and national
> security strategies.[239]

Medierna skriver ganska sällan om denna kommission. De
förekommer inte ofta i nyhetsartiklar eller nyhets-
klipp, trots sin enorma kapacitet att forma hela värl-
den. Samtidigt är flera ledare, ur de allra största

---

239 Triateral kommission https://www.trilateral.org/about/

mediekoncernerna, medlemmar i kommissionen. Chicago Sun Times är med, även Time Magazine. Rockefeller, Kommissionens grundare, gör själv ett uttalande under ett internt möte, där han tackar tidningarna på förekommen anledning – för deras diskretion.

We are grateful to the Washington Post, The New York Times, Time Magazine and other great publications whose directors have attended our meetings and respected their promises of discretion for almost forty years. It would have been impossible for us to develop our plan for the world if we had been subjected to the lights of publicity during those years. But, the world is now more sophisticated and prepared to march towards a world government. The supranational sovereignty of an intellectual elite and world bankers is surely preferable to the national auto-determination practiced in past centuries.[240]

Det finns förvånansvärt lite information man kan läsa om kommissionen och deras uppdrag, samt vilken relation de egentligen utövar till nationer världen över. Trots att medlemmarna i den Triaterala Kommissionen under lång tid har varit aktiva i omvärldspolitiken, figurerar de inte i den allmänt erkända historieskrivningen – vare sig i historieböcker eller skolböcker.

Istället finns det en officiell version som allmänheten känner till, den man lär sig i skolan, som handlar om riksdagen, regering och demokrati. Men några internationella kommissioner, stiftade av företagsoligarker med globala intressen känner skoleleverna inte till. Enligt professor Anthony Sutton finns det ingen slump bakom detta fenomen:

240 David Rockefeller, 1991, "Thanks Media for Covering NWO's ass".
https://rumble.com/v1xn8no-david-rockefeller-1991-thanks-media-for-covering-nwos-ass..html

There is an Establishment history, an official history which dominates history textbooks, trade publishing, the media and library shelf's. The official line always assumes that events such as wars, revolutions, scandals, assassinations, are more or less random, unconnected events. By definition events can NEVER be the result of a conspiracy they can never result from premeditated planned group action.[241]

Hur kommer det sig att förhållandet mellan civilbefolkningen och makthavare ser ut på det här sättet? En bidragande orsak kan vara att de som står bakom dagens styrande makt - grundade sitt kapital och den moderna feodala maktstrukturen i en tid då elitismens anda var mer tillåten, accepterad och kanske även nödvändig?

David Rockefeller, en av grundarna till den Triaterla Kommissionen,[242] tillhör en av världens rikaste familjer. Sin förmögenhet har han och hans familj byggt upp tack vare oljebolaget Standard Oil. Rockefellerfamiljen är, genom kommissionen och på andra sätt, aktiva i ett flertal politiska samarbeten, till exempel miljörörelsen. De har kritiserats för ett "Messiaskomplex" som kommer från deras samröre med baptiströrelsen, på grund av sitt uppförstorade engagemang och kontinuerlig inblandning i en stor mängd politiska, ekonomiska och internationella affärer.

År 1860 växer John D Rockefeller upp i en fattig familj i USA. Hans far är en försäljare av "snake oil" och förskingrare som lever ett hutlöst liv med kvinnor och alkohol. Själv växer han upp till nykterist, han röker ej, dricker ej, dansar ej. Istället sparar han all sin lön och investerar klokt. Kapitalet växer och han startar en firma. När hans affärsrörelse växer är han

241 Antony C Sutton,"America's Secret Establishment: An Introduction to the Order of Skull & Bones" ,1986
242 https://www.trilateral.org/about/

av uppfattningen att han har fått oljan skänkt till sig
- för att skapa en bättre värld. Dock är han en
hänsynslös affärsman, som slår ut många andra företag -
för att själv lyckas och skapa tillväxt för det egna
företaget, Standard Oil. Affärsverksamheten växer, lik-
som Johns familj, och snart är det ett av de största
och rikaste företagen i USA.

Under 1930-talet påbörjas familjens samarbete med
den amerikanska regeringen och Rockefeller är med och
bygger upp Förenta Nationerna. En inofficiell enhet,
Council of Foreign Relations blir tillsatt som underor-
gan för att bistå FN och vidareutveckla en global orga-
nisation. Rockefeller och andra rika "välgörare" och
sponsorer sitter med i "rådet".

Det råder en tid, då Wall Streets mest ambitiösa mer
och mer beblandar sig med politik. FDR - Roosevelt
själv är släkt med en tredjedel i senaten, hans släk-
tingar sitter på höga poster som järnvägsmagnater, ban-
kirer och storkorporationsledare.[243] Själv är han med i
många styrelser, uppemot 20, vid de största finansiella
förbund och näringsbolag på Wall Street. Även andra
amerikanska presidenter och makthavare är inblandade i
företagsverksamhet och ekonomiska affärer.

> We are governed, our minds are molded, are
> tastes formed, our ideas suggested, largely
> by men we have never heard of. This is a
> logical results of the way our democratic
> society is organized. Vast numbers of human
> beings must cooperate in this manner if they
> are to live together as a smoothly
> functioning society. (...) They govern us by
> their qualities of natural leadership, their
> ability to supply needed ideas and by their
> key position in the social structure. Wha-
> tever attitude one chooses to take toward
> this condition, it remains a fact that in

243 Anthony C Sutton, "Wall Street and FDR : The true story how Franklin D.
Roosevelt colluded with Corporate America" 1975

almost every act of out daily life's, whether
in the sphere of politics or business, in our
social conduct or our ethical thinking, we
are dominated by the relatively small number
of persons - a trifling fraction of our
hundred and twenty million - who understand
the mental process and social patterns of the
masses.[244]

Gränsen mellan politiska och ekonomiska intressen tun-
nas ut, vilket har förödande konsekvenser för vissa
delar av världen. Innan den ryska revolutionen är det
Ryska imperiet en stark ekonomisk makt att räkna med.
Ryssland är med sin stora tillgång till naturresurser
och etablerade monarki och adel, starka konkurrenter
mot de Europeiska länderna och USA. Vid sekelskiftet
anses nämligen det imperialistiska Ryssland vara det
största hotet mot Woodrow Wilsons USA. Där finns den
senaste tekniken, en växande industri och kapital. Men
vid den ryska revolutionen faller både Rysslands in-
dustrisamhälle och ekonomi. Woodrow Wilson och den ame-
rikanska regeringen väljer att inte att bistå tsaren;
istället bidrar man finansiellt till revolutionen och
skapar på så vis även enorma investeringsmöjligheter.[245]
Efter revolutionen blir Ryssland mer ekonomiskt skört
och USA och Europa får ett övertag.

Samma grupp av Wall-Streetmagnater som investerar i
bolsjevikernas revolution, investerar även i uppbyggna-
den av National-Socialismen i Tyskland. Genom detta
vill man etablera en stark marknad i Centraleuropa. IG
Farben, ett tyskt företagsimperium, som sponsras och
ägs av amerikanska Standard Oil och CHEMNYCO, äger egna
banker, kolgruvor, elektriska fabriker, en egen järn-
och stålindustri och många företag. Med överskottet
sponsrar de i sin tur Nazisterna. IG Farben får vid
krigets slut påföljder i form av straff och sanktioner

244 Edward L Bernays "Propaganda", sid 9-10, 1928
245 Anthony C Sutton "Wall Street and the Bolshevik Revolution", 1974

för sin sponsring av Nazisterna, till skillnad från de amerikanska investerarna som inte känner av några konsekvenser - överhuvudtaget. Alla går fria, trots sin nära inblandning i nazisternas förehavanden. CHEMNYCO vars vd i New york hette Rudolph Igner, är bror till Max Igner, det tyska IG Farben-imperiets vd.[246]

Efter andra världskriget får istället David Rockefeller, Johns Rockefellers son, och andra i familjen ledarpositioner inom regering och företagsledning. Man förhandlar om hur FN ska vidareutvecklas och var huvudkvarteret ska ligga. Rockefeller föreslår "Kykuit", vid "Rockefeller Estate", ett privatägt landområde där familjeklanen bor. Men FN sade nej till detta. Då köper John D Jr en bit mark i New York och skänker bort marken till FN - vilket i sin tur accepteras. Där byggs sedan den stora FN skrapan. Chefsarkitekten är personligt anställd hos Rockefeller och upprättar ett flertal byggnader och institutioner som ligger precis intill FN skrapan. Vid den här tiden, på 1950-talet, är Standard Oil ett enormt globalt företag. Men till och med det kan förbättras och växa ytterligare.

I USA blir Rockefeller och Standard Oil nämligen tvungna att förhandla om affärsangelägenheter med varje stat. Man vill istället underlätta för den egna affärsverksamheten och frångå komplicerade regelverk, samtidigt som man genom regelverket försvårar för konkurrenterna. Inom Standard Oil vill man ha ekonomiska och politiska regler som är likriktade och enande - både inom USA och i hela världen. Samma anpassade regelverk överallt betyder utökad affärsverksamhet och mindre konkurrens.

Ett av FN:s viktigaste huvudfrågor vid denna tid är frågan om atomvapen, som anses vara ett globalt hot. Samtidigt som Counsil of Foreign Relations ser över reglerna för atomvapen och den internationella relationen mellan länder, ser man över handelsavtal och

246 Anthony C Sutton "Wall Street and the Rise of Hitler" - Antony Sutton, 1976

tullavtal för företagsverksamhet – för att skapa en anpassning och förändring i de globala ekonomiska förhållandena. Rockefeller ser till att få en stark koppling till Världsbanken, som består av bland annat tidigare anställda vid Chase Manhattan Bank. Man grundar flera globala rörelser och institut som arbetar för att riva ner ekonomiska och politiska gränser. Till Kykuit bjuds kungligheter från andra länder, när man upprättar kontakter med omvärlden.

Storföretagens makt går från lokal och regional nivå, till överstatlig global nivå, och den ekonomiska demokratin som innebär rätten att påverka lagar och beslut på en regional nivå, förintas sakta och försvinner mer och mer. Standard Oil är ett av de första stora globala företagen och har därför har satsat på internationaliseringen och globaliseringen. De har ett stort intresse i globalisering. De komplicerade globala regelverken, som Standard Oil har varit med och skapat, gör att de lokala mindre företagen får svårare att växa. Regelverken är invecklade och det krävs stora ekonomiska tillgångar för att kunna uppfylla regelverkets krav både i USA, omvärlden och Europa.

Samma metod som man använder med atomvapen och handelsavtal, använder man senare med andra liknande kriser. På Triaterala Kommissionens webbsida finns det tillgängliga forskningsrapporter, som varnar för olika slags kriser. Vid kommissionens högsäte kommer man sedan med olika gynnsamma ekonomiska lösningar. Man sätter en agenda för vad som är problemet, med intentionen att lösa problemet. Samtidigt uppmärksammar investerarbolagen runtom i världen agendan och investerar därefter, utefter de "nya" trenderna. Kommissionen skapar ständigt dessa trender. Med hjälp av FN bygger man ett världsligt ekonomiskt samarbete och ser samtidigt över det politiska läget.

Under 1950-talet startas en förening vid namn "American Committee for Uniting Europe". I USA är man mycket intresserad av att skapa ett enat EU och finansierar därför kommittén år 1948. Från början ses projektet som ett experiment, ett test där man prövar hur det är att verka globalt. Rockefeller är med som sponsor av projektet som senare utvecklas till den EU-modell vi har idag.

De tio mest omsatta aktierna i Sverige

Även i Sverige har det alltid funnits en elit. Carl Bildt är, enligt webbsidan, en sedan flera år erkänd medlem i Triaterala Kommissionen, med flera innehavande titlar:

> Carl Bildt is Co-Chair of the European Council on Foreign Relations, contributing columnist to Washington Post as well as columnist for Project Syndicate. He serves as Senior Advisor to the Wallenberg Foundations in Sweden and is on the Board of Trustees of the RAND Corporation in the US.[247]

Bröderna Marcus och Jacob Wallenberg, som tillhör den kända finansfamiljen Wallenberg, vars affärsimperium grundlades 1856 när deras förfader André Oscar Wallenberg skapade Stockholms Enskilda Bank, är en annan del av den Svenska eliten. Krigsutbrottet år 1939 framhävde Wallenbergarnas sedan tidigare starka ställning i såväl politiken som näringslivet. Bröderna fick under ett stort förtroende ett uppdrag av regeringen att förhandla fram handelsavtal med både de allierade nationerna och Tyskland; för att undvika den livsmedelsbrist och arbetslöshet som hade följt med det första världskriget.
Jacob Wallenberg förhandlade med tyskarna och Marcus

247 https://www.trilateral.org/people/carl-bildt/

Wallenberg med de allierade nationerna. Båda två hade diplomatpass och kunde resa runt fritt i Europa trots det skenande kriget. Med brödernas hjälp slöts år 1941 ett sensationellt avtal med båda sidorna - tyskarna och engelsmännen, som innebar att fyra fartyg i månaden fick passera på sin väg från Göteborg till Nord- och Sydamerika. Denna så kallade lejdtrafik var ett viktigt bidrag till folkförsörjningen.

Samtidigt som bröderna Wallenberg agerade för den tyska motståndsrörelsen, gjorde de också affärer med företag i Tyskland. De var bland annat inblandade i bulvanaffärer som hjälpte tyska företag att behålla sina företag utomlands. Enskilda Banken, som hörde till finansfamiljen Wallenberg, hade exempelvis ett nära samarbete med det tyska elektronikföretaget Bosch, som var en del av den dåtida tyska rustningsindustrin.[248]

Idag äger Wallenberg en stor del av näringslivet i Sverige, de kontrollerar en förmögenhet på 2.000 miljarder kronor[249] och kan således med rätta kallas oligarker. Wallenbergsfären är år 2024 också delägare i de tio mest omsatta svenska aktierna på Stockholmsbörsen.[250] Nedan följer de företag där Wallenberg har en direkt inblandning, genom ägarskap eller delägarskap. Givetvis finns det även företag som är finansierade av Wallenbergkoncernen eller har dem som samarbetspartner men de står inte med här.

Wallenbergsfären:

ABB

Aleris

248 https://molndal.vansterpartiet.se › files › 2018 › 08 ›
Sverige_under_2_varldskriget.doc - "Om motstånd och kollaboration -
Sverige under 30- och 40-talen" En del av projektet Past to Present
(www.pasttopresent.org)
249 Nyheter 24, https://nyheter24.se/nyheter/inrikes/1160504-har-ar-sveriges-
maktigaste-familjer-har-en-formogenhet-pa-2000-miljarder - Expressen,
https://www.expressen.se/ekonomi/har-ar-sveriges-15-maktigaste-familjer/
250 https://www.affarsvarlden.se/artikel/wallenberg-tar-annu-en.tugga-av-
omxs30-genom-saab

Astra Zeneca
Atlas Copco
Electrolux
Epiroc
EQT
Ericsson
Grand Hôtel, Stockholm
Husqvarna
Kunskapsskolan
Mölnlycke Health Care
Permobil
Saab AB
SEB
SKF
Stora Enso
Tre
Wärtsilä

Familjen Wallenberg äger även ett flertal större stif-
telser för att på så vis kunna påverka andra delar av
samhället än bara näringslivet. För att kunna influera
forskning på nationellt och globalt plan, samt influera
större utbildningsinstutioner har de ett flertal stif-
telser som har sponsrat svensk forskning under många år
med 33 miljarder kronor. Det är det högsta beloppet som
någon har sponsrat svensk forskning med – efter statli-
ga skattepengar. Att tro att den finansierade forsknin-
gen är helt neutral är att underskatta det svenska nä-
ringslivet.

Stiftelserna finansierar excellenta forskare
och forskningsprojekt med landsgagneligt
fokus och har de senaste 10 åren anslagit
drygt 17 miljarder kronor och närmare 33
miljarder kronor sedan grundandet. De tre
största stiftelserna beviljade 2,2 miljarder
kronor under 2018. Stiftelsernas fokus ligger

främst på medicin, teknologi och natur-
vetenskap, men de stödjer även sam-
hällsvetenskap, humaniora och arkeologi.[251]

De största stiftelserna är:

Knut och Alice Wallenbergs Stiftelse

Marianne och Marcus Wallenbergs Stiftelse

Stiftelsen Marcus och Amalia Wallenbergs
Minnesfond

Berit Wallenbergs Stiftelse

Jacob Wallenbergs Stiftelse, Särskilda Fonden

Stiftelsen för Rättsvetenskaplig Forskning

Tekn. dr Marcus Wallenbergs Stiftelse för ut-
bildning i internationellt industriellt
företagande

Marcus Wallenbergs stiftelse för inter-
nationellt vetenskapligt samarbete

Ekon. dr Peter Wallenbergs Stiftelse för
Ekonomi och Teknik

En till familj med stor andel i det svenska näringsli-
vet är familjen Bonniers. Företaget äger alla större
mediekoncerner; inom film, tv, tidningar och nyhetsbe-
vakning – problemet är att de äger ett flertalet svens-
ka tidningar och bokförlag, och många tidningar och
förlag utomlands. Internationellt sett äger de inte
alla medieandelar i världen, däremot kan de räknas till
gruppen oligarker som bedriver ett stort nyhets- och
mediemonopol i Sverige, med en kapitalomsättning på
mångmiljardbelopp. Nedan följer en samlad lista på nå-
gra av de medieföretag de äger. Deras samarbetspartners
och indirekta investeringar är exkluderade ur listan.

---

251 Wikipedia: https://sv.wikipedia.org/wiki/Wallenberg

Bonnier Books - innefattar bokförlag, bokklubbar och bokförsäljning i Sverige, [Bonnierförlagen], samt i Norge, Finland, Storbritannien, Frankrike, USA, Tyskland, England, Australien och Polen.

Bonnier Publications - tidskriftsförlag i Sverige, Danmark och Norge.

Bonnier Corp - tidskriftsförlag i USA.

Bonnier Business to Business - innefattande fack- och affärspress såsom Resumé och Veckans Affärer samt e-learning, Dagens Medicin och ett tiotal östeuropeiska affärstidningar.

Bonnier News - äger de svenska dagstidningarna Dagens Nyheter, Expressen, GT, Kvällsposten, Sydsvenskan, Helsingborgs Dagblad och Dagens Industri samt magasinen i Bonnier Magazines & Brands, tryckeriverksamheten Bold Printing Stockholm och Bonnier News Local som äger flera lokala dagstidningar i Sverige.

Bonnier Ventures - Inkluderar Spoon och KIT och har investeringar i bland andra Acast, FLX, Natural Cycles, Trickle och Resolution Games

När en familj och en företagskoncern styr alla svenska medier kan man ställa sig frågan hur journalistik i alla dessa tidningar kan bedrivas med politisk neutralitet. Oavsett figurerar det ingen verklig konkurrens inom de svenska nyhetsmedierna och de uppstickartidningar som lyckas locka läsare klassas ibland som "konspirationsteorietiska" eller "alternativa".

An offer they cant refuse

Wallenberg liksom Bonniers kan alltså räknas till den svenska elitklassen. Ett kännetecken för denna klass är att de som tillhör den flyttar utan större svårigheter mellan högre positioner. Ett exempel är Hillary Clinton, som först var "First Lady" och sedan bytte position till "Senator", för att sedan byta till "Secretary of State". För eliten handlar det om de rätta kontakterna i politiska kretsar och den rätta utbildningen - vilket Clinton har. Under 1970-talet i USA träffar hon marxisten Saul Alinsky, som hon ser upp till – han blir som en mentor för henne, och hon blir radikaliserad. Alinskys första verktyg i teorin "Community Organizing" är att trycka på utifrån i en revolution. Hillary själv anser att man ska ta över och infiltrera inifrån.[252]

> And, her senior thesis was about Saul Alinsky. This was someone that she "greatly admired and that affected all of her philosophies subsequently", the former presidential candidate told the crowd.[253]

Saul Alinsky är en politisk inspiratör för marxister och radikalvänstern, som under 1960-talet skriver böcker om hur vänstern och marxismen ska infiltrera samhället och om hur man kan träna partimedlemmar att vinna politisk mark – genom olika manipulationstekniker av människor, på liknande sätt som Bernays. Som ung florerar han med den amerikanska maffian, vilket kan förklara hans obevekliga politiska taktiker.

> Saul Alinsky, mentor to Obama and Hillary, learned his political lessons from the Al Capone mob in Chicago. Mobster Frank Nitti was impressed with Alinsky because he found Alinsky to be more ruthless and callous than he himself was.[254]

252 Dokumentär: Hillary's America, Dinesh D'Souza, 2016
253 Ben Carson Said Saul Alinsky Was Hillary Clinton's Hero. Who Was He? By Mahita GajananJuly 20, 2016 4:18 PM EDT https://time.com/4415300/ben-carson-saul-alinsky-hillary-clinton/
254 Dinesh D'Souza, "Stealing America, what my experience with criminal gangs taught me about Obama, Hillary, and the Democratic party", sid 201, 2015

Obama, like Hillary, learned the art of the shakedown from their political godfather, Saul Alinsky. Here Obama teaches other community organizers how to extract money and power from corporations and the rich by (in the words of the Don Corleone) "making them an offer they can't refuse."[255]

Alinsky och Clinton kommer varandra nära och utväxlar brev. Hillarys akademiska arbete handlar om Alinsky - modellen, den han beskriver i "Rules for Radicals". Hon skriver att hon saknar deras konversationer och han erbjuder henne ett jobb direkt efter avslutad högskola.

Alinsky became a mentor of sorts for Clinton and was the subject of her senior thesis at Wellesley College in 1969. Her academic paper was entitled, "'There Is Only the Fight...': An Analysis of the Alinsky Model. Clinton interviewed him for her paper, and the pair swapped letters with one another as well. In some of those letters obtained by the Washington Free Beacon, a then-23-year-old Clinton refers to Alinsky as Saul. She thanks him for his encouraging words and says she misses their "biennial conversations." "Hopefully we can have a good argument sometime in the near future," she concludes. In her 2003 memoir, "Living History," Clinton mentioned being offered a job by Alinsky after graduation, but turning it down in favor of law school.[256]

Även Barack Obama går samma utbildningsväg och blir en av Alinskys elever. Obama lär till och med ut Alinskys "Community Organizing" och de marxistiska tekniker som

255 D'Souza, Dinesh, "Stealing America: what my experience with criminal gangs taught me about Obama, Hillary, and the Democratic party," sid 202, 2015
256 Who Is Saul Alinsky? Ben Carson Claims He Was Hillary Clinton's 'Role Model' July 20, 2016, 7:00 PM GMT+2 / Updated July 20, 2016 By Erik Ortiz https://www.google.com/amp/s/www.nbcnews.com/news/amp/ncna613341

medföljer Alinskys teori, när han arbetar inom under-
visning. Saul Alinsky själv var tidigt en så kallad
"samhällsorganisatör". Han hittar som ung ett sätt att
blåsa restaurangkedjor på mat, och uppmuntrar sina stu-
dentkamrater att göra detsamma. De startar en organi-
sation som specialiserar sig på att få bluffa till sig
restaurangmat, samtidigt som han erhåller ett stipendi-
um i kriminologi. Han bestämmer sig för att studera Ca-
pone och får komma honom nära och följa honom under
flera års tid. Här blir han visad alla maffians opera-
tioner och skriver senare att han lär sig mycket av den
hårda, manipulativa miljön. Där snappar han upp inspi-
ration till sin berömda bom "Rules for Radicals", den
som Hillary Clinton senare skriver sin uppsats om och
som används av vänsterpolitiker världen över.

> Saul Alinsky is the father of community
> organizing and progressivism that you see
> manifested across America. He was a Marxist
> but he was very practical. And he was into
> tactics.[257]

> Alinsky: People do not get power except when
> they take it or when they're strong enough so
> that the other side gives it up.[258]

Tillsammans tar Clinton och Obama Alinskys arv vidare
till USA:s senat och – till omvärldspolitiken. Alinsky
är ett namn som de båda vinner på att ha bland sina
kontakter.

> He becomes the inspiration and trainer of two
> talented students who grow up to be big-time
> hoods. The godfather's name is Saul Alinsky.
> His most famous students are Barack Obama and
> Hillary Clinton.[259]

257 Dokumentär: Uncle Tom II: An American Odyssey,2022, Carol Swain
258 Dokumentär: Uncle Tom II: An American Odyssey,2022, Saul Alinsky
259 Dinesh D'Souza, "Stealing America: what my experience with criminal gangs
   taught me about Obama, Hillary, and the Democratic party", sid 197, 2015

Hillary träffar Bill Clinton och tillsammans erövrar de politiken på vänstersidan. Med karriären kommer också stora finansiella tillgångar och Clintons börjar snart att räknas till de rikaste och mäktigaste människorna i världen - en elit. Med sitt finansiella överskott skapar de investeringar och gör vinster. Deras organisation "säljer" bland annat arbetstillfällen till högre poster och deras "Clinton Foundation", en välgörenhetsorganisation, anklagas för att ta emot uppemot 100.000 dollar i mutor. Prissättningen för deras tjänster är mycket hög. Bara ett kortare tal av Bill Clinton kostar 500.000 till 750.000 dollar[260]. Deras företagskoncern samarbetar också med andra miljardärer om uran-utvinning i olika delar av världen. Uranet säljs sedan av på en internationell marknad. De vinster som Clintons gör avslöjas inte officiellt av medier eller genom egna medgivanden. Helst håller de sina egna tillgångar hemliga.

The "sacred bond"

Under år 2010 äger en av de största jordbävningarna rum i Haiti. Katastrofen är ett faktum och hela Haiti blir omedelbart nödställt. Clinton Foundation tar över en stor del av arbetet med välgörenhet och insamlingar till landet, som bedrivs under bästa sändningstid på de största nationella nyhetskanalerna. Organisationen samlar in flera miljoner dollar från donerande privatpersoner. Kampanjerna syns i medierna under flera veckors tid. Efter kampanjens slut hörs dock protester från Haitis medborgare. De menar att enbart 10% gick till Haitis behövande befolkning - resten gick åt "administrativa" utgifter.[261] Vilket kanske inte är så konstigt.

---

260 https://www.politifact.com/factchecks/2015/apr/26/peter-schweizer/fact-checking-clinton-cash-author-claim-about-bill/
261 How the Clintons robbed and destroyed Haiti By Takudzwa Hillary Chiwanza, African Exponent, Feb. 18, 2020 https://canada-haiti.ca/content/how-clintons-robbed-and-destroyed-haiti

Det är nämligen dyrt att anställa en Clinton. Enligt uppgift har Clintons krävt en prisnota på 12.000.000 dollar i ersättning för att visa sig tillsammans med kungen av Marocko inför dennes politiska kampanj.[262]

Själva lever Clintons som en äkta elit med privatskolor och mansions, långt bort från Haitis nödställda, vilket inte är ett ovanligt beteende i elitens kretsar. De politiker som tar besluten, har ofta inget intresse av att leva med de konsekvenser som besluten leder till. Själva bor de avskilt och på egna premisser med egna vaktstyrkor och regler.

Trots det är det nödvändigt med en bra image. Hillary Clinton är mycket mån om att offentligt bli framställd som en filantrop, antirasist, feminist och politiskt engagerad i miljön. Men hur är det i privatlivet? Det har publicerats uppemot 30.000 hemliga filer där hon bland annat uttalar sig om hur miljöaktivister borde skaffa sig ett liv. Hon har även uttalat sig negativt om gay-äktenskap, samtidigt som att hon officiellt säger sig stötta det. Nedan följer ett exempel där Clinton i samband med ett uttalande, säger nej till samkönade äktenskap.[263]

> I believe that marriage is a sacred bond not just a bond but a sacred bond between a man and a woman.[264]

På tal om "sacred bond", har det kommit fram uppgifter, där Bill Clinton anklagas för ett flertal sexuella övergrepp mot olika kvinnor, vilket han förnekar. Det har också förekommit uppgifter om att Bill Clinton har haft samröre med den kriminelle Epstein, vilket också förnekas av både Hillary och Bill.

---

262 Wikileaks: Moroccan King Donated $12 Million to Hillary Clinton - Fredrick Ngugi, October 21, 2016 https://face2faceafrica.com/article/wikileaks-moroccan-king-donated-12-million-to-hillary-clinton
263 Hillary Clinton: A 13 Minute Montage of Lies YouTube
264 Sen. Hilary Clinton, 2004 i New York: https://www.youtube.com/watch?v=1sGwGB7lKE0

Hillary Clintons roll i denna "skandal" har varit att "städa undan" efter Bill Clinton. Hans offer har erbjudits pengar emot att de ska hålla tyst, de som vägrar ta emot mutor och vågar stå upp och kämpa för sina rättigheter blir dementerade. Alla som har kommit fram med anklagelser har blivit förnekade av paret, trots bevis och offrens detaljerade redogörelser i intervjuer. Hillary Clinton har till och med drivit feministiska kampanjer där hon säger "du har rätt att bli trodd", där hon syftar på sexuellt utnyttjande och våldtäkter. Clinton talar mycket om feminism och kallar sig, under valkampanjerna för feminist. Hon stöttas av USA:s feminister i sina valkampanjer och får deras röster. Hillary Clinton, som säger sig vara emot sexuellt förtryck har dementerat alla kvinnor Bill Clinton har utnyttjat och dessutom vittnat i rätten emot alla Bills offer.

Men i och med att offren endast är privatpersoner har de lägre chanser att vinna mot rika magnater ur elitetablissemanget. De som tillhör eliten eller makthavartoppen, iklär sig i sin yrkesutövning en icke personlig roll, en icke mänsklig roll, som "statliga" tjänstemän. Detta "statliga" står i en konflikt sedan gentemot den lilla "privata" människan vilket i sin tur skapar en ojämn process. När statstjänstemän begår fel, har de tillräckliga medel för att vinna - förlorar de blir de alltid "städade" efter, medan privatpersoner som blir utsatta är ofta psykologiskt och ekonomiskt oskyddade och snedsteget som de utsätts för får konsekvenser för resten av deras liv.

Feminism är inte det enda politiska område där politikernas valkampanjer och verkligheten inte stämmer ihop. Hillary Clinton som har en lång politisk karriär, har blivit sammankopplad med ett flertal personer som hon anser vara hennes mentorer. Dessa har i sin tur haft en stark koppling till Ku Klux Klan. Det handlar om en av hennes stora förebilder, Margret Sanger samt hennes mentor, Senator Robert Byrd. Han var ledare inom

Ku Klux Klan och har bland annat sagt:

> I shall never fight in the armed forces with
> a N*gro by my side. Rather I should die a
> thousand times, and see Old Glory trampled in
> the dirt never to rise again than to see this
> beloved land of ours become degraded by race
> mongrels, a throwback to the blackest
> specimen from the wilds.[265]

Så sent som under 2000-talet säger Byrd "There are whi-
te n*ggas and Ive seen a lot of whita n*ggas in my
time" [266], ett uttalande som syftar på de individer som
har en förälder med afroamerikansk bakgrund och en
förälder med "vit" bakgrund. Hillary själv menar att
hennes "vän" och "mentor" Robert Byrd är en man med no-
bless när hon i ett tal visar sin beundran efter hans
bortgång:

> Today our country has lost a true American
> original. My friend and mentor Robert C Byrd.
> Senator Byrd was a man of surpassing
> eloquence and nobility.[267]

Denna information kan väljare inte läsa om i "vanliga"
medier inför ett val. Inte heller framkommer det att
Bill Clinton uttalar sig på ett förlåtande och ursäk-
tande vis om Senator Byrd och det Clinton kallar hans
"snedsteg":

> They mention that he once had a fleeting
> association with Ku Klux Klan and what does
> that mean; Ill tell you what it means. He was
> a country boy from West Virginia, he was

265 *Byrd wrote to Senator Theodore Bilbo of Mississippi in 1944: When af-
firmative action was White* by Ira Katznelson (New York City: W.W. Norton &
Company. p. 80/81. ISBN 0-393-05213-3)
266 https://grabien.com/story.php?id=7761
267 Clinton statement on the passing of Senator Robert C. Byrd - https://2009-
2017.state.gov/secretary/20092013clinton/rm/2010/06/143705.htm

trying to get elected. And maybe he did
something he shouldn't have done.[268]

Vid detta tal närvarade ett flertal demokrater som Joe
Biden och Barack Obama som även själva höll tal. Dessa
demokrater som har kommit långt i karriären har även
själva samarbetat med politiker som på ett eller annat
sätt varit inblandade i segregation och Ku Klux Klan-
rörelsen. Om afroamerikanska ungdomar säger Hillary
Clinton följande nedvärderande uttalande:

They're not just gangs of kids anymore, they
are gangs of kids called super predators. No
conscience no empathy. We can talk about why
they ended up that way but first we have to
bring them to heel.[269]

Kanske var det på grund av denna attityd som Ku Klux
Klan-rörelsen har gett flera bidrag och donationer[270]
till Hillarys valkampanjer. De menar, att hon bara ger
vissa politiska uttalanden för att vinna valet. Hon är
enligt en talesperson för klanen, en demokrat, och kla-
nen - har alltid varit demokratisk.

Hela vänstereliten, den amerikanska kulturvänstern,
Hollywood, feministerna, alla vänsterradikala stöttade
Hillary Clinton mot hennes motståndare i en valkampanj
under 2000-talet. Själv kallade hon sina motståndare
för "Basket of Deplorables" - rasister, homofober och
sexister.[271] Hennes egna rasistiska, sexistiska och
homofobiska uttalanden har inte väljarna fått se, eller
fått ta ställning till, inte heller hennes mans föreha-

268 Obama, Clinton, Biden Honor Sen. Robert Byrd. July 2, 2010
269 Hillary Clinton, Keene State College i New Hampshire, 28 jan. 1996 -
https://www.c-span.org/video/?c4582473/user-clip-hillary-clinton-super-
predators-1996
270 KKK Claims $20K In Clinton Donations: https://www.youtube.com/watch?
v=Of5zBXQwYtU&pp=ygUXa2trIGRvbmF0aW9uIHRvIGNsaW50b24%3D

271LGBTQ fundraiser in New York City on Sept.
9, 2016: https://www.youtube.com/watch?
v=PCHJVE9trSM&t=55s

vanden.

Nobody believes a rumor here in Washington
until it's officially denied. — Edward
Cheyfitz[272]

Medierna och journalisterna, som tidigare såg det som
sin främsta uppgift att avslöja sanningar har nu gått
in i en mer samarbetande form med regering och
politiker. Därför är det inte så märkvärdigt att de
flesta av väljarna inte känner till vad som sker bakom
ridån. Väljarna är dessutom inte helt medvetna om att
samma regimer, som är kända för att vara "socialistis-
ka", alltså "goda", och demokratiska, är de som låter
krig och konflikter fortsatt utspela sig i de fattigare
delarna av världen. Ett bra exempel är en av de ameri-
kanska presidenterna, som fick Nobels fredspris, och
hann samtidigt under sin mandattid starta sju krig,
berättar forskaren Daniele Ganser.[273]

Mr Obama was elected in 2009 partly of his
opposition to the Iraq war and was awarded
the Nobel Peace Prize after he assumed
office. The arguably optimistic decision
taken by the Norwegian Nobel Committee was
taken just nine months into his Presidency
and came as he was trying to manage the war
in Afghanistan. His famous 'A New Beginning'
speech in Cairo saw the President declare he
was seeking a fresh start "between the United
States and Muslims around the world",
increasing hopes he would be the antidote to
George W. Bush's controversial term.[274]

272 Detta citat har attribuerats flera människor sås som Otto von Bismarck,
Cynical Broker, Hy Sheridan, Claud Cockburn, Edward Cheyfitz. -
https://quoteinvestigator.com/2015/08/07/believe/
273 Föreläsning: Daniele Ganser, Illegal Wars, https://www.youtube.com/watch?
v=vOuGpnORiwk
274 'Peace' President? How Obama came to bomb seven countries in six years. US
has engaged in conflict in Iraq, Afghanistan, Pakistan, Somalia, Yemen,
Libya and now Syria - https://www.independent.co.uk/news/world/middle-
east/peace-president-how-obama-came-to-bomb-seven-countries-in-six-years-

Trots de förhoppningarna som låg på Barack Obama blev hans mandatperiod en av de mest våldsamma amerikanska perioderna någonsin. Hur kommer det sig att den första afroamerikanska presidenten som blev ett av maktens populäraste ansikte utåt, fick en så katastrofal statistik på krigföring och militära attacker?

Almost six years later, Mr Obama has approved military operations in Iraq, Afghanistan, Pakistan, Somalia, Yemen, Libya and now Syria. The Bureau of Investigative Journalism (BIJ) estimates the Obama administration has launched more than 390 drone strikes in five years across Pakistan, Yemen and Somalia – eight times as many approved during the entire Bush Presidency.[275]

Approved at the highest level

The hand of Vengeance found the Bed To which the Purple Tyrant fled The iron hand crush'd the tyrant's head And became Tyrant in his stead. William Blake[276]

Enligt Ganser är alla krig illegala i enlighet med FN:s fredsdeklaration som antogs 1945. Ändå invaderade president George Bush Sr Kuwait år 1990 - trots att det enligt lagen är ett krigsbrott. Eftersom det inte framgår i medierna eller i historieböckerna att krig är olagligt och ett brott, så uppstår inte tanken på krigets olagliga karaktär i människans huvud, nervsystemet kopplar inte detta till hjärnan, däremot kan människan rada upp olika skomärken. Den möjlighet att kunna sti-

9753131.html
275 'Peace' President? How Obama came to bomb seven countries in six years. US has engaged in conflict in Iraq, Afghanistan, Pakistan, Somalia, Yemen, Libya and now Syria - https://www.independent.co.uk/news/world/middle-east/peace-president-how-obama-came-to-bomb-seven-countries-in-six-years-9753131.html
276 The Grey Monk by William Blake

mulera nervsystemet, en möjlighet som har givits till mänskligheten och hade kunnat användas på många fantastiska sätt, har istället felaktigt använts till konsumtion och reklam – och det som inte står i tidningen eller figurerar i medierna – finns inte heller i nervsystemet eller det offentliga medvetandet, menar Ganser.[277] På det här viset har människor bibehållit sitt fokus på allt annat än krig och olagliga militära operationer.

Efter att kriget i Irak (2003-2011) hade utbrutit uttalade sig Kofi Annan, FN:s generalsekreterare, i september år 2004 och sade att kriget var illegalt:

> Lessons for the US, the UN and other member states. I hope we do not see another Iraq-type operation for a long time - without UN approval and much broader support from the international community. Yes, if you wish. I have indicated it was not in conformity with the UN charter from our point of view, from the charter point of view, it was illegal.[278]

I talet sätter sig Kofi Annan emot kriget och uttrycker att krig är en illegal handling. Men det sker ett helt år efter att kriget hade brutit ut. I övrigt har proteststolarna, särskilt i jämförelse med Vietnam-kriget, gapat tomma.

Om den enda "legitima" anledningen till ett krig vore att få tillgång till mer olja, skulle inte människor vilja gå ut i krig, enligt Daniele Ganser. Ingen vill dö och lida för olja och varför skulle de vilja det? Därför behöver man en bättre anledning för att få befolkningen att acceptera strategiska, militära aktioner. Till exempel att "de" är de "onda" – medan "vi" är de "goda". När allmänheten har blivit övertygade om den

277 Föreläsning: Daniele Ganser, Illegal Wars, https://www.youtube.com/watch?v=vOuGpnORiwk
278 BBC: Iraq war illegal, says Annan (15 september 2004) http://news.bbc.co.uk/1/hi/world/middle_east/3661134.stm https://archive-yaleglobal.yale.edu/content/war-was-illegal

"onda" sidan glömmer de bort att alla militära trupper
som går ut i krig är människor. Trupperna är alltid
fotfolket; de som av olika anledningar initierar kriget
är aldrig på slagfältet, inte som förr i tiden när ko-
nungarna stod längst fram i fälttåg med en fana i han-
den.

Och hur får man människor att tänka i termer
av "onda och goda"? Ett exempel är att man
enligt Ganser använder material som lätt
väcker känslor, exempelvis spädbarn, i
krigspropaganda. Hur funkar det? Strax innan
Irakkriget (Gulf kriget) publiceras följande
historia i västerländska medier - Hussein
anfaller Kuwait och i ett av Kuwaits sjukhus
blir en spädbarnsavdelning attackerad. En ung
kvinna som arbetar vid sjukhuset berättar i
en intervju om invasionen. Hon har tårar i
ögonen och verkar upprörd. De tittare som
följer intervjun upplever starka känslor,
kanske ilska eller beskyddarinstinkter.
Intervjun publiceras i tv och spelas upp om
och om igen. När målgruppen till sist är
övertygad om motståndarsidans "ondska" och
känslomässigt "redo" att acceptera krig
utifrån dessa premisser, går USA:s militär in
i landet och utför bestialiska massaker på
Iranska soldater. Exemplet med intervjun var
en verklig propaganda-kampanj och blev kallad
för "Nayirah Testimony", Nayiras vittnesmål.
Det visade sig nämligen senare att
vittnesmålet var falskt. Klippet var inrepe-
terat och "Nayirah" är ingen mindre än dotter
till Kuwaits borgmästare.[279] Enligt Ganser är
det här en vanlig procedur för att förbereda
allmänheten i västerlandet för krig.

279 Nayirah testimony https://www.c-span.org/video/?c4686475/user-clip-nayi-
rahs-testimony - https://ww-
w.democracynow.org/2018/12/5/how_false_testimony_and_a_massive

Ingen reagerade på de bestialiska morden på de Iranska soldaterna i början, dels på grund av att många inte kände till det, men också på grund av att Saddam Hussein och hans trupper blev genom propagandan utmålade som de "onda".[280] Dessa och liknande PR eller propagandakampanjer planeras alltså av olika byråkratiska instanser på högre ort. Politikerna samarbetar med militära tjänstemän som befinner sig högt upp på karriärstegen. Även underrättelsetjänsten samarbetar med politikerna. Den kanske mest kända organisationen för underrättelsetjänsten i USA är CIA.

Direkt efter andra världskriget uppstår det ett tomrum efter de hemliga militära operationerna vid namn OSS, som äger rum under krigstiden. En före detta spion, Allen Dulles och president Harry Truman startar substitut-organisationen CIA, året efter andra världskrigets slut, tillsammans med ett gäng militära agenter. Både regeringen och underrättelseagenterna vill fortsätta den militära verksamheten i OSS – i samma anda som tidigare. På CIA's webbsida skriver man till och med öppet om spionage, underrättelsetjänst och hemliga militära operationer:

> Our Agency is built on the creativity and agility of intelligence officers dedicated to safeguarding our Nation. The Office of Strategic Services (OSS), our Agency's forerunner, was created during World War II and was America's first global intelligence organization. OSS was capable of coordinated espionage, covert action, and counterintelligence—all of which are pieces of today's CIA.
>
> As the war ended, OSS's success proved that strategic intelligence had its place in times of both war and peace. A few years later, President Truman signed the National Security

---

280 Föreläsning: Daniele Ganser, Illegal Wars, https://www.youtube.com/watch?v=vOuGpnORiwk

Act of 1947 [July 26]. This established the
CIA. Take a closer look at how American
intelligence evolved to form the basis of
today's Intelligence Community.[281]

Efterkrigstidens makthavare vill ha en underrättelseor-
ganisation som kan påverka samhället och större insti-
tutioner med bland annat inrättande av riktlinjer, och
samtidigt planera militära ingripanden mot andra län-
der. Genom denna nya organisation vill man både vara de
som utför spionage och de som fattar besluten.

Enligt CIA har människor och stamkulturer spionerat på
varandra sedan urminnes tider. CIA's toppchef Allen
Dulles och hans bror John Dulles, drog igång många ope-
rationer i samband med Vietnamkriget. En incident tog
plats vid ett politiskt konvent i samband med att Ho
Shi Min, Vietnams kommunistiska ledare, hade erövrat
ett stycke land av Indonesien. John Dulles, som var
emot denna maktmanöver - stod upp och och lämnade mötet
i protest, trots att resten av konventets deltagare -
Europas ledande makthavare, hade accepterat maktöver-
tagandet. Det var första gången en statssekreterare
hade gjort så. John gick och ringde sin bror Allen, som
tog saken i egna händer och drog i några trådar. Med
omedelbar verkan initierades en hemlig militäroperation
med syftet att bli av med Ho Chi Min. Spioner sattes på
uppdraget och nätverk byggdes för att stoppa den viet-
namesiske ledaren. I samband med det här exemplet kan
man tycka att CIA gick utöver sina rättigheter. Trots
att de flesta militära operationer har gått till på li-
knande sätt; beslutsprocessen sker slutet, inom organi-
sationens väggar; tillvägagångssättet är ofta skonings-
löst och allmänheten hålls i ovetskap - trots detta är
självbilden på CIA's huvudkontor att man "offrar" sig
för att "hjälpa" andra nationer. Hade Allen Dulles inte
dragit i trådarna hade USA kanske aldrig gått in i Vi-

281 https://www.cia.gov/legacy/

etnamkriget. Men enligt Dulles och CIA rådgjorde man alltid med toppolitiker och fick deras godkännande inför ett uppdrag, trots operationernas illegala prägel.[282]

> No time has the CIA engaged in any political activity or any intelligent activity that was not approved at the highest level[283]

Under Dulles storhetstid och under många år framöver blev CIA inblandade i många militära operationer. I enlighet med FN:s stadgar är alla krig illegala sedan år 1947. FN menar även att det är olagligt att döda människor, särskilt om de är anklagade utan rättegång. Detta har inte hindrat CIA. Bland annat har CIA varit delaktiga i ett flertal lönnmord på olika ledargestalter och personligheter utomlands, som man har listat som "terrorister" – utan vare sig offentlig rättegång eller bevis.

General Kassim Suleiman, blev mördad så sent som år 2020, av amerikanska robot-drönare. För första gången i historien försökte USA:s regering inte förneka händelsen utan erkände mordet omedelbart. Tidningarna följde i deras spår – och skrev om mordet öppet.

> Mixed reaction to the news that Maj. Gen. Qassim Suleimani died in a targeted strike by the United States at Baghdad International Airport.[284]

Journalisterna erbjöd inte en helhetsbild av händelsen så att läsarna kunde få en nyanserad och objektiv bild av det inträffade. Man beskrev inte vilka krafter det var som låg bakom mordet. CIA tillhör ett enormt hem-

---

282 Their Secret World War: Stephen Kinzer on The Brothers, John Foster Dulles and Allan Dulles. Massachusetts School of Law at Andover

283 Allen Dulles CIA:s grundare. Their Secret World War: Stephen Kinzer on The Brothers, John Foster Dulles and Allan Dulles. Massachusetts School of Law at Andover

284 https://www.nytimes.com/2020/01/02/world/trump-qassim-suleimani-twitter.html

ligt nätverk som i sin tur är kopplat mellan den amerikanska militären och pentagon. USA:s försvar hade hela 730 miljarder dollar i budget år 2020 – enbart för försvarsmakten. Det innebär 2 miljarder dollar – per dag. Deras motståndarland har 20 dollar – per dag. Denna obalans gör att USA är i ett ständigt överläge och Gina Haspel som är högsta chef för CIA, kunde planera och delegera mordet på Suleimani utan svårigheter. Nedan följer fler exempel på lönnmord, utförda av CIA, som sträcker sig längre tillbaka i tiden.

• Tyskland - Alfred Herrhausen 1989

• Kuba Fidel - Castro 1961

• Kongo - Patrice Lumumba 1961

• Vietnam - Ngo Dinh Diem 1963

• USA - John F Kennedy 1963

• Chile - René Schneider 1970

• Italien - Aldo Moro 1978

Kennedy, som vinner presidentvalet år 1961 vill under sin mandattid minska USA:s inblandning i krig. Han är känd för sitt stora fredsengagemang och för att vara envis. Åren innan verkställer CIA en operation med målet att störta Ernesto Che Guevara och Fidel Castro. Eisenhower som är presidenten innan Kennedy hade tillsammans med CIA utvecklat denna plan. Efter valet tillsätts Kennedy och blir informerad om att det redan finns en hemlig operation planerad och att han, Kennedy ska verkställa den. Kennedy går med på det till en början. Men allt går inte enligt planerna. CIA chefen Allen Dulles operation går ut på att måla de amerikanska attackplanen med kubanska revolutionära flaggor. Denna konspiration, som blir beordrad av Dulles, havererar, eftersom Castro och hans män skjuter ner planen och upptäcker att de egentligen är felmärkta amerikanska plan. CIA driver på för att Amerika ska följa upp med ytterligare attacker, bland annat för att dölja misslyckandet men Kennedy säger blankt nej. Kubanerna går då till FN med klagomål.[285] Operationen misslyckas och blir dessutom offentliggjord. På CIA råder stort kaos och många högt uppsatta tar Kennedys handling som en oförrätt. De anser att Kennedy borde ha skjutit Castro - istället sviker han CIA. Kennedy backar inte undan och en giftig konflikt utbryter mellan Dulles och CIA å ena sidan och John F. Kennedy å andra sidan. Strax innan den ödesdigra dagen för mordet, beodrar Kennedy att ta ut alla militärbaser ur Vietnam, till ytterligare förtret för CIA, enligt Robert McNaras, utrikesminister under Kennedy, vittnesmål.[286]

Efter ytterligare stegring av konflikten blir Allen Dulles, högste chef för CIA, avskedad av Kennedy. Allen går i sin tur ut med att Kennedy är ett hot för USA:s imperialism och maktvälde till USA:s toppkretsar.[287] 50 dagar efter beordrandet av minskat militärt inflytande i Vietnam blir John F Kennedy mördad. Den efterträdande presidenten, Lyndon B Johnson, kastar omedelbart in flera trupper som istället utökar USAs inblandning i Vietnamkriget.

Under sin tid som chef för CIA har Allen Dulles samlat ihop ett "team" som var avsett för att slå ut utländska aktörer.[288] Dulles blev med sina handlingar engagerad på en nivå som kallas för "Deep State", en högre division i regeringen där brott tillåts att begås, utan att något straff blir verkställt. Utifrån dessa premisser försökte man mörda Castro flera gånger, bland annat med förgiftade cigarrer och förgiftade kontanter. Castro överlevde som en katt med nio liv.

285 Daniele Ganser "Illegale kriege", s. 98, 2016
286 In Retrospect The tragedy and losses of Vietnam s.444
287 Föreläsning: Dr. Daniele Ganser: Kennedy Mord in Dallas 1963 (Dresden 25.10.2020)
288 David Talbot "Devils Chessboard", 2015

För andra gick det inte lika väl. Kennedy var en av de få som hade modet att göra motstånd mot den härskande eliten.

For the greatest enemy of the truth is very often not the lie—deliberate, contrived, and dishonest—but the myth—persistent, persuasive, and unrealistic. — President John F. Kennedy Yale University June 11, 1962

En kommission vid namn "Warren Commission" utses år 1964 som ska utreda John F. Kennedys mord och resultatet blir en officiell rapport på 880 sidor. Det enda problemet är att hela kommissionen består av Kennedys ärkefiender, bland annat Dulles och andra från CIA som Kennedy kämpar mot innan han blir mördad. Komissionen kommer fram till att staten och CIA absolut inte har någon inblandning i mordet på John F. Kennedy. Istället fokuserar CIA på att kväsa eventuella misstankar, både internt och utomlands. Nedan är ett utdrag ur ett tidigare hemlighetsstämplat dokument, en avancerad order från CIA som delger beslutet om att alla artiklar och böcker som skulle kunna resa frågetecken om mordet på John F Kennedy måste utmålas som felaktiga på olika sätt:

The aim of dispatch is to provide material for countering and discrediting the claims of the conspiracy theorists, so as to inhibit the circulation of such claims in other countries. Background information is supplied in a classified section and in the number of unclassified attachments. (...) To employ propaganda assets to answer and refute the attacks of the critics. Book reviews and feature articles are particularly appropriate for this purpose. (...) Our play should point out, as applicable, that the critics are (I) wedded to theories adopted before the evidence was in, (II) politically interested, (III) financially interested, (IV) hasty and inaccurate in their research, or (V) infatuated with their own theories.[289]

Detta meddelandet sänds till alla amerikanska ambassader och amerikanska agenter i hela världen – bland annat Kina, Tyskland, Schweiz och Vietnam. Inom USA:s gränser är det enklare att råda bot på misstankar. Den före detta CIA agenten Howard Hunt medger i sin biografi att det fanns medier som samarbetade med CIA under åren 1949-1970, bland annat ABC, NBC, The Associated Press, UPI, Reuters och Newsweek samt andra, vilket i princip är den största delen av de amerikanska medierna.[290] CIA vill förhindra att det kommer ut att mordet är en konspiration, vilket skulle innebära att det fanns *flera* skyldiga inblandade. Om det var *en* enda mördare upphör mordet att vara en konspiration. Men att utmåla CIA som en oskyldig organisation är att önska att befolkningen ska tro att det bara fanns konspirationer på Caesars tid.[291] Oskyldiga var de absolut inte.

He was perfect for the CIA. He never felt guilt about anything. —St. John Hunt, reflecting on the life of his father, E. Howard Hunt

I samband med mordet, blev också två av JFK's närmaste älskarinnor mördade – Marilyn Monroe och Mary Pinchot Meyer – den senare exfru till en högt uppsatt CIA-tjänsteman.[292] I efterhand har man misstänkt att de, på grund av sitt samröre med Kennedy visste för mycket om Kennedys planer och om vilka som stod bakom mordet.

---

289 CLAYTON P. NURNAD, DESTROY WHEN NO LONGER NEEDED. 1 April 1967 (CIA no. 1035-960)
290 Howard Hunt American SPY My secret history in the CIA Watergate and beyond
291 Föredrag: Dr. Daniele Ganser: Kennedy Mord in Dallas 1963 (Dresden 25.10.2020)
292 Peter Janney, "Mary's mosaic : the CIA conspiracy to murder John F. Kennedy, Mary Pinchot Meyer, and their vision for world peace", 2016

Mary Pinchot Meyer, som blev skjuten på en parkpromenad "association-style", blev mördad endast tio dagar efter att Warren Komissionens rapport hade släppts. Hon hade anklagats av CIA och sin före detta man för att ha långa samtal med Kennedy - om fred.

RFK's son, Robert Kennedy Jr., said his father thought the Warren Commission was "a shoddy piece of craftsmanship," when he was publicly interviewed by Charlie Rose in January. "The evidence at this point I think is very, very convincing that it was not a lone gunman," Kennedy Jr. said in the interview.[293]

Robert Kennedy, Johns bror som också kandiderade för presidentskapet, ville komma till botten med JFK:s mord. Han skulle år 1968 starta ett samarbete med FBI, då han samtidigt ville rentvå sin bror från rykten om förräderi som CIA hade spridit. Robert F Kennedy blev också skjuten innan han kunde påbörja utredningen.[294] Sedan dess har mycket få amerikanska presidenter vågat gå sin egen väg.

Lämplig för fälttjänst

Underrättelsetjänsten styr på detta vis, tillsammans med eliten, med järnhand – även i Sverige. Under den svenske journalisten Jan Guillous tid som anställd på 70-talet, växte ett avstånd mellan den svenska statens trovärdighet och den verkliga bilden av Sveriges styre. Enligt de uppgifter som senare kommer fram "samarbetar" svenska staten med både USA och med den Israeliska staten, trots sin påstådda neutralitet. Alliansfrihet hävdar man utåt. I de högsta kretsarna är det annorlun-

293 JFK: Why JFK's assassination has spawned so much speculation, Melissa Erickson | The Bulletin https://www.norwichbulletin.com/story/special/special-sections/2013/11/08/jfk-why-jfk-s-assassination/41953000007/
294 Föredrag: David Talbot Who killed JFK?, https://www.youtube.com/watch?v=KEEsddcHBmE

da. Sveriges högsta militära organisation, underrättel-
setjänsten, genomför en av de största hemliga systema-
tiska undersökningarna och registreringarna av Sveriges
befolkning via IB, underrättelsetjänstens informations-
byrå. De metoder man tillgriper är allt annat än lagli-
ga, bland annat illegal avlyssning, postbrytning och
inbrott.

Syftet med avlyssningen är att registrera kommunis-
ter och vänstersympatisörer, samt att använda avlyss-
ningsdokumenten i syfte för att säkerställa att inga
kommunister kan få anställning vid viktiga poster i
samhället. Ett så stort projekt kräver ett omfattande
samarbete mellan staten, underrättelsetjänsten och ett
flertal större företag.[295]

Man vill slå ut folk, som har vänsterradikala åsikter -
både från fackföreningsrörelserna och politiken. En av
de platserna där åsiktsregistreringen sker är Sveriges
Radio och Sveriges Television.

Håkan Unsgaard, den dåtida chefen för svensk televi-
sion, beskriver hur en av de anställda cheferna vid SVT
hjälper till och underlättar för underrättelsetjänsten
att komma åt privata uppgifter om medarbetare. Man pla-
cerar ut spioner i SR och SVT och pekar ut SVT:s
personal som kommunister. Resultatet blir att de an-
ställda "kommunisterna" som t.ex. Bo Teddy Ladberg,
journalist och programledare, ej får uppträda i radio
längre. Karl Axel Sjöblom, en journalist vid både tv
och radio får utstå samma behandling. IB får nämligen
uppgifter om att han har samröre med kommunistiska
politiker. Affären beskrivs som en häxprocess i modern
tid.

I sin dokumentation använder IB olika koder som ska de-
finiera medarbetarnas pålitlighet och trovärdighet. Man
rankar medarbetarna genom siffror som vidare represen-
terar vilken anställningsform man är "lämpad" för. 1+2

295 Sommarnattens skeende: Jan Guillou, Peter Bratt och Håkan Isacson om IB-
   affären, https://www.youtube.com/watch?v=5YsOshACvAs

är de enda som räknas som tillräckligt "tillförlitliga" för en anställning.

1. Lämplig för "fälttjänst"

2. Duktig och lämplig för "innetjänst"

3. Dessa personer är vi något tveksamma över eller känner att vi inte vågar ge ett definitivt utlåtande över

4. Olämplig [296]

Man anklagar de "olämpliga" kommunisterna för espionage och uppsåt att skada samhället. Nedan följer ett citat ur ett av registren.

> Bakom attackerna i IB-affären och bakom FIB-Kulturfront ligger SKP (Svenska Kommunistiska Partiet). Partiet agerar skickligt och hänsynslöst och har lyckats placera sitt folk på strategiska punkter, till exempel på Sveriges Radio, Aftonbladet, och på andra håll. Ofta hemlighåller SKParna sin politiska hemvist för att deras värderingar och sätt att presentera nyheter inte ska ifrågasättas. Vi kan med all sannolikhet vänta liknande "affärer" i framtiden. Detta är SKP:s taktik för att skada "etablissemanget" och den reformistiska arbetarrörelsen. [297]

Under 1960- och 1970-talen anses cheferna på SVT ha ett inflytande över det som sänds, liksom under 2000-talet. För att stävja de fientliga kommunistiska makterna har man ett speciellt kollegium som utreder politiskt känsligt material. Ett exempel är sången "We shall overco-

---

296 Ett dokument daterat den 22 november 1973.
297 Ett dokument daterat den 22 november 1973. ??

me", som planeras att framföras på sändningstid och anses vara för "vänster" varpå journalisterna får en åthutning och hot om avsked. Ett annat exempel är alla protester mot Vietnamkriget som räknas som uttryck för kommunism och därmed en fara för samhället. Det är också förbjudet att göra USA-fientliga program med direkt uppsägning som påföljd. Man rekryterar inte heller politiskt radikala människor, en gallring som sker redan via intervjuerna.

En av de största kollaboratörerna med underrättelsetjänsten är Olof Wahlund, en IB agent som anställs som högste chef över SVT. All känslig information vidarebefordras till Wahlund, som också samarbetar med Socialdemokraterna. Olof Palme är vid makten samtidigt som avlyssningarna pågår och är som högsta chef för Sveriges regering, därmed ansvarig för alla hemliga operationer som sker. För sina insatser uppgraderas Olof Wahlund senare till en tjänst på försvarsdepartementet som chef för hela IB. Åsiktsregistreringen fortsätter ända till år 1974.

Journalisterna som tillsammans med en avhoppad Säpoagent gör avslöjandet om IB och skriver om detta i medierna skyddas inte av lagen. De skyddas inte av tryckfrihetsförordningen som människor enligt rätt och lag ska kunna åberopa. Istället stormar Säpo in i deras sovrum, de blir gripna i sina hem och satta i fängelse. Ingen åklagare skulle självständigt och med sina sinnens fulla bruk åtala ett par journalister som har skrivit något obekvämt – enligt journalisterna själva beror det på att regeringen har sett till att arrangera gripandet.

De företag som ytterligare hade "kontakt" eller "samarbetade" med IB och den svenska staten om åsiktsregistreringen, med utplacerade medarbetare från Underrättelsetjänsten var bland annat;

Svenska Handelsbanken,

SE-banken,

Barnängen,

Försäkringskassan,

Handelskammaren,

Järnvägsstyrelsen,

Luftfartsverket,

NK,

SAS,

Skandia,

SJ,

Stockholms Universitet,

Arbetsförmedlingen,

Televerket,

Tullverket,

Universitetet i Lund

samt en rad andra.

Vilka är de styrande aktörerna?

Welcome to the world, everybody, I'ma paint
you black and white. I'ma make you hate each
other so that everyone will fight. ...

And I'ma give you borders, they're imaginary
lines. If you cross them, go to war and win
when everybody dies.[298]

298 Tom MacDonald, "The System"

I Kina uppfanns det under 2000-talet ett mänskligt be-
dömningssystem som heter "Social Credit Score", som in-
nebär att man får poäng på allt man gör i sitt privat-
eller arbetsliv, på ett "korrekt" eller "rätt" sätt. Om
poängen går ner till noll kan man bli avstängd från
större delen sitt liv; från de egna tillgångarna på
banken, från sitt arbete, och till och med sin familj.
I Väst arbetas det på ett motsvarande system - ESG-sco-
re: "Environmental, Social, Governance – score". För
privatmänniskor i väst har det än så länge bara tilläm-
pats i teorin men för företagen har det blivit en prak-
tisk, reell verklighet. Alla banker och större företag
har numera detta poängsystem.

När det gäller privatmänniskan, sparas allt vi skri-
ver, köper och gör i olika databaser och register utan
vårt egentliga medgivande. Företagen använder sedan
människors privata information för att tillsammans med
digitala sökmotorjättar, utarbeta konsumtionsalgorit-
mer, som lockar konsumenterna att spendera mer och sam-
tidigt bli belönade för det. Relationen till individens
frihet och rätten till privatliv har under 2000-talet
skiftats radikalt och den privata sfären håller på att
suddas ut helt. De ingenjörer som arbetar för de digi-
tala företagen kallar algoritmsystemet för "Sky Net"[299].
Detta sätt att hantera informationen om civilbefolknin-
gens privatliv har till och med överträtt lagstiftnin-
gen, så att regeringen har tillåtit de stora digitala
high-tech företagen att få igenom vissa nya lagar som
har anpassats till den nya teknologin. När polisen ex-
empelvis söker igenom en individs hus, behövs tillstånd
från olika myndigheter; att genomsöka någons digitala
liv är, tack vare den nya lagstiftningen, mer eller
mindre automatiserat. Dessa tekniker ger företagen stor
makt. Stora teknologiska företag har börjat använda
denna makt i större utsträckning, exempelvis stängde
den digitala mediejätten Tik Tok av sina användares

299 Terminator II, 1991

konton med ett enkelt "meddelande" där de bad an-
vändarna att höra av sig till politiker och protestera
mot att Tik Tok skulle stängas av. Efter utfört uppdrag
sattes kontot på igen.

Det specifika tillvägagångssätt, som innebär att man på
olika sätt får registrera uppgifter tillhörande privat-
personer, instiftades i USA i början på 2000-talet i
samband med terroristattackerna. Efter terroristdåden i
New York i september 2001 genomfördes en mängd inskrän-
kningar av medborgerliga fri- och rättigheter i hela
västvärlden, i synnerhet i USA. De nya lagarna kallades
för "Patriot Act" och kommer bland annat till uttryck i
de amerikanska antiterrorlagarna, fånglägret i
Guantanamo, frysningen av bankkonton samt ökade möjlig-
heter till telefonavlyssning och övervakning av data-
trafik. Politikern Ron Paul, som vid den tiden satt i
senaten, varnade för att staten vid senare tillfälle
skulle börja använda lagarna mot vanliga medborgare.[300]
Men till en början motiverades allt av nödvändigheten
att skydda det civila samhället i väst mot hotet från
terrorism.[301] Därefter blir lagarna mer och mer accep-
terade i andra sammanhang för att till slut bli en
norm.

Dessa beslut blev fattade centralt och ett liknade
exempel började gälla även i Sverige. G20 ändrade reg-
ler för banker, vilket ledde till att bankerna nu kunde
frysa insättarnas pengar. Ett sådant förfaringssätt
hade inte kunnat gå om man fortfarande hade använt
kontanter. Dock har alla storbanker i Sverige stängt
ner sina valv och all pengahantering sker – i det digi-
tala. Att frysa bankkonton har nu blivit lagstiftat i
Sverige men ännu inte använts i praktiken. Ett exempel
på när det har använts är när lastbilsförare i Kanada
startade en protest vid namn "Freedom Convoy" och pro-

300 https://en.wikipedia.org/wiki/Ron_Paul
301 Niclas Sennerteg och Tobias Berglund, "Svenska koncentrationsläger i
     Tredje rikets skugga" – s.6-7, 2008

testerade mot Covid-restriktioner, då frös man deras tillgångar och konfiskerade bilarna för att stävja demonstrationen, då den kanadensiska regeringen ansåg demonstrationen vara olaglig. Sådana politiska totalitära metoder är en del av nya progressivistiska vindarna, där social kontroll och social anstiftan är en del av olika experters, byråkraters och regeringstjänstemäns styrning av det digitaliserade samhället - framåt mot specifika totalitära mål.

Ganser menar att man behöver fråga sig - vilka är de styrande aktörerna eller beslutsfattarna? Traditionellt har man sagt att nationerna är de styrande aktörerna. Då behöver man fördjupa sig i frågan om vem det är som styr nationerna - är det oligarkiska företag, politiker eller är det människorna?[302] När det gäller Sverige fattas många av besluten centralt i EU som också består av en politisk elit. De som styr det vill säga eliten, politiker och oligarker har ett ojämt maktförhållande till skolor, institutioner och sjukhus. De vill ta över och påverka företag, samhällstjänster, el, media, civilbefolkningens privatliv och deras sparkonton. Men också deras drömmar och önskningar och ambitioner. De vill äga allt som får människor att konsumera - och det gör de redan. Statsskicket som de menar att de utför kallas socialism, men egentligen är det en *totalitarism*. En totalitaristisk struktur som är fördold, vilket i praktiken är svårare att kämpa emot än om totalitarismen och maktstrukturerna hade varit öppna. Man använder begreppet socialism för att skydda dessa maktstrukturer och låta dem framstå som goda och demokratiska. Begreppet totalitarism betyder istället ett samhälle där inflytandet är ensidigt och makten är total.

1926, in reference to Italian fascism, "of or pertaining to a system of government which

---

302 Föreläsning: Daniele Ganser, *Ilegal wars* https://www.youtube.com/watch?v=vOuGpnORiwk

tolerates but one political party, to which
all other institutions and all individuals
are subordinated;" a word formed in English
on the model of Italian totalitario
("complete, absolute; totalitarian") from
total (adj.) + ending from authoritarian.[303]

Tillsammans med de stora företagsledarna som sitter på
ett stort världspolitiskt "ansvar", tillhör den största
makten de länder som vann andra världskriget - de "al-
lierade". De högsta ledarna i dessa länder är också med
i det så kallade "FN Security Council" som är en mycket
central byråkratisk instans vid FN där många viktiga
beslut fattas. Efter andra världskrigets slut fann man
att minst 60 miljoner människor hade dödats. Därför
skrev många världsledare under en FN-deklaration som
proklamerade att alla nationer måste hålla sig ifrån
våld vid internationella konflikter. Detta är grunden
för de internationella lagarna.

FN:s arbete är att bland annat att införa sanktioner,
blanda sig i militära konflikter och hålla reda på in-
ternationella relationer. FN:s inbördes struktur har
dock en ojämn makt. Vissa länder som sitter i "Securety
Counsil" har mer makt än andra. Av de 193 existerande
medlemsstaterna finns det fem så kallat "permanenta"
medlemmar - USA, Storbritannien, Frankrike, Ryssland
och Kina. Dessa medlemsländer sitter kvar vid den makt
de fick när andra världskriget tog slut, vilket har
lett till en global obalans i världen. Dessa fem länder
har en enorm fördel gentemot de andra länderna – de har
en vetorätt att undandra sig alla konsekvenser för mi-
litära konflikter. Exempelvis, när Saddam anföll Kuwait
statuerade FN att attacken var olaglig och Irak be-
straffades med olika konsekvenser bland annat sanktio-
ner. Men när UK och Frankrike attackerade Egypten år
1956 använde dessa länder sin vetorätt och behövde inte

303 https://www.etymonline.com/word/totalitarian

181

befatta sig med några påföljder. Ett till exempel är
när USA försökte invadera Cuba år 1961. Cuba gick till
FN och klagade men fick ingen hjälp, på grund av USAs
vetorätt. Så trots att vetoländerna bryter mot lagen om
och om igen får deras militära operationer inga påfölj-
der. Ryssland har använt veto-rätten mot Ukraina och
Crimea. China har använt vetorätten mot Taiwan. USA har
använt vetorätten flera gånger i Mellanöstern.

Till exempel har USA, under 2000-talet, trupper och
militärbaser i Tyskland men Tyskland har inte några
trupper i USA.[304] Samma maktobalans gäller andra de fem
veto-länderna och övriga länder. Andra globala aspekter
som påverkar världens maktbalans är: vilka länder har
kärnvapen, var finns oljan, vilka länder har tillgång
till vapen?

Salil Shetty, en före detta sekreterare vid Amnesty
International säger i en intervju att de 5 permanenta
medlemmarna Ryssland, Kina, Frankrike, UK och USA har
exploaterat sin vetorätt.[305] Han menar att det är som en
klubb; de mäktigaste medlemmarna i klubben bestämmer
reglerna och de ändrar inte stadgarna på ett sätt som
äventyrar deras intressen. Problemet är att Förenta Na-
tionerna skall finnas till för att skydda människors
intressen - mänsklighetens intresse som helhet. Shetty
menar att när FN säger "we the people" – uteblir fol-
kets röst i beslutsfattandet, vilket gör att han efter-
frågar äkta demokrati i frågan.

En offentlig redogörelse av denna globala obalans är
inte önskvärd på grund av att statsmakter och eliten
inte vill att man ska beskriva dem som en "elit", eller
som ett "imperium". Ett imperium har som mål att expan-
dera; imperiet anfaller och exploaterar för att kunna
expandera, liksom Romerska imperiet eller Spanska impe-
riet. "Eliten", eller världseliten är ett sådant impe-

304 Föreläsning: Daniele Ganser, illegal wars, https://www.youtube.com/watch?
   v=vOuGpnORiwk
305 Salil Shetty former Secretary General of Amnesty International, The
   problem with the UN Veto Power, Now this interview

rium. Men de vill inte att man i historieböckerna ska skriva att "USA har militära baser i 40 länder" eller att "svenska oligarker gör vapenaffärer". Makthavare vill istället att civilbefolkningen ska ha en upplevelse av att leva i en fri demokrati och i en demokrati skulle liknande militära operationer aldrig förekomma, däremot skulle de förekomma i ett totalitärt samhälle.

All members shall refrain in their international relations from the threat or use of force against the territorial integrity or political independence of any state, or in any other manner inconsistent with a Purpose of the United Nations.[306]

Det ovanstående citatet kommer från den andra deklarationen i de mänskliga rättigheterna som skrevs samtidigt som USA attackerade Vietnam. Den 6 augusti 1945 fällde amerikanerna den första atombomben över Japan. På några få minuter dog omkring 80 000 människor i Hiroshima. USA visade därmed inför världen att man förfogade över ett fruktansvärt vapen som gav USA en total militär överlägsenhet. Den 9:e augusti fälldes den andra atombomben, nu över Nagasaki, och dagen efter förklarade Japan att man var redo att kapitulera. Det var den amerikanske presidenten, demokraten Harry Truman som fattade besluten om bomberna över Hiroshima och Nagasaki. Denna uppvisning av makt var en del av elitens strategi, samtidigt som man visar upp en illusion av en socialistisk världsordning. FN har vid flera tillfällen används för att nå elitens mål och konceptet att FN skulle vara en internationell auktoritet har övergivits – men lagarna som gynnar olika stora korporationer och deras ekonomiska intresse finns kvar. Och akademiker – de är mer intresserade av att införa ännu mer marxis-

306 UN charter chapter two, www.un.org

183

tisk ideologi än frihet och verklig mångfald och demo-
krati[307]

Röstfiske

Elisabeth Wehling är en statlig forskare, som arbetar
för staten och har skrivit en manual, en instruktions-
handbok för ändamålet att övertyga väljare att rösta på
ett specifikt parti. Hon har bedrivit forskningsarbete
kring varför människor röstar specifikt vänster eller
höger, som sedan redovisas för politiker som använder
hennes forskningsunderlag i sitt arbete med att få väl-
jarnas förtroende. Wehling menar att det handlar om
människors undermedvetna och att hjärnan enbart kan
önska det som den redan känner till och erfarenheter
den har upplevt - inte abstrakta saker. Enligt hennes
forskning är det viktigaste i en människas liv familj
och familjevärderingar. Om detta används av politiker i
PR-kampanjer, menar Wehling, kan de lättare övertyga
människor att rösta på deras parti. Hon använder sig
alltså av människans mest värdefulla och privata erfa-
renheter – de mänskliga familjeförhållanden – för att
ge politikerna underlag för hur de ska få ännu fler
röster och ännu mer makt.

En viktig fråga, enligt Elisabeth Wehling, är hur
man övertalar de som inte har en politisk ståndpunkt,
alltså de väljare på mitten av skalan - till en speci-
fik politisk åsikt. Enligt hennes forskning kan man få
dem att välja riktning - inte genom att övertyga dem om
lägre skatter eller olika politiska system, nej, man
hänvisar bara till deras familjevärderingar. Man adres-
serar olika grupper på olika sätt, kvinnor, män, unga,
gamla, de fattiga, utifrån deras grundläggande värde-
ringar, men med samma slags metodik genom att anpassa
innehållet.[308] Till exempel är många unga engagerade i

307 Antony C. Sutton - The Bolshevik Revolution Speech (1976)
308 Political morality in your brain Ted Talk, Elisabeth Wehling,
    https://www.youtube.com/watch?v=ju6jHCKIOjq

djurrätt; de ungas familjevärderingar är att vara snäll
mot de svaga. Om ett parti önskar få fler unga röster
använder de slogans som "Nej till djurplågeri".

Elisabeth Wehling har även bedrivit forskning om hur
politiker och medier på ett effektivt sätt ska bedriva
konceptet "framing" gentemot läsare och väljare. Fra-
ming innebär att man enbart informerar om en del av ett
händelseförlopp, exempelvis hur snabb en bil är, men
undanhåller andra delar av informationen, till exempel
att bilen är miljöfarlig. Om en högt uppsatt politiker
inte vill bli av med makten är det för denne viktigt
att upprätthålla en positiv självbild och således nöd-
vändigt att hålla alla sakförhållanden, som skulle ver-
ka etiskt negativt på väljarna borta och därför är
"framing" viktig för dem. Politiker måste framstå som
positiva förebilder och allt som inte är lika positivt
– måste hållas bakom kulisserna[309]

Ett bra exempel är Demokraternas historia. I USA ägde
den fruktansvärda händelsen, "The Trail of Tears" rum
år 1830-1850, på grund av "Indian Removal Act", en lag
signerad år 1830 av den demokratiska presidenten Andrew
Jackson, som godkände att tusentals indianer blev utsl-
ängda från sin mark. Det är ett exempel på en verklig
händelse, som man vill "frama" bort från Demokraternas
historia; man vill undanhålla detta från väljarnas bild
av partiet, och enbart komma med en positiv bild av De-
mokraternas roll i historien. Ett annat exempel är hur,
under 1800-talet, en majoritet av Demokraterna var för
slaveri, medan republikaner som Abraham Lincoln var
emot det. På grund av detta blev Abraham Lincoln utsatt
för demokraternas förföljelse och Demokraterna försökte
avsätta och mörda honom. Trots förföljelsen frigjorde
han slavarna. Demokraterna var även det parti där en
majoritet stöttade segregation genom ett stort antal Ku
Klux Klan medlemmar. Nu "framar" Demokraterna bort den

309 Dr. Daniele Ganser: Können wir den Medien vertrauen? (Basel 3.3.2018)
    https://www.youtube.com/watch?v=4bF-3rulJz0&t=155s

delen av historien och vill istället påskina att man alltid har varit emot rasism. Demokraterna var också det parti som motsatte sig rösträtt för kvinnor - och kämpade som motståndare mot suffragetterna i hela 30 år i frågan. Detta har också "framats" bort från den historiebilden som är tillgänglig för allmänheten. Nu pratar man om feminism och kvinnors rätt – som om det alltid har varit en självklarhet.

I Grekland där begreppet "demokrati" myntades, skulle demokrati enbart angå samhällets toppskikt. Samma toppskikt ägde slavar som istället levde under fruktansvärda förhållanden. Demokrati var alltså inte för dem. Idag handlar det istället om konsumtions- och löneslavar och en befolkning som förs bakom ljuset.

Eftersom att varje parti behöver ett positivt narrativ för att människor skall rösta på dem så gör man sig av med alla "skuggor" och "snedsteg". Istället överför man allt negativt – på sina motståndare. En metod som Saul Alinsky för övrigt förordade[310] – som regel nummer 12 från "Rules for Radicals". Så när det inte gick att avsätta Hillary Clintons motståndare, kallade man motsåndarsidan för rasister, fascister och vit-makt överordnade. Men vem hade egentligen en koppling till vit-makt organisationer? Hillary Clinton, hon som både kallar sig feminist, antirasist och demokrat, vars två främsta förebilder enligt henne själv, är eugenikern Margret Sanger och en före detta ledare för KKK, Robert Byrd.[311]

I varje genre av samhällsinformation, vare sig det gäller valkampanjer, nyheter, eller information som kommer från en regering eller en institution, finns det generellt tre nivåer av fakta, enligt professor Anthony Sutton[312]:

---

310 Saul Alinsky "Rules For Radicals",1971
311 Dokumentär:Dinesh D´Souza, Hillarys America, 2016
312 Anthony C Sutton "America's Secret Establishment: An Introduction to the Order of Skull & Bones", 1986

Den första nivån är vad de allra flesta *tror* sig vara sant. Det är informationen regeringen *vill* att man ska ta till sig. Ett exempel på det är att den Socialdemokratiska regeringen *vill* att Sveriges befolkning ska tro att de var helt neutrala under andra världskriget. Därför offentliggör och uppmärksammar de bara de händelser där den Socialdemokratiska regeringen har agerat neutralt - och framar bort resten.

Den andra nivån är också en typ av information som regeringen frivilligt går ut med till allmänheten. Denna nivå utmanar den första nivån men håller sig inom vad som är nödvändigt. Informationen går fortfarande inte till botten av problemet eftersom man ofta inte belyser hela bilden av det inträffade. Att allmänheten ska få tillgång till hela bilden av det inträffade är inte målet på denna nivå, det kan handla om hemlighetsstämplad information, och den riktiga versionen kanske når allmänheten 100 år efter inträffad incident. Ett exempel är att man medger att Sverige hade arbetsläger under andra världskriget, men man förnekar att det någonsin skulle handla om koncentrationsläger.

Tredje nivån är hela bilden eller den objektiva sanningen. Oftast har det politiska etablissemanget redan hunnit bearbeta informationen, genom bland annat PR-konsulter och medier, innan den når allmänheten - därför är det inte så ofta sådana avslöjanden publiceras, förutom ifall avslöjandet sker genom visselblåsare eller personal som går emot regelverket och går ut med viktig eller känslig information. Sådan objektiv sanning, ska enligt Sutton, ha underlag eller "bevis" och vara baserad på faktiska dokument.[313] Exemplet här är att Sverige faktiskt instiftade flera koncentrationsläger runtom i landet, dit fångar skickades på grund av sin härkomst, för vilket bevisen har hemlighetsstämplats under många år.

Sortering av information har i högre politiska

313 Antony C. Sutton - The Bolshevik Revolution Speech (1976)

kretsar blivit utvecklat i flera steg och man har under många år ansett detta som en nödvändighet.

> Some of the phenomena of this process are criticized the manipulation of news, the inflation of personality, and the general ballyhoo by which politicians and commercial products and social ideas are brought to the consciousness of the masses. The instruments by which public opinion is organized and focused may be misused. But such organization and focusing are necessary to orderly life.[314]

> As civilization has become more complex, and as the need for invisible government has been increasingly demonstrated, the technical means have been invented and developed by which opinion may be regimented.[315]

Politiker, storföretag, oligarker och regeringen – alla som står att finna under elitens maktstruktur har en nödvändighet att inför befolkningen hålla en fasad, en levande föreställning, som innebär att enbart en del av den verkliga historien kan bli offentliggjord. Man skulle kunna tänka sig att denna nödvändighet skulle kunna höra till en sovjetisk kommunistisk regering eller en diktatur någonstans i Asien. Men denna typ av propagandametoder och informationsteknik är alltigenom en viktig del för den politiska strukturen i väst.

Vidare finns det, enligt Charles Wright Mills professor i sociologi, tre tekniker för hur den önskvärda informationen skall nå fram – *Coercion* (övertalning), *Authority* (auktoritativa metoder) och *Manipulation* (manipulation) – den sistnämnda är den metod man använder när de andra två inte fungerar. De första två sker i det öppna medan den sista metoden utövas bakom stängda dörrar. Till exempel använde man genom krigspropaganda

314 Edward L Bernays, "Propaganda", sid 12, 1928
315 Edward L Bernays, "Propaganda", sid 12, 1928

tekniken "Coersion" för att få människor att tro att
Afghanistan var de "onda". Man använde tekniken "Autho-
rity" för att efter 9/11 införa regler vid flygplatser
och ökad digital övervakning. Och man använde tekniken
"Manipulation" för att göra det trovärdigt att den di-
gitala övervakningen enbart skulle handla om terroris-
ter, när det i själva verket började gälla registre-
ringen av vanliga människors privata digitala
information.[316]

> It is the preferred form of power in modern
> societies as it relies on sophisticated
> methods rooted in science and technology.[317]

> Power elites and social institutions seek
> legitimization to gain the loyalty of the
> public. However when coercive and
> authoritative power fails to justify the
> legitimization of authority manipulation
> takes its place.[318]

Det finns enligt Mills ett begrepp som heter "Socialo-
gical imagination", *Sociologisk föreställningsförmåga*.
Det är ett begrepp som låter oss förstå hur stormakter
och institutioner figurerar i samhället och hur de är
kopplade till varandra. Ju högre förmåga till "Sociolo-
gical imagination" en person har, desto större chans
att denne kan se ett samband mellan olika händelseför-
lopp inom den högre politiska sfären. Att till exempel
tänka att den mediala informationen ger tillträde till
verkligheten och hela den politiska omvärldsbilden, el-
ler att politiker aldrig ljuger räknas till en lägre
sociologisk föreställningsförmåga.

> Sociological imagination allows us to better
> understand what is going on and how various

316 Charles Wright Mills, proffessor i Sociologi, "White Collar: The American
    Middle Classes", 1951
317 Charles Wright Mills, proffessor i Sociologi, "White collar", 1951
318 Charles Wright Mills, proffessor i Sociologi, "White collar", 1951

parts of society and the individual within society are affected.[319]

När samhällsinformation och nyheter genomgår ovanstående informationsgallringsprocesser och fastnar i det byråkratiska maskineriet, vilket leder till att allmänheten enbart får ta del av en del av omvärldspolitiken – då blir förmågan till sociologisk föreställning lägre och kontexterna otydligare.

Det är här, i denna sfär, där kontexten blir otydlig och bilden av omvärlden blir förvrängd, som begreppsförvirring främst utövas. Därför är det viktigt att bevara en autentisk, sanningsenlig omvärldsinformation och hålla riktig, sanningsenlig kunskap för viktig. Inte bara kunskap den kunskap som presenteras inom offentlig utbildning utan kunskapen av hela verklighetsbilden. - "Knowledge is the key to promote social change. Knowledge has the power to challenge the status quo, disrupt oppressive systems, and foster social change."[320] Då kan man även nå verklig förändring, när man känner till hela sammanhanget. Annars kan det mänskliga omdömet till slut tappa sitt fotfäste, genom att människan sakta går emot en allt mer förvrängd bild av det som händer runtomkring henne.

En annan sfär där begreppsförvirring uppstår frekvent är vetenskap. De flesta tror att all vetenskap är fri från statlig påverkan, och fri från ekonomisk finansiering från företagsindustrin. Men vetenskaplig forskning utanför utbildningsinstitutionerna är alltid beställd i förväg och många gånger sponsrad. Det finns inte heller någon marknad för en, i den egentliga meningen "fria" vetenskapen i det offentliga. När företagen betalar och

319 Charles Wright Mills, proffessor i Sociologi "The sociological imagination", 1959
320 *Unleashing the Power of Knowledge: Transforming Lives and Shaping the Future*, Richard Mark Wood
https://www.interesjournals.org/articles/unleashing-the-power-of-knowledge-transforming-lives-and-shaping-the-future.pdf

sponsrar vissa forskningsområden och väljer att ignorera andra, minskar de senares betydelse och en maktobalans uppstår. Således blir vetenskapen på så vis korrupt.

The science delusion is that science already understands the nature of the reality in principle leaving only the details to be filled in. This is a very widespread belief in our society. (...) But there's a conflict in the heart of science between science as a method of inquiry based on reason evidence hypothesis and collective investigation and science as a belief system or a world view. And unfortunately the world view aspect of science has come to inhibit and constrict the free inquiry which is the very lifeblood of the scientific endeavor.[321]

Så hur ser det egentligen ut när en läsare tar del av nyhetsbilder, eller "samhällsinformation" på ett psykologisk plan? Eller över huvud taget tänker på den makt som politiker och oligarker har? Det existerar en faktisk maktobalans mellan det stora antalet människor och eliten, som är färre till antalet, vilket innebär att den vanliga befolkningen, på grund av sitt antal, egentligen är mäktigare än eliten. Till att börja med projiceras denna maktobalans, tillbaka på befolkningen. På så vis lever de flesta i upplevelsen om att de är underlägsna staten och "ensamma" om sina uppfattningar. De upplever sig vidare som "få till antalet" medan staten och de andra är fler och därför överlägsna till sin styrka. En sådan inbillning är mer effektiv för politiker och makthavare – de vill inte att revolutionerna från 1700-, 1800- och 1900-talen ska upprepas. Om varje individ upplever sig som ensam och lever med tanken att "de andra verkar inte protestera" ökar elitens

321 Rupert Sheldrake Ted talk The Science Delusion, https://www.youtube.com/watch?v=1TerTgDEgUE&t=79s

makt över befolkningen – då individerna, som de stora massorna egentligen består av, inte kan ena sig i sam-förstånd.

> *Luna Lovegood*: We believe you, by the way. That He-Who-Must-Not-Be-Named is back, and you fought him, and the Ministry and the "Prophet" are conspiring against you and Dumbledore.
>
> *Harry Potter*: Thanks. Seems you're about the only ones that do.
>
> *Luna Lovegood*: I don't think that's true. But I suppose that's how he wants you to feel.
>
> *Harry Potter*: What do you mean?
>
> *Luna Lovegood*: Well if I were You-Know-Who, I'd want you to feel cut off from everyone else. Because if it's just when you are alone you're not as much of a threat."[322]

Och när människor försöker vidga sina vyer och ta del av de nyheter som finns i "alternativa" medier blir de stämplade som konspirationsteoretiker. Om människor i sådana fall och avfärdar "känslig" information som "konspirationsteori" ger det samtidigt en lugnande ef-fekt. "Åh så bra, då stämmer det inte att Sverige hål-ler på med vapenaffärer eller att våra svenska politiker ljuger för väljarna. De är säkert ärliga och renhåriga och hursomhelst kan vi återgå till att välja altansoffa - igen!". Det är just denna trygga bild som politiker vill att man ska leva i, så att man lösgör sig från fritt tänkande och går tillbaka till en livss-til där konsumtionen och löneförtjänsten är central. Man engagerar sig istället i valet av nästa bil, nästa nya garderob och vilket shoppingcentrum man ska besöka härnäst.

322 Harry Potter and the Order of the Phoenix, 2007

När man hör ordet "konspirationsteoretiker" aktiveras nervbanorna, på grund av manipulation i form av begreppsförvirring, och hjärnan tänker automatiskt att ett sådant beteende - är utanför det socialt accepterade narrativet. Att gå utanför det socialt accepterade, innebär samtidigt ett omedvetet, psykologiskt hot om att försätta sig i ett socialt utanförskap. Människan, som är en social varelse, blir obekväm när hon ställs inför ett sådant hot.

Om en tidning till exempel hävdar att väst är i ständigt krig med olika internationella aktörer tänker de flesta att det måste vara konspirationsteori. Men frågar man de västerländska soldaterna som befinner sig i Afghanistan, svarar de att det stämmer.[323] Därför behövs det bekräftande dokumentation, som visselblåsare som Assange förmedlar för att upplysa människor om vad som faktiskt pågår. I en kombination blir det ovanstående till en av många bidragande faktorer som främjar passivitet och huvudet-i-sanden-mentalitet hos medborgare, som slutar motsätta sig mot vad statsmakterna företar sig.

> Den hierarkiska samhällssynen var en vital del av medeltidens själ. Den undergrävdes i Västerlandet genom renässansen, men i Sverige (som i Ryssland) har den överlevt mer eller mindre oanfäktad. I överensstämmelse därmed var personlig stolthet den mest klandervärda av de medeltida synderna och i dagens Sverige utgör den fortfarande ett av de svåraste brotten. Självutplånande är den obligatoriska dygden.[324]

I Sovjetunionen levde en oerhörd stor mängd av populationen i rädsla av att bli anmälda till KGB och de visste att de var övervakade av staten. I Nordkorea och Kina lever man fortfarande i skräcken för den totali-

---

323 Dr. Daniele Ganser: Kennedy Mord in Dallas 1963 (Dresden 25.10.2020)
324 Roland Huntford, "Det Blinda Sverige" (The New Totalitarians), 1971

tära regimen och vetskapen om att vara övervakad. I
väst lever man i lugn och ro och tänker att allt som är
samhällskritiskt och som uttrycks emot staten är kon-
spirationsteori. I väst är yttrandefrihet och rättighet
till en sanningsenlig omvärldsbild inte lika högt
skattade, vilket har gjort att dessa värden har förlo-
rat sin kraft och blivit urlakade. Den ångest, de miss-
tankar och den negativitet som eventuellt uppstår hos
individer på grund av alla lögner och på grund av hur
samhällsstrukturen ser ut, kanaliseras istället genom
metoden söndra och härska - i individgrupp mot in-
dividgrupp, så att människors frustration inte vänds
mot politiker och eliten , så det inte uppstår en ny
revolution.

Statsmakterna använder sig av marxistiska strate-
gier, PR-metoder och psykologisk övertalning för att
genom begreppsförvirring, identitetspolitik och in-
formationstekniker upprätthålla en omnipotent makt-
struktur. Man använder sig av Marx teorier för att upp-
höja staten över människan, liksom kyrkan gjorde tidi-
gare med religion.

Demoralization

Kommunisternas stora plan var egentligen att växa i
Östeuropa först, sedan Asien och till sist i väst. I
väst skulle de ta över, inte genom revolution eller ge-
nom att använda våld utan genom en infiltrering över en
längre tidsperiod. Teorin om infiltrering var den ita-
lienska kommunisten Antonio Gramscis påfund. Han och
hans likar var förvånade över att den kommunistiska re-
volutionen inte hade tagits upp av västvärlden. Som
svar på det ansåg man inom den marxistiska rörelsen att
västvärlden först måste försvagas så att socialismen
kunde besegra de gamla traditionerna och kristendomen,
det som ansågs stå emot kommunism och marxism. Gramcis

ide var att genom att infiltrera institutioner inom kultur och utbildning – skulle en försvagning ske.

Detta bekräftas av den avhoppade, före detta KBG-agenten Yurij Bezmenov som under 1980-talet genomförde en intervju, en av mycket få av denna sort på grund av risken mot sitt liv, där han påstår att Ryssland har spenderat decennier på att försöka infiltrera den västerländska världen genom olika hemliga militära operationer. Under det kalla kriget bedrev, enligt Bezmenov, den kommunistiska underrättelsetjänsten flera attacker mot USA och västvärlden på olika sätt, både öppet och i det fördolda, bland annat genom "ideologisk subversion". Begreppet är inspirerat av Gramcis tanke om infiltration och betyder att man ändrar verklighetsperceptionen i den mänskliga hjärnan så att en individ, trots ett akut hot inte kan försvara sin familj, sitt samhälle och därmed sitt land. Bezmenov beskriver den ryska tekniken som en långsam hjärntvättningsprocess. Det tar enligt Bezmenov ca 15-20 år att för detta ändamål demoralisera en nation. Marxistisk-leninistisk ideologi pumpas in i barns och unga studenters huvud, ungefär i tre generationer i rad, utan att bli ifrågasatt eller utbalanserad av "vanliga" värderingar. Resultatet blev enligt Bezmenov mer än vad de sovjetiska topparna någonsin hade kunnat förvänta sig. I processen ingår enligt honom att de som tog universitetsexamen under 1960-talet har sedan uppnått höga poster inom statsvetenskap, journalistik och kultur – med samma ideologiska bakgrund i ryggsäcken. De är enligt honom "programmerade" att reagera med viss stimuli under särskilda situationer. Målet var att genom hjärntvätt, skulle alla bli så övertygade om den marxistiska ideologin, att ingen skulle reagera gentemot annan information eller kunna ta emot och bearbeta några andra politiska åsikter som inte var marxistiska. Detta tillstånd kallas för ett "demoraliserat" tillstånd. En person som är "demoraliserad" kan inte ta in autentisk information, till och med om man visar bilder på koncentrationsläger kan dessa avfärdas som propaganda om man är i ett "demoraliserat" tillstånd. En individ som är "demoraliserad" kan ej ta till sig viss typ av information även om han har bevisen mitt framför sig.[325] Bezmenov som i samband med sitt vittnesmål tog skydd i Kanada, hittades avliden, liksom andra ryska avhoppare, 10 år efter intervjuerna,.

> Subversion (from Latin subvertere 'overthrow') refers to a process by which the values and principles of a system in place are contradicted or reversed in an attempt to sabotage the established social order and its structures of power, authority, tradition, hierarchy, and social norms.[326]

Det finns fyra stadier eller steg av "ideologisk subversion", som Bezmenov beskriver som en av de största hemliga sovjetiska militära operationerna i historien.

1. "Demoralization" – Infiltration genom institutioner och kultur. En ideologi blir den härskande och resten stöts undan

2. "Destabilisation" – Avstabilisera motstånd, till exempel värderingar som går emot marxism, ekonomiska förutsättningar och försvarspolitik

3. "Crisis" - En våldsam ändring av maktstrukturer

4. "Normalization" – en period av stabilitet tills att nästa cykel av ideologisk subversion når krisstadiet.

Detta program användes också av de allierade nationerna efter andra världskriget - när man genomförde en av de

---

325 Intervju med Yurij Bezmenov, YouTube, https://www.youtube.com/watch?v=9apDnRRSOCk
326 https://en.wikipedia.org/wiki/Subversion

största masspåverkan på en befolkning under 1900-talet, som blev kallat "avnazifikationen" av det tyska folket.

När nazisterna hade förlorat kriget ville de allierade inte bara ställa nazisterna till svars, utan man ville också återställa det tyska folket från nazisternas ideologier. Då påbörjades ett program med grund i "ideologisk subversion" där det tyska folket fick tränas i att anpassa sig efter demokratins premisser och avprogrammeras från de nazistiska åsikterna.

Man ville att Tyskland skulle omvandlas till ett "vanligt" socialistiskt samhälle och använde sig av skolor, samhällsinformation och media för att avnazifiera den tyska befolkningen.[327]

> The "Information Control Division of the US Army" had by July 1946 taken control of 37 German newspapers, six radio stations, 314 theaters, 642 cinemas, 101 magazines, 237 book publishers, and 7,384 book dealers and printers.[42] Its main mission was democratization but part of the agenda was also the prohibition of any criticism of the Allied occupation forces.[328]

Efter att målet var uppnått behöll man metoden som visade sig vara användbar även i andra delar av västvärlden. Man avslutade alltså inte programmet helt. Istället användes dessa tekniker bland annat när det gäller ekonomi och ekonomiska begrepp såsom de uppfattas av allmänheten.

De rätta skolorna

Genom arrangerad begreppsförvirring används begrepp som "kapitalism" i det socialistiska samhället på ett sätt som är menat att föda negativa associationer. "Kapitalister" associeras numera med rika människor som har

327 https://en.wikipedia.org/wiki/Denazification
328 https://en.wikipedia.org/wiki/Denazification

hög vinst och inte vill betala skatt. Men bakom kulisserna använder sig både den rika eliten, det socialistiska politikeretablissemanget och storföretagen av kapitalism – när det passar och tjänar deras egna syften. Detta gör att den kapitalism som vanliga människor skulle kunna begagna sig av, blir mer otillgänglig för den vanliga befolkningen.

Det handlar om statens felaktiga sätt att använda kapitalism. I nutidens världssamhälle tillåts de stora företagen att i samarbete med politiker tjäna enorma summor pengar. Socialistiska ledare lever oftast i överflöd. Exempelvis har partiledaren Jonas Sjöstedt, ledare för vänsterpartiet en mycket hög inkomst och bor på Östermalm. Man "lever" ut en felaktigt utförd kapitalism som man "gömmer" bakom en socialistiskt ridå. Man använder inte heller Marx idéer på rätt sätt, då skulle produktionen stävjas och återgå till en kvalitativ produktion. Trots att elitmakterna utåt sett utövar en vänsterpolitik, utnyttjar de sin ställning, likt feodalherrarna gjorde på sin tid.[329]

> Alltifrån sitt första framträdande har Socialdemokraterna proklamerat det omedelbara förstatligandets ortodoxt socialistiska trosbekännelse jämte inkomsternas nivellerande och allomfattande social välfärd. Men allt detta var bara en ideologisk fläskbit för det rättrogna. Bakom valtalarnas demagogi dirigerades partiet av nyktra ekonomer som trodde sig veta att reformer utan resurser öppnade väg för ekonomisk katastrof. De ansåg det vara meningslös retorik att tala om rikedomens fördelning tills det fanns mer att gripa kring i första hand. De ansåg det därför som sin första uppgift att skapa välstånd och

329 Ideologier 15 februari 2019 - Vänsterns idéer del 1 av 4: Vänsterns rötter, Engelsbergs bruk, Ängelsberg - Svante Nordin, professor i ide- och lärdomshistoria, Lunds universitet

lämnade det radikala nyhetsmakeriet därhän
tills landet hade råd med sådant. Med
industrin huvudsakligen i privata händer
måste genomdrivandet av statlig äganderätt än
så länge bara hejda framåtskridandet. Att
alltför snabbt bygga upp en välfärdsstat vore
att leva över landets tillgångar. Därför
exploaterade socialdemokraterna utan skrupler
det rådande kapitalistiska systemet och lät
de ekonomiska förmånerna hålla den långsamma
takt som rättfärdigades av den ekonomiska
utvecklingens naturliga tempo.[330]

En sådan elit, som använder sig av kapitalism och ett
starkt kapitalintresse, finns i alla länder, oavsett om
regeringen är höger- eller vänsterriktad. Kim Jong-il,
Nord-Koreas tidigare ledare, har gått i de rätta elits-
kolorna och lärt sig hur man tar sig upp i toppen på
rätt sätt – trots att landets politik är raktigenom
vänstervridet. Han var den "fantastiska filmregissö-
ren", vars filmer anses vara oöverträffbara i Nord-
Korea. Därför har filmproduktionen upphört i Nord-Korea
och filmstudion blivit till museum – för att bevisa att
legenden om honom stämmer. Alla andra åsikter bestraf-
fas. De som inte har den "rätta åsikten", och samma
åsikt som eliten, är "ologisk" och blir diskrediterad
som sådan. Även de som arbetar inom FN har gått i de
"rätta" skolorna och detsamma gäller hela eliten.

Egentligen existerar det således två förhållningssätt
gentemot kapitalism, och två olika begrepp som används
av statsmakterna. Liksom att högern och vänstern inte
menar samma sak när de säger kapitalism, stämmer inte
heller elitens begrepp överens. Det ena förhållnings-
sättet används i syfte för att visa upp en negativ,
avskräckande sida av den privata marknaden och de
"onda" kapitalisterna. Det andra förhållningssättet be-

330 Roland Huntford, "Det Blinda Sverige" (The New Totalitarians), 1971

199

gagnar eliten själv, i egenintresse, i sina storföretag och investeringar, fina bostadsområden och skolor.

De som röstar på partierna på den vänstra sidan av skalan tycker egentligen att storföretagens ekonomiska monopol är dåligt för omvärlden. Det som de vanligtvis inte känner till är att sådan monopol enbart kan formas med hjälp av statligt stöd vilket betyder att det egentligen är en socialistisk regering som ligger bakom och understödjer det företagsmonopol som vänstern sedan kallar - kapitalism. Det nationella och det internationella samarbetet mellan stat och företagsoligarker är inte officiell, vilket leder till att allmänheten inte känner till denna del av informationen.

Den vanliga föreställningen människor istället har är att all form av företagande drivs av den högra sidan av politiken, det är något konservativt, vinstdrivande och kapitalistiskt. Men storföretagen och oligarkerna hör inte till den sidan. De är varken höger eller vänster. Deras motiv är att maximera sina vinster – oavsett politik. Många stora företagsindustrier är sådana - de stödjer det som gagnar dem själva. De tar ej beslut baserade på politiska principer – som höger eller vänster. De samarbetar med staten – när det främjar deras syfte. Storföretagen är nämligen för den fria marknaden om de tror att de kan klara av konkurrensen. Om de inte kan klara av den, är de för statligt skydd och monopol, vilket de uppnår med hjälp av ett komplicerat regelverk – som är utvecklat av dem själva.

Riktig, folklig kapitalism härstammar ur något helt annat. Adam Smith kallas för liberalismens och ekonomins fader och var den som grundade kapitalismen under 1700-talet. Smith hade inte ämnat för sin teori att utnyttjas av stora kooperationer. Tvärtom - både Smith och Marx var emot statligt ingripande och giriga företagare.

Smith bodde under 1700-talet strax intill en marknad

och förundrades dagligen över det han fick beskåda. Med hjälp av sina observationer upptäckte han att en naturlig och sund tävlan hjälper människor och skapar samtidigt en förutsättning för den fria individen. Han var av uppfattningen att en osynlig hand ledde människor i handel, liksom myror eller andra gruppvarelser, och ansåg att detta var naturligt för människor. Den fria marknaden innebär nämligen ett naturligt förtroende människor emellan. Smith börjar studera befolkningen och deras beteende i andra ekonomiska situationer och fördjupar sina studier vid Universitetet i Glasgow. Här uppskattas förnuft och en fri och öppen debatt och man motsätter sig auktoriteter. Adam Smith studerar moral och får gå på Oxford. Medkänsla blir en väldigt viktigt komponent i Adam Smiths teorier om bland annat framgång, samtidigt som att han oroar sig för de fattiga.

Enligt hans teori leder den fria marknaden också till ett naturligt utbyte av värderingar och moral. I denna naturliga ekonomiska miljö lär sig människan skillnaden mellan rätt och fel. Smith utvecklar sin teori från att gälla den enskilda individen till att handla om hela samhällets ekonomi. Han anser att myndigheter, bör ha en skyldighet gentemot folket, istället för makt och att auktoriteter som bestämmer över och flyttar runt människor är farliga, då dessa tror då att de är allvetande. Det bästa för alla är när enskilda människor får frihet, frihet att följa sina drömmar och utvecklas. Hans teorier om moral blir snabbt en succé och han får anhängare.

Han och hans anhängare anser att marknaden måste bli fri, inga statliga monopol eller oligarker som man finner i merkantilismen. De är nämligen av uppfattningen att samhällets välstånd skapas av medborgarna själva och inte av staten. Smith är emot merkantilism, monopol och de höga avgifterna som bönderna åbelagts av rika feodalherrar. Affärsmän brukar enbart vara intresserade av vinster vilket gör dem hänsynslösa och överdrivet tävlingsinriktade, och skapar monopol vilket i sin tur inte bara är dåligt för ekonomin, men också dåligt för folkmoralen då monopolägaren blir till förebild för den vanliga människan. Istället för våldsam revolutionen, tror Smith på en långsam, progressiv förändring. Han tycker vidare att arbetsbördan skall delas upp bland människor. Den som är mest kompetent får den uppgift där den specifika kompetensen eftersträvas.

Smith menar vidare att att den fria marknaden är autonom och drivs av naturen själv - bagaren gör bröd för att överleva. Det behövs ingen statlig inblandning, precis som under den gamla byteshandeln under forntiden. Därför menar han att styrsystemet eller regeringen behöver existera i lokalt eller regionalt regi - eftersom att staten faktiskt inte har mycket anknytning till, eller insyn i de dagliga skeenden befolkningen är med om. Adam Smith tror på naturlig frihet "The System of Natural Liberty" vilket innebär att människor alltid kommer att finna vägar att arbeta och samarbeta med varandra.[331]

Trots att han utpekas som kapitalismens fader och att kapitalismen har deplacerats till att bli ett högerladdat begrepp, var Smith emot monopol då monopol enligt honom lade grunden till att att pengarna hamnade i en enda persons ficka och bara ledde till ökad girighet. Giriga affärsmän som försöker skinna konsumenter skulle misslyckas - om konsumenterna fick vända sig till andra försäljare, menade Smith. Därför stävjar en fri marknad girighet och egoism - människan blir social, mindre girig och mindre egoistisk. Han ansåg inte att enbart adeln, som med arvsrätten behöll kapitalet i sina egna fickor, skulle få en möjlighet till förtjänst utan likaväl alla arbetande människor.

---

331 Dokumentär: The Real Adam Smith: Morality and Markets

> Laws and government may be considered in this
> and indeed in every case as a combination of
> the rich to oppress the poor, and to preserve
> to themselves the inequality of the goods.[332]

Det är inte hur mycket silver kungen kan få in i sin
skattkammare, det är hur välproducerade och välmående
hans folk är. Smiths teorier om fri marknad innebär att
andra folkslag inte är fienden utan utgör en möjlighet
till handel. I dessa tankar kan man troligtvis se ett
uttryck av den första antirasismen.

> Little else is requisite to carry a state to
> the highest degree of opulence, but peace,
> easy taxes a tolerable administration of
> justice; all the rest being brought about by
> the natural course of things.[333]

Adam Smith ansåg att East India Company var ett exempel
på en girig och osund organisation. I företaget fanns
det 70.000 soldater anställda, en hel armé, företaget
är mäktigt och har monopol över all handel med Indien.
De många tillgångar som hamnar i fickorna på ett fåtal
personer, skulle upplösas genom en fri marknad menade
Smith. Han var också starkt emot den massaker som sked-
de i Indien och hela kolonialsystemet som innebar att
England tog skatt från kolonier och Smith ansåg att man
skulle släppa kolonierna fria och uppmuntra fri marknad
även i koloniländerna. Adam Smith, som drevs av en
stark kraft att göra gott, blev sedan professor i mora-
lisk filosofi.

> ..the principle which prompts to save, is the
> desire of bettering our condition, a desire

332 Adam Smith, "Lectures on Jurisprudence" s208, 1978.

333 "We do not know if Smith actually wrote the above and presented a paper in
1755, as we can only see them quoted in Account of the "Life and Writings
of Adam Smith" by his student Dugald Stewart (1795). The original document
that Stewart saw was destroyed, and we only have Stewart's quoted words to
rely on." https://www.adamsmithworks.org/documents/tsang-1775-adam-smith-
1776-prequel

which comes with us from the womb, and never leaves us til we go into the grave. [334]

Enligt experter och ekonomiska forskare har man aldrig utövat Adam Smiths form av ekonomi i ett samhälle med en tillit till befolkningen, även fast vissa av hans teorier har förankring i det moderna samhället. En sådan ekonomisk form skulle ge människan ett förtroende: om staten ger individen frihet och skyddar dennes rättigheter, kan individen leva sitt liv och bestämma hur det ska utvecklas. Staten behöver inte göra saker för individen, den behöver bara sluta göra dåliga saker emot individen. Detta tankesätt innebär även att man tror på människors inneboende kompetens och potential. Utifrån Smiths teorier kan man förstå Jeffrey Tucker, den anarkistiske författaren när han säger att kapitalism - det är kärlek och att göra världen bättre.[335]

Enligt Anthony Sutton, en brittisk-amerikansk författare, forskare, ekonom och professor, stämmer det att storföretagen har svårt att klara sig utan statlig inblandning om de ska uppnå monopol. Det började redan under 1900-talet då monopolkapitalister, och merkantilister, ansåg att de inte kunde få till riktigt stora vinster inom den fria marknadens ramar och konkurrens laissez-faire samhällen. Det enda sättet att få ihop riktigt stort kapital är genom monopol – först driver man ut konkurrens och öppnar upp för ett statligt stöd och samarbete, så att man får det rätta skyddet för sitt kapital och företagande. Rätt tillvägagångssätt leder till en laglig monopol. Strategin beskrevs av Frederick C. Howe i hans biografi, "Confessions of a Monopolist".[336] Det existerar en starkt förankrad myt om att "oligarker" är ryssar eller oljeshejker som bara kan existera bland den ryska maffian. Detta stämmer

334 WN II iii.28, Adam Smith
335 Jeffrey Tucker anarkokapitalist, https://www.youtube.com/watch?v=8OZGhHp-WTSg
336 Frederic C. Howe "The Confessions of a Monopolist", 2022

inte. Det finns en stor mängd oligarker som genom olika metoder har förankrat oligopol och monopol i det västerländska samhället. Myten har istället uppstått genom arrangerad begreppsförvirring, eftersom västvärldens oligarker vill inte operera i det offentliga och vill hellre vara inkognito. Detta låter dem agera ostört och håller befolkningen i ovisshetens lugn, till skillnad från 1700-talets revolutionära strömningar. Förutom de makthavare som den allmänna opinionen känner till finns det många nivåer inom statsapparaten som inte opererar officiellt, exempelvis den Triaterala Kommissionen. Dessa byråkratiska instanser, är med och styr, men är inte "valda" i ordets rätta bemärkelse genom den demokratiska rösträtten. I en riktig demokrati, är det enbart ledare som blir valda av folket som kan styra landet och fatta beslut. I Nordkorea praktiseras det totalitära maktutövandet i det öppna, utan att vara dolt och staten är mer sanningsenlig med den maktobalans som råder mellan folket och makthavare. I väst praktiseras maktutövandet hellre bakom stängda ridåer vars agenda är dold. Man försöker istället manipulera väljarna så de förblir omedvetna om maktobalansen. Då uppstår det olika bilder av verkligheten - det som civilbefolkningen känner till och det som de inte känner till.

Enligt vad som är den rådande allmänna uppfattningen finns det en partipolitisk linje som går från vänster till höger, med nazism längst ut till höger, trots att denna linje är byggd på inkorrekt historisk presentation. En sådan linje blev endast möjlig efter det stora paradigmskiftet där man deplacerade National-Socialismen, från den vänstra sidan till den högra. På så vis har ett felaktigt narrativ byggts upp. Enligt professor Sutton stämmer höger vs vänster skalan - över huvud taget inte, den låser istället fast åsikter och intentioner. Resultatet blir att man saboterar den naturliga, fria politiska diskursen och all ny, ännu icke upptäckt

politisk ideologi. Om man avvisar denna politiska lin-
je, anses man av de instanser i vars intresse det lig-
ger att upprätthålla detta som oseriös eller att man
stödjer "konspirationsteorier". De socialistiska stor-
makterna har under lång tid haft ett intresse av att
Nazismen inte benämns som en från början socialistisk
ideologi – för att få fler väljare på sin sida. Även
sökmotorernas algoritmer utformar begreppen i enlighet
med det stora paradigmskiftet. Om man söker ordet "hö-
ger" på Youtube föreslår kanalen därefter nazistiskt
vinklade klipp.

> Efter ståndsrepresentationens slopande 1865
> framträdde   två   olika   meningsflockar:
> liberalerna   som   företrädde   städernas
> medelklass,   och   lantmännen   eller   de
> röstberättigade   bönderna.   Liberaler   och
> agrarer var inga egentliga partier, de var
> bara borgar- och bondestånden anpassade efter
> moderna parlamentariska former. Det första
> verkligt politiska partiet i Sverige, i den
> meningen att det propagerade vissa idéer och
> hade   ett   bestämt   program,   var
> socialdemokraterna som framträdde under 1800-
> talets sista decennium. I viss utsträckning
> behåller de än idag detta särkännemärke. De
> icke - socialistiska partierna är i
> realiteten bara intressegrupper eller klass-
> flockar, och på den grunden är ideologin i
> verkligheten vänsterns monopol.[337]

Diskursen och det fria tänkandet stramas åt genom "hö-
ger-vänster" begreppsdefinitionen och genom den vinkla-
de presentationen av historien. Man använder sig av ett
språk och definitioner som från början är laddade. Ge-
nom det uppstår en möjlighet att rikta de politiska
åsikterna åt ett visst håll. Systemet är uppbyggt så
att åsikterna är riktade emot varandra, så att "högern"

337 Roland Huntford, "Det Blinda Sverige" (The New Totalitarians), 1971

och "vänstern" alltid står i konflikt och aldrig kan enas, enligt Sutton.

> They financed and encouraged the growth of both philosophies (right & left) and controlled the outcome to a significant extent. This was aided by the "reductionist" in science, the opposite of historical "wholeness". By dividing science and learning into narrower and narrower segments, it became easier to control the whole through the parts.[338]
>
> Progress in the Hegelian state is through contrived conflict: the clash of opposites makes for progress. If you can control the opposites you dominate the nature of the outcome.[339]

Professor Anthony Sutton menar att det ligger i maktha-varnas intresse att få det att verka som om det handlar människor som vill ha individuell frihet (vänster-politik) mot människor som vill ha centraliserad makt (högerpolitik). På så vis hålls felaktiga föreställnin-gar vid liv. Kapitalister och den egentliga högern har nämligen genom historien aldrig strävat efter centrali-serad makt – vare sig politiskt eller ekonomiskt. Den fria marknaden för befolkningen är på inget sätt cent-rerad, som vi har sett hos Adam Smith. Det finns även en felaktig bild, från början skapad av Karl Marx och sedan upprätthållen av eliten, att kapitalister och marxister skulle vara fiender, vilket inte heller stäm-mer då revolutionära marxister och kapitalister på en högre nivå har under alla tider samarbetat till sina ömsesidiga fördelar. Genom arrangerad begreppsförvir-ring försöker man övertyga om att begreppen "monopol" och "kapitalism", är på samma sida – de hör till höger-

338 Antony C Sutton, "America's Secret Establishment: An Introduction to the Order of Skull & Bones", s 14, 1986
339 Ibid

politik, liksom "kapitalism" och "nazism". Egentligen
är de största företagen, monopolen, oligarkerna och den
socialistiska staten (med full statlig inblandning i
alla samhällets delar) - på samma sida. Dock är denna
allians ej synlig för allmänheten.

På grund av att många historiker och andra betydelse-
fulla akademiker som tjänstgjort vid institutionerna,
har haft socialistiskt eller marxistiskt färgade åsik-
ter, har den felaktiga föreställning att en allians -
bestående av en socialistisk regering och monopolistis-
ka storföretag inte är möjlig, fått leva vidare. Men
sanningen är att de statligt understödda storföretagen
är motståndare till den fria marknaden, eftersom att
konkurrens inte är önskvärt för dem. Rätt och slätt -
en totalitär socialistisk stat är den mest frodiga mil-
jön för de största korporationerna. Ett exempel på hur
stora företag vänder sig emot principen om den fria
marknaden och blir av med konkurrenter är följande:
Jeff Bezos förespråkar för höjning av minimilön på sitt
stora företag Amazon. Detta knuffar i sin tur hans kon-
kurrenter ut ur marknaden, då de, till skillnad från
honom inte kan betala högre löner. Detta får Bezos att
framstå i bättre dager och hans anställda blir rikare.
Att de andra konkurrerande företagen och småföretagen
går i konkurs och de anställda blir utan jobb är en
baksida som inte kommer fram. Det är inte någon ny me-
tod. Samma teknik använde sig Henry Ford av för att bli
av med konkurrerande biltillverkare.[340] Hur kommer glo-
balism in i bilden, den som både Rockefeller och de an-
dra storföretagarna förespråkar? Förutom att de kan la-
borera med komplicerade företagsregler, som de flesta
företag inte skulle klara av att uppfylla, höjer man
bestämmanderätten och ansvaret för det största kapita-

---

340 Dokumentär: Did Wall Street fund FDR, Hitler and the Bolsheviks? Looking
at Prof. Antony C Sutton's theory https://www.youtube.com/watch?
v=SnbFpR1m0zA&t=1602s

let och de viktigaste globala frågorna – ovanför befol-
kningens huvuden. Alltså tvärtemot vad Adam Smith under
sin tid ville uppnå.

Denna globalism eller internationalism bygger vidare
på samarbete mellan socialism och monopolism då det ge-
mensamma målet är att få en mer centraliserad stat och
makt - båda vinner på detta. Vinst för monopolister och
finansiellt stöd för regeringen. Det sista bankerna,
politikerna och makthavarna vill ha är decentraliserad
makt då de då skulle bli av med sin makt.

Tom McDonalds "Brainwashed"

Step one, train the people only to consume

Step two, infiltrate adults with the news

Step three, indoctrinate the children through the
schools

And the music and the apps on the phones that they use

Step four, separate the right from the left

Step five, separate the white from the black

Step six, separate the rich from the poor

Use religion and equality to separate 'em more

Step seven, fabricate a problem made of lies

Step eight, put it on the news every night

Step nine, when people start to fight and divide

Take control, this is called "situational design"

Bernays, Freud och eliten

I Wien pågår strax före andra världskriget en kris och
Freud vänder sig till sin rike och berömde släkting Ed-
ward Bernays för hjälp. Denne ordnar en kampanj så att
Freuds arbeten för första gången publiceras i USA. Ed-
ward ser till att böckerna blir kontroversiella och att

det blir känt att böckerna handlar om sex. Freud blir accepterad och mer än det – hans teorier blir en succé.

Freud hamnar dock i ett tillstånd av en långvarig depression och hans nya verk får en pessimistisk karaktär. I sin nya bok skriver han att människan är ett släkte av dålig karaktär och i och med det - oföränderlig. Hon är enligt Freud både omoralisk och sadistisk till sin natur. Allt publiceras och blir enormt populärt bland dåtidens intelligentia, journalister och politiker. Bilden väcker både fascination och rädsla. Den väcker tanken att människor är kapabla till att bilda en mobb och tillintetgöra regeringar och associationerna går till den ryska revolutionen. Människan anses inte längre vara kapabel att ta egna beslut i en demokrati. Walter Lippmann, en av västerlandets största politiska tänkarna, inspireras av Freud och skriver att om människan, som Freud beskriver henne, drivs av irrationella krafter på ett omedvetet plan, måste man tänka om demokrati – helt och hållet. Det behövs en ny elit, enligt Lippmann som kan stävja och styra de vilda massorna. Detta kan enligt honom göras genom psykologisk teknik som kan kontrollera omedvetna känslor. Walter Lippmann, en av Amerikas mest inflytelserika politiska tänkare skriver, liksom Freud, att massornas grundtillstånd är irrationalitet och att människor inte är drivna av sitt tänkande utan av sina djuriska instinkter som tillsammans med många omedvetna instinktiva begär, lurar under civilisationens mantel. Dessa idéer får med sig dåtida politiker som börjar söka efter psykologisk kunskap för att förstå hur allmänhetens psyke fungerar. Med ett enda mål - att förstå hur man ska applicera den nya psykologiska teorin på strategier för social kontroll.

Edward Bernays blir i sin tur väldigt fascinerad av Lippmanns argument och skriver böcker där han införlivar Lippmanns teorier. Genom att först stimulera människans inre begär och sedan tillfredsställa dem med produkter skapade man nya vägar till att kontrollera de irrationella massornas drifter. På så sätt "lugnar" man massorna. Bernays kallar det "medgivandets ingenjörskonst". Han har inget emot demokrati, men tror samtidigt att människor inte är tillräckligt pålitliga i sitt omdöme - de skulle kunna rösta på fel politisk kandidat eller välja fel produkter. Därför anser han att de måste bli guidade ovanifrån. Om man kan tränga in i människans djupaste begär, önskningar och rädslor kan detta sedan användas i olika syften.

The conscious and intelligent manipulation of the organized habits and opinions of the masses is an important element in democratic society.[341]

1928 kommer Herbert Hoover till makten, den första presidenten som fullt ut anammar Bernays teorier om att konsumtion ska bli den centrala motorn för landet Amerika. Efter att han vinner valet anställs en grupp PR-konsulter, som för statens räkning får instruktioner att locka fram och skapa begär. Befolkningen skulle förändras till konsumerande lyckomaskiner som ständigt var i rörelse. Detta skulle bli den stora nyckeln till ekonomisk framgång i samhället.

En ny syn föds - massdemokrati skulle i sitt hjärta ha ett konsumerande jag som skulle stabilisera ekonomin och vara gladlynt och lätt att samarbeta med (istället för den irrationella vilden som Freud varnade för). Liksom Julius Caesar under romarriket, vill Bernays och Lippmann göra människor glada - och därmed mer lättstyrda. Demokratins grundsyn, som egentligen var till för att jämnfördela maktrelationer i världen - omformuleras och befästs istället i en ny, helt förvrängd version genom Lippmanns, Freuds och Bernays teorier.

341 Edward L Bernays, "Propaganda", sid 9, 1928

211

Edward Bernays tillhör nu en ny elit, bestående av politiker, societet och nyrika storföretagsägare, som dominerar Amerikansk politik och samhälle under 1920-talet. Han blir oerhört rik och bor i en svit på ett femstjärningt hotell och har ständiga fester och sammankomster för politiker, mäktiga företagsledare och filmstjärnor. Han etablerar många kontakter.

Trots all framgång uttrycker han i det privata att människor är - dumma och lättlurade.[342] Samma nedvärderande ord använder han även om folkmassorna. Men framgången varar inte länge och det som stävjar hans framfart är den största börskraschen i världshistorien. Miljoner konsumenter, som Bernays arbetar så hårt för att övertyga, slutar plötsligt att handla. Arbetslösheten breder ut sig. I krisens Europa påbörjar civilbefolkningens kamp för överlevnad.

Freud som befinner sig i alperna för att bota cancer i käken, skriver att civilisationen inte är ett uttryck för mänsklig framgång utan konstruerad för att kontrollera de farliga djuriska drifterna hos människor Han menar att människan aldrig får uttrycka sig fritt utan måste alltid bli kontrollerad. Ett par hundra mil bort anser även Hitler att demokrati är farligt då människor enligt honom inte går att lita på. När National-Socialisterna tar över Tyskland är ett av deras första steg att ta kontroll över företagen och göra dem statligt ägda. Även National-Socialisterna börjar fokusera på folkmassornas känslor med skillnaden att man istället för att sträva efter ett konsumtionssamhälle, kanaliserar tekniken för att få en enad Socialistisk stat. Goebbles organiserar event med målet att det tyska folkets känslor, tankar och begär skulle enas och bli ett. Hans största inspiration var - Edward Bernays.[343]

342 Dokumentär: The Century of the Self 2002 British television documentary series by filmmaker Adam Curtis, Bernays dotter, Anne bernays Interview
343 https://www.historytoday.com/miscellanies/original-influencer

While Bernays has been lauded as the "father
of public relations" and "the PR profession's
first philosopher and intellectual", Goebbels
is remembered as a "master manipulator",
"probably the most overt and arguably the
most important, exponent of propaganda in
history".[344]

Goebbels blir senare i historieböckerna porträtterad
som en skurk för sitt propagandaarbete i det tyska ri-
ket, medan Bernays istället får epitetet som "Father of
Public Relations" - trots att deras syn på hur männis-
kor bör utnyttjas genom propaganda, reklam och PR är
väldigt lika.

If you tell a lie big enough and keep
repeating it, people will eventually come to
believe it. The lie can be maintained only
for such time as the State can shield the
people from the political, economic and/or
military consequences of the lie. It thus
becomes vitally important for the State to
use all of its powers to repress dissent, for
the truth is the mortal enemy of the lie, and
thus by extension, the truth is the greatest
enemy of the State. — Joseph Goebbles[345]

I USA pågår samtidigt våldsamma upplopp. Miljoner ar-
betslösa demonstrerar ute på gatorna. 1932 väljs en ny
president - Franklin D. Roosevelt, som vill hitta en
nytt sätt att ta itu med de arga massorna. Han samlar
nya rådgivare, experter och PR-konsulter som startar
statliga projekt, för att lugna massorna. Roosevelt är
övertygad om, efter Börskraschens misslyckande, att den
fria marknaden inte kan bli verklighet och att staten,
liksom i Tyskland, istället måste styra ekonomin. Före-

344 Kerrie Milburn "Bernays and Goebbels: The strange case of Dr Jekyll and Mr
    Hyde", 2023
345 https://www.jewishvirtuallibrary.org/joseph-goebbels-on-the-quot-big-lie-
    quot

tagsledarna och eliten vill dock till en början inte
släppa makten. I början ser man statligt kontrollerade
företag, som en nackdel. När man sedan inser att man
inte kan bli fri från statlig makt, beslutar man sig
för att använda det till sin fördel - och bli ett med
staten.

Storföretagen på Wall Street går ut med en ny PR-kam-
panj där man tar saken i egna händer. I samband med en
PR-kampanj påstår man att det är de stora korporatio-
nerna, inte politikerna, som har byggt upp det moderna
Amerika. Man arbetar hårt för att få ut sin kampanj i
medierna, gärna på så många sidor i tidningarna som
möjligt. Nu multipliceras Bernays arbete och en stor
mängd kända firmor arbetar med det nya verktyget - PR.
Bland namnen finns Rockefeller och General motors – två
av de största företagen i västerlandet. Regeringen vill
stävja denna konflikt och går med på ett samarbete.

En stor gala, som är en del av PR-kampanjen som Ber-
nays är ansvarig för, har som mål är att länka ihop de-
mokrati, politik och storföretagande. Alla ur etablis-
semanget, kändisar och politiker är bjudna. General mo-
tors bidrar med en miniatyrmodell av en stad. Under ga-
lan försöker man visa vilka fördelar som uppstår ifall
socialism/demokrati ingår ett samarbete med företagan-
de/konsumtion. Det nya samhället ska vara gränslöst,
med nya vägar och innovationer och ska fungera på en
global nivå - ett "Världssamhälle". En ny världsdemo-
krati där företagare och eliten skulle svara mot män-
niskors innersta begär och människans roll i detta uto-
piska samhälle är den lyckliga konsumenten. En sådan
människosyn sätter inte mer värde på människan än bos-
kap. Men politiker blir under galan slutligen övertyga-
de och Wall-Street och makthavare enas i ett samarbete
- en gång för alla.[346]

Andra världskrigets utbrott förändrar händelseut-

346 Dokumentär: The Century of the Self 2002 British television documentary
series by filmmaker Adam Curtis

vecklingen. Freud lyckas år 1938 genom sina kontakter fly till London men dör tre veckor efter, omskött av sin dotter och arvtagerska - Anna Freud. Eliten får genom nazist-tyskarnas barbarism bekräftat att Freuds teorier - är sanna. Detta blir beviset på att människan inte är att lita på, och politiker söker ytterligare vägar att kontrollera massorna. Man börjar ta Bernays och Freuds idéer på allvar och börjar mass-införliva dem i samhället - genom företag, samhällsinformation, regering och CIA för att på så vis utveckla ett allomfattande system som kan hantera civilbefolkningen. Det de inte tar i beaktande är att de har att göra med en kokainists idéer. Sigmund Freud hade nämligen under en stor del av sitt liv utvecklat ett beroende till kokain. - På så vis får en kokainist förtroendet att influera en hel nation om inte hela världen.

I Tyskland påbörjas avnazifieringen med hjälp av "ideologisk subversion", men även i resten av västerlandet vill man ha en människa som kan internalisera demokratiska värden. Genom psykoanalysen, den nya metoden, tror man att man kan öppna upp människans psyke och hjälpa henne att upprätthålla demokratiska värderingar. Anna Freud får nu fortsätta den bortgångne Sigmund Freuds arbete - som huvudansvarig för världens center för psykologi. Hon har till uppdrag att lära upp och "träna" människor till att hålla sina djuriska drifter i schack. Anna och hennes kollegor erbjuder psykologiska tekniker för att skapa dessa "nya" människor. Hon övar på en bekants barn, ett fall som döps till "The Birmingham Children"[347]. Projektet går ut på att lära dessa barn att anpassa sig till samhällets regler så att de samtidigt underkastar sig auktoriteter. Det handlar om mer än bara "moralisk" guidning. Teorin går ut på att om barnen följer reglerna för det acceptabla, inom sam-

347 Dokumentär: The Century of the Self 2002 British television documentary series by filmmaker Adam Curtis

hällets normer, kommer de som vuxna att bli välanpassa-
de, lyckliga och kunna kontrollera sig. Men om de inte
kan underkasta sig, kan de bli offer för de omedvetna
irrationella drifterna. Vad man då inte visste var att
detta experiment skulle tjäna som underlag för tusen-
tals institutioner i USA – genom den amerikanska rege-
ringen. Utifrån detta utvecklades nämligen år 1946 "Na-
tional Mental Health Act" – ett stort nationellt
hälsoprogram. Man skulle ta itu med det hot som Freud
såg inför sig, på ett storskaligt vis. Stora pengar la-
des på att utbilda psykologer. Många kliniker öppnades
och psykologerna skulle hjälpa människor att underkasta
sig samhällets och familjelivets normer och kontrollera
de farliga känslorna.

För att få Amerika att fungera som ett välståndssam-
hälle blev det nödvändigt att använda psykologiska te-
kniker för att kontrollera massirrationaliteten. Skulle
man lämna medborgarna till sig själva skulle de inte
kunna leva i en demokrati och därför var en en styrande
makt eller en elit också nödvändig. Makthavarna ansåg
inte att man på så vis underminerade medborgarnas ka-
pacitet – tvärtom tyckte man att man på det sättet säk-
rade demokratins fortlevnad.

Anna Freud och hennes kollegor hade lyckats med att nå
ut i världen. Dock hade experimentbarnen, "Birmingham
Children" inte alls blivit välanpassade vuxna, trots
all terapi. De hade blivit alkoholiserade och skilt sig
och hade fått mentala problem.[348] Eftersom de ansågs
vara världens levande bevis för att psykoanalysen fun-
gerade, höll man tyst om det verkliga resultatet. Nyhe-
ten om deras öden fick inte komma ut. Politiskt och ve-
tenskapligt blev Anna Freuds teorier mer och mer inför-
livade i samhället och det blev svårare att erkänna att

---

348 Dokumentär: The Century of the Self 2002 British television documentary
     series by filmmaker Adam Curtis

något inte stämde. Och Freudfamiljens inflytande, in-
klusive Edward Bernays, skulle bara bli större.

Voddie UTII: You just ave to understand the
spirit of the age. Marx is doing the science
of economics. Freud, the science of
psychology. Darwin is operationg within the
realm of biology. [349]

Anna Freuds idéer togs vidare till underrättelsetjäns-
ten. CIA börjar utföra hemliga experiment i syfte att
komma åt och kontrollera människornas innersta, enligt
Dr Jake Gittinger chefspsykolog i CIA under åren 1950-
74.[350] Man experimenterar med att omprogrammera männis-
kor till ett önskat resultatet. Och projektet blev fin-
ansierat. Flera miljoner betalades ut till ett flertal
universitet för att kunna bedriva den hemliga forsknin-
gen. Experimenten fokuserade bland annat på minnet,
elektroterapi, läkemedel, och bedrevs även i större
skalor på mentalsjukhus.

Det nya psykologiska perspektivet hade nu blivit oum-
bärligt; man ansåg att psykologer skulle finnas med vid
varje regeringsinstans för att rådgöra med politiker.
Dock fanns det kritiker som ansåg att man genom Bernays
och Freuds metoder kontrollerade människor istället för
att hjälpa dem, att man gjorde allt i maktsyfte och att
man skapade "dockor" som ständigt levde efter nya begär
och behov, vilket omyndigförklarade människorna och
förvandlade dem till barn. Man ansåg att det handlade
om makt som var korrumperad och använd i fel syfte. Att
tvinga människor att välja det önskvärda var inte demo-
krati. Debatten om obalansen mellan stat och individ
var mer öppen och fri under den tiden än vad den är
idag. Sedan försvann nämligen denna typ av debatt och

---

349 Dokumentär: Uncle Tom II: An American Odyssey,2022, Voddie
350 Dokumentär: The Century of the Self 2002 British television documentary
    series by filmmaker Adam Curtis

den fria möjligheten att kritisera, under en välpolerad
yta.

Studentrevolten som stävjades

Ett revolutionsförsök gjordes under 1960-talet där män-
niskor försökte frigöra sig från samhällets bojor. Unga
och studenter var emot hjärntvätten och konsumtionssam-
hället och protesterna tog över gator och torg. Några
av grupperna genomförde till och med bombattacker mot
flera av storföretagen. Revolutionsvågen var av en se-
riös karaktär och tonåringar, hippies och studenter ar-
betade med att frigöra människan och samhället från det
de ansåg vara statlig kontroll. Det personliga blev
till det politiska. Kunde man förändra sig själv, kunde
man också förändra världen.

Studenterna betedde sig inte som den typiska, förut-
sägbara konsumenten. Inom näringslivet såg man det som
ett stort problem. Säljarsiffrorna hade gått ner, radi-
kalt. Den nya, upproriska generationen köpte inte liv-
försäkring. Kunder som köper livförsäkring tänker på
framtiden och lever inte lika mycket i nuet. Wall
Street befann sig i en kris. För storföretagen blev
lösningen att återigen anlita psykologer och genom ob-
servationer, intervjuer och statistiska undersökningar,
följa och studera den nya generationen. Kläder, bilar,
allt skulle nu bli format efter den "nya" konsumenten.
Detta skedde emot den nya generationens vilja - de
ville inte bli intervjuade, observerade eller manipu-
lerade. Storföretagen gav inte upp utan fortsatte med
sin forskning och försökte gång på gång förstå deras
språk och musiken de lyssnade på. All statistik regist-
rerades i syfte av att skapa en ny bild av den nya kon-
sumenten.[351]
Stanford Research Institute vid California Universitet,
ett av instituten som under denna tid forskade om psy-

351 Dokumentär: The Century of the Self 2002 British television documentary
series by filmmaker Adam Curtis

kologi och påverkan, samarbetade med både företag, politiker och försvarsmakten. Man ville kunna tillfredsställa den nya generationens begär och rädda den ekonomiska tillväxten. Man lyckades till slut identifiera även hippiernas livsstil och värderingar. Man började dela in människor i grupper, baserat på värderingar, önskemål, behov och begär. Därefter kategoriserades statistiken för att rätt målgrupp skulle paras ihop med rätt företag, så att företagen skulle veta vilka de skulle vända sig mot i reklam och tidningar. Människor delades in i sportintresserade, intellektuella, föräldrar, barn och så vidare. Detta var början på "livsstilsmarketing", ett koncept som följde med ända in i 2000-talet. Till slut lyckades företagen att fånga även Hippie-generationen på kroken - efter sin enträgna forskning visste de vad dessa ungdomar önskade, tänkte, var de bodde och hur de ville leva sitt liv. Man kopplade Maslows behovstrappa och självaktualisering till statusprodukter.

I sina försök att snärja och involvera nya målgrupper började man använda ord i reklam som appellerade till de unga som var på väg att självaktualisera sig. De skrivna och sagda orden blev nu ett verktyg för multiföretag och den arrangerade begreppsförvirringen växte. Genom undersökningar anpassade man reklamfraser till klass, ålder och kön – för att göra produkterna mer appellerande. Så blev även revolutionärerna anpassade till konsumtion. När man inte kunde ändra hippie-generationen, lät man dem istället vara fria, samtidigt som att man tillverkade produkter de begärde och inte kunde vara utan. Wall Street krisen var löst.

Försäljningssiffrorna exploderade liksom efterfrågan. Att producera samma slags produkter var enkelt, då det handlade om "masstillverkning" via automatiserade, robotstyrda fabriker. Individuella produkter, som tilltalade *olika* typer av konsumenter, var mycket svårare att producera. Därför flyttades produktionen över till andra delar av världen där arbetskraften var billig och fabrikerna fortfarande drevs av mänsklig arbetskraft. På så vis höll man vissa länder kvar i industrialismens ålder.

Istället för att *skapa* sin egen identitet och därmed *förändra* världen skulle ungdomarna nu "köpa" en identitet. Konsumtionen hade inte längre några gränser. Den nya människan kände sig friare än någonsin förr men blev samtidigt mer beroende av att upprätthålla sin identitet med hjälp av varuhusen. Fokus flyttades från samhällsrevolt och den förändrande kraften – till att skapa och omskapa den egna identitet med hjälp av pengar, samtidigt som den "rebelliska" andan låg kvar, men hade manipulerats skickligt till att istället uttryckas genom ett par jeans. Företagen förstod nu att konsumenternas självständighet inte var ett hot utan helt enkelt ännu en möjlighet – för dem själva.

Denna typ av intrång i mänsklig kultur, särskilt i olika ungdomskulturer har sedan dess expanderat kraftigt under 1900- och 2000 talen. När en ny kultur föds bland människor eller ungdomar, en kultur som uppstår "naturligt" ur folkkulturen, till exempel en ny musikstil eller ett klädmode, är företagen där direkt och tar över eller "kapar" kulturen – för att kunna sälja mer produkter. När korporationerna kapar en kultur, genom att själva börja producera musiken eller tillverka plagget i fråga, påbörjas en psykologisk process mellan konsument och företag med målet att öka konsumtionen. Till detta uppdrag finns det numera särskilda yrken som kallas "trendspanare" eller "omvärldsbevakare". Ett sådant företag som arbetar med att leta efter kulturfrön som uppstår naturligt bland människor eller ungdomar, och sedan sälja dessa till storföretag och oligarker skriver på följande vis på sin webbsida:

Guiding our work is our proprietary Purpose-Driven Innovation (PDI) methodology: a core analytical framework that turns trends into meaningful business opportunities. It's designed to guide professionals and the wider world in both identifying and acting on them. We've embarked on an exciting multi-year journey to assist future-focused business professionals in every possible way to identify and run with meaningful business opportunities.[352]

När en kultur som uppstår på naturlig väg används för syftet att uppnå ekonomisk makt, genom exempelvis manipulation ovanifrån eller påverkan, genom reklam och medier - så kvävs de naturliga drivkrafterna i samma kulturen. De konstlade skikten gör att den moderna människan blir oförmögen att leva ut sin autentiska kultur utan blir gång på gång fråntagen denna rättighet. En naturlig kulturutveckling avbryts och kapas ständigt av elit, media och storföretagare. Man kapar kulturrörelser och ersätter dem med konsumtion, precis som man köper och säljer av konkursbolag.

352 https://www.trendwatching.com/careers

En ny typ av politisk klass växer fram

Don't tempt me Frodo. Understand that I would
use this Ring from a desire to do good. But
through me... it would wield a power too
great and terrible to imagine. [353]

Under historiens gång har det funnits ett flertal ens-
kilda individer samt organiserade grupper som har
strävat efter förändring och utveckling. De politiskt
aktiva, särskilt de som var aktiva under 1960- och
1970-talen hade en anda av aktivism och ett verkligt
företagande när det kom till att organisera sig
politiskt och skapa gemenskap. Man visste hur man skul-
le gå från ord till handling; att skrida till verket.

Hur många källarlokaler fylldes inte av engagerade
hippies och två årtionden senare lika engagerade punka-
re för att diskutera politik, sammansvetsa sig och de-
monstrera mot orättvisor? Där det tisslades och tassla-
des om den makthungriga staten och en riktig glöd
blossade upp i många unga människors hjärtan. Man våga-
de gå ut och demonstrera och man vågade att protestera.
Man tog inte det staten sade för sanning och svalde det
inte så lätt; istället ville man tänka själv och odla
sina egna åsikter.

Denna glöd lyser numera med sin frånvaro i Sverige och
i resten av västvärlden. Glöden har blivit kapad och
kanaliserad av statsmakter och storföretag – in i kon-
sumtionssamhällets dova, ändlösa ekorrhjul. Jämför man
revolutionärerna som en gång bar glöden vid barrikader-
na under 1960, -70, -80 och -90-talen, med nutidens
politiskt engagerade bland det vuxna etablissemanget,
kan skillnaden inte bli större. Kulturarbetarna som

353 Gandalf, Lord of the Rings, 2001

223

hörs i den nutida politiska debatten har växt upp med medelklassföräldrar och fått allting serverat på silverfat – under en tid då Sverige i viss mening hade det som bäst – för att sedan direkt gå till universitet, där de blivit insövda i gängse ooriginella politiska idéer. Dessa idéer har ofta stannat vid ett teoretiskt engagemang och efter flera år av rosa drömmar om social rättvisa, har man underlåtit att agera på det; istället låter man medelklasstendenser, bekvämlighet och de egna behoven vakna till liv när vuxendomen blir ett faktum. Den generation som här beskrivs, som växte upp under 2000-talet, är en av de köpstarkaste generationerna som har existerat genom tiderna.

> How has this unfavorable relation of forces come about? How did the West decline from its triumphal march to its present sickness? Have there been fatal turns and losses of direction in its development? It does not seem so. The West kept advancing socially in accordance with its proclaimed intentions, with the help of brilliant technological progress. And all of a sudden it found itself in its present state of weakness.[354]

Samtidigt som den gamla vänsterns motståndsrörelser under 2000-talet har minskat, har en ny typ av politisk klass vuxit fram. I nästa kapitel ska det beskrivas hur marxismen gick från nyfödd 1800-tals kommunism till 2000-talets WOKE-kultur och på vilket sätt det marxistiska arvet utnyttjas i modern tid.

Marxism då

Vem var då Karl Marx? Denne tänkare och inspiratör som har lyckats influera hela världspolitiken i över ett helt sekel? Marx föddes 1818, kom från en välbärgad

---

354 Alexander Solzjenitsyn, "A World Split Apart", 8 June 1978, Harvard
    University

överklassfamilj och hade en under de rådande tiderna en idyllisk barndom med en gedigen bourgeoisie-utbildning. Hans fader stöttade franska revolutionen, vilket inspirerade Marx att bli revolutionär - trots överklassens rädsla för ytterligare revolter och blodiga räder i kölvattnet av den franska revolutionen. Som det var brukligt för överklassen, studerade Karl Marx på Universitet i Lyon. Tyvärr hamnade den hetlevrade Marx i dueller och slagsmål efter slagsmål med den unga aristokratin och kom därför i fängelse. På grund av eskapaderna, sade fadern att han fick lov att flytta till Berlin.

Där fortsatte han att skapa provokationer. Framförallt kritiserade han staten och då makthavarna i Berlin inte tolererade motstånd fick han inte heller studera vidare. Han flyttade återigen, och denna gång instiftade han i Köln "Neue Reihnische Zeitung", en tidning, som blev känd för sin arga och sarkastiska ton, vars debattartiklar attackerade den gamla aristokratin. Marx började vinna popularitet i samband med detta och började samtidigt intressera sig för vinhandlare som hade gått i konkurs och ville komma till tals. Dessa odlare skyllde sina missförhållanden på staten och Marx publicerade hur de inte fick den frihet de hade rätt till. De regerande makterna stängde nu ner hans tidning. Hans rykte ökade och han blev nu ökänd för sina idéer. De politiska omständigheterna tvingade honom till landsflykt och han flydde återigen, denna gång till Paris år 1843. Här fick han inspiration och en upplevelse av att den Franska revolutionen aldrig riktigt hade begravts.

I Paris svämmar det över av anarkister och kommunister. Hans fru, som snällt hade flyttat med fick, för att vara dotter till en baron och tillhöra bourgeoisien, en lägre livsstandard. Här, i Paris, upptäcker Marx att en del av samhällsproblemet är statens ekonomi och produktivitet och att arbetarna i fabrikerna bara ges repetitiva uppgifter, sådant som mänskligheten egentligen inte är ämnade att göra. Han upptäcker också att både arbetarna och kapitalisterna är övertagna av högre, elitistiska makter. Marx träffar Engels som arbetar som överintendent vid en textilfabrik som hans fader äger. Där skaffar den välställda Engels en älskarinna som visar honom slummen och det hårda arbetarlivet. Marx och Engels börjar samarbeta men kommer inte särskilt långt förrän Marx återigen blir utslängd från Frankrike. I det nya hemlandet i Bryssel återförenas de och bildar en kommunistisk organisation.

I Bryssel skriver de också ett av sina berömda verk, "Das Kapital". På grund av den kritik Marx riktar mot staten och hans kopiösa drickande på köpet, blir han gripen och tvingas till landsflykt igen. Nu hopar sig problemen, han dricker desto mer och skriver i total fattigdom. Hans fru och barn kämpar för sin överlevnad i slummen och familjen pantsätter alla sina ägodelar. Dessutom gör Marx sin hushållerska gravid, vilket bara förvärrar krisen. Hans egna barn förgås av misären och dör i sjukdom och svält, ett efter ett. Engels tröttnar dessutom på deras arbete och åker tillbaka till sin välbärgade fader och det bourgeoisie liv där han har det som mest gott ställt.

Denna "Vänstern" som man idag anser att Marx kämpade för, uppstår i egentlig mening för första gången år 1789, när kung Ludvig XIV av Frankrike sammankallar sin nationalförsamling. Adeln och präster hamnar på höger sida av kungen och borgare på den mindre hedersamma vänstersidan. Borgarna genomför strax därefter en borgarrevolution och arbetarna genomför den socialistiska revolutionen och det är denna Frankrikes revolutionära tradition som Marx och Engels tar tillvara på. Den marxistiska ideologin kallas från början för "vetenskaplig socialism" eftersom socialism och marxism anses vara så lika varandra.

Marx and Engels drew from these socialist or communist ideas born in the French revolution, as well as from the German philosophy of Georg Wilhelm Friedrich Hegel, and British political economy, particularly that of Adam Smith and David Ricardo. Marx and Engels developed a body of ideas which they called scientific socialism, more commonly called Marxism. Marxism comprised a theory of history (historical materialism), a critique of political economy, as well as a political, and philosophical theory.[355]

I början talar Marx och Engels inte om vänstern och det gör inte heller Lenin; man ser ner på vänstern och utmålar dem som ett dåligt exempel. Trots det åberopade vänstern Marx och Engels homogent som sina förebilder och lyfte ett arv från dem. Istället för att överta Marx och Engels idéer rakt av, missförstod man dem på vänster sida. Marx ansåg till exempel att kapitalism måste bära den proletära revolutionen och Marx och Engels ansåg att kommunism endast bör uppstå i samhällen med en stark, borgerlig ekonomi. Revolutionen bryter inte ut i de borgerliga länderna, i motsats till vad Marx och Engels önskar befolkningen. Den första revolutionen bryter ut i ett kapitalstarkt dock imperialistiskt Ryssland. Den utbredda ryska bondeklassen som inte får någon roll i det kommunistiska samhället – förpassas till svält. Lenin måste därför tolka om den marxistiska teorin tillsammans med Trotskij och Stalin för att den ska fungera. Den nya "Leninismen" erbjuder en antikapitalistisk, antivästlig revolution där den traditionella västerländska kulturen och kapitalism förväxlas och blir ett. I kölvattnet av detta förstärks iden om att bekämpa den västerländska kulturen och de västerländska traditionerna. De intellektuella "leninisterna" ska "skänka" denna förvandlade marxistiska

355 Jean Jaurés "A Socialist History of the French Revolution", 2022

teori till arbetarklassen genom en frälsarmission. "Kapitalet" och Marx kan på grund av språket nämligen bara läsas av intellektuella akademiker.

Ytterligare en aspekt som vänstern missförstår hos Marx och Engels, är deras teori om att utveckling bara kan ske i ett världsomspännande perspektiv, under en världsmarknad där kolonialismen hyllas som något progressivt. Marx och Engels var alltså för kolonialism. Samtidigt kritiserar Marx och Engels religionen och denna kritik omvandlar Marx till en kritik av samhället och de politiska strukturerna. Samhället och verkligheten som människan lever i, är enligt Marx, förvrängd. Han menar att människan behöver frigöra sig från samhällets bojor för att kunna förverkliga sig själv, annars blir hon världsfrånvänd och utnyttjad av feodalherrarna. Även den västerländska kunskapstraditionen, som föds i den kyrkliga miljön (varför äldre lärosäten i England ser ut som katedraler, däribland i filmen Harry Potter), och har en lång historia måste således förnyas. För att omvandla teori från ide till verklighet menar Marx att proletariatet behöver göra en revolution mot samhället, bidra till världsordningens upplösning och avskaffa allt privat ägande. Han ser även konsumtion som något onyttigt.

I *Das Kapital* ("Kapitalet"), Marx´s *magnum opus* vars först del som gavs ut 1867, kom liknande tankar till uttryck i teorin om "varufetischismen". Under kapitalismen produceras varor inte på grund av sitt bruksvärde utan på grund av sitt bytesvärde. Deras konkreta naturliga egenskaper blir oviktiga. Det viktiga blir att de kan bytas mot pengar. Den abstrakta egenskapen, bytesvärdet på marknaden, blir avgörande, varorna blir fetischer som dyrkas på grund av sin inneboende kraft. Den kapitalistiska ekonomin ter sig för Marx som ett abstraktionernas regemente. Ekonomin blir den nya mystiken, den nya religionen.[356]

En stor del av modern politik bygger på Karl Marx teorier från 1800-talet. Fenomenet, att använda sig av gammal politisk ideologi som är över ett sekel gammal, är inte bara konservativt utan kan anses vara kraftigt förlegat. Dåtidens politiska situation skiljer sig avsevärt från den samhällsstruktur vi lever i nu. Då var människor fast i ett verkligt förtyck på ett helt annat sätt, särskilt de mindre bemedlade klasserna. Ute på gatorna fanns det fullt av hemlösa, bland dem många barn, tills att man stiftade en barnavård och barnhem. Sjukdom och nöd och osanitära förhållanden var vanligt och den förväntade livsåldern bland befolkningen var mycket låg. Behovet av en radikal förändring var enormt. En stor del av befolkningen led, både fysiskt och psykiskt, på en helt annan nivå än vad människor i väst gör idag. Marxismens teorier används idag som om vi levde och led som man gjorde under 1800-talet. Ideologin har förvisso hittat nya vägar och former men så länge grunden används kan inte den mänskliga politiska utvecklingen gå vidare.

Enligt Karl Marx berodde en del av denna misär på religionen; han ville istället skapa en religion som skulle överträffa alla andra religioner och ge människan tillbaks hennes individualitet. Han separerade klasserna i två, de som har och de som inte har.[357] Dock ville han att arbetarklasserna skulle använda sig av våld för att få till en förändring, för att rättvisa skulle skipas. Att Marx själv inte levde som han lärde, med hemliga älskarinnor och en oäkta son som han inte ville kännas vid för att inte skymfa sitt rykte, måste nog tillskrivas dåtidens barska verklighet. Trots sitt egna leverne och sina blodtörstiga teorier inspirerade han en stor del av världen, även den kinesiska rege-

356 Svante Nordin, "Filosofins historia", 2017, sid 479
357 James Lindsay | WOKE Culture HAS NOT Gone Too Far - 6/8 | Oxford Union

ringen i Asien. I det Kommunistiska Manifestet står det att läsa:

In short, the Communists everywhere support every revolutionary movement against the existing social and political order of things.

In all these movements, they bring to the front, as the leading question in each, the property question, no matter what its degree of development at the time.

Finally, they labour everywhere for the union and agreement of the democratic parties of all countries.

The Communists disdain to conceal their views and aims. They openly declare that their ends can be attained only by the forcible overthrow of all existing social conditions. Let the ruling classes tremble at a Communistic revolution.[358]

I Kina bildas ett kommunistiskt parti år 1921, ungefär samtidigt med de kommunistiska partiernas bildande i Europa och USA. Mao Dzedung som blir partiledare låter sig inspireras av Karl Marx när han skapar ett nytt politiskt klassystem i Kina. Han förnyar Marx teori om klassindelning och instiftar istället olika identiteter som befolkningen ska delas in i. Instiftandet av det kinesiska marxistiska kastsystemet kräver att man först, genom PR-kampanjer och politiskt inflytande, skapar en längtan efter gemenskap, hos massorna. Projektet saboteras till en början av den egna regimen för att gemenskapen ska "misslyckas" och ge upphov till en ännu större längtan. Därefter sker ett efterlängtat en-

---

358 Manifesto of the Communist Party (1848), kapitel 4

ande - nu under helt nya former, under Marxistiska for-
mer.[359]

I skydd utav Marx och Engels teorier skyller man
alla samhällets problem på det gamla och traditionella.
All gammal kultur, gammalt tänkande, gamla vanor måste
förstöras under Maos och kommunisternas styre. Istället
skulle de "nya" identiteterna, 10 till antalet, nu de-
finiera och styra det kinesiska folket. Man börjar ka-
tegorisera människor in i olika färger. Bland annat
finns det "identiteter" som är "röda" och "goda" och
"bra", samt "svarta" som är "dåliga", exempelvis anti-
revolutionärer och antikommunister. "Dålig influens"
och "Motrevolutionär" är bara några av de termer man
använde för att klassificera människor.[360]

In the cities, the most favorable categories
were "revolutionary cadre," "family of a
revolutionary martyr" and "industrial
worker." At the other end of the spectrum sat
categories such as "capitalist," "rightist"
or worse still "counterrevolutionary."(…) In
the countryside, "poor and lower middle pea-
sants" were regarded by the party as its most
reliable allies, while "middle peasants" who
had more to lose from the collectivization of
agriculture were to be neutralized. "Rich
peasants," "landlords," "counterre-
volutionaries" and "rotten elements," meaning
criminals, were viewed as enemies to be iso-
lated. These foes, collectively known as "the
four elements" (silei fenzi), were attacked
in various campaigns and placed under "the
supervision of the masses." Cadres would
frequently assign them undesirable or

359 Helen Pluckrose and Helen Joyce, The Ideological Roots of WOKEness
360 Critical Race Theory, Queer Theory & Maoist Education, James Lindsay, New
   Discourses

dangerous work such as cleaning out village latrines.[361]

Även Kinas barn och unga skulle anpassas till den "goda" revolutionen och ingå i samma identitetspolitik. De barn som utmärker sig genom ett "bättre" uppförande får beröm och gåvor vilket visas upp för omvärlden som "det goda exemplet".[362] Samtidigt åtskiljer denna teori generationer från varandra och de yngre separeras från de äldre, de som tillhör den gamla kulturen och på så vis skapas ytterligare söndring. Den gamla kulturen skulle bort och man ansåg att de unga var verktyget som fick det att hända.[363]

I NordKorea startas kommunistpartiet något senare, år 1945 med partiledaren Kim Il Song, en förfader till Kim Jung Un. I NordKorea upprättas det också kastsystem. I början ska folket övertygas om att kastsystemet och den nya kommunismen är en efterlängtad och positiv reform. Valstrategin är följande – om folket ger upp äganderätt, yttrandefrihet och frihet till rörelse över gränserna, skulle kommunisterna göra alla jämlika, skapa tillgång till gratis utbildning och gratis sjukvård. Så fort befolkningen valde in och accepterade det kommunistiska partiet, delades hela nationen in i 51 olika kaster, i ett system av en hård, hierarkisk "identitetspolitik". Kasterna delas i sin tur in i tre klasser. En tredjedel är den "kungliga" klassen, en tredjedel är den så kallade "vacklande" klassen, som behöver statens ständiga övervakande och ledning. Den sista tredjedelen är den "fientliga" klassen. De familjer som tillhör denna klass blir på olika sätt förfölj-

---

361 1 - Chinese Society under Mao: Classifications, Social Hierarchies and Distribution. Published online by Cambridge University Press: 21 March 2019 "Class Status" (A Social History of Maoist China, Conflict and Change, 1949-1976) av Felix Wemheuer

362 Critical Race Theory, Queer Theory & Maoist Education, James Lindsay, New Discourses

363 Critical Race Theory, Queer Theory & Maoist Education, James Lindsay, New Discourses

da av staten – ända tills de dör. Generation efter generation utsätts för grym förföljelse då klassystemet – är ärftligt.

Frankfurtskolan

I mellankrigstidens Frankfurt öppnas år 1921 ett marxistiskt institut. Där arbetar forskare och akademiker med uppdraget att sprida den marxistiska revolutionen ytterligare. Institutets forskare har som mål att överföra marxism från en ekonomisk ideologi till en teori som går att införliva även i kulturen, liksom Gramci avsåg. Man utvecklar därför en ny sorts marxism som skiljer sig från den sovjetiska. Efter den bedrivna forskningen bestämmer man sig för att inte längre satsa på arbetarklassen. Nu vill man nå ut till andra människogrupper och samhällsskikt. Ett stort steg i den nya strategin är att man vill korsbefrukta Marx teorier om samhället med Freuds teorier om psykoanalys. Även här påverkas man av hans idéer.

En av Freuds stora teorier är att alla i det västerländska samhället lever i ett ständigt psykologiskt förtryck. Denna teori vill man nu genom marxism införliva i samhället och tillsammans med Marx idéer får forskarna tillräcklig grund för en ideologisk nystart. Det bestäms, i Gramcis fotspår, att det inte bara behövs en ekonomisk revolution utan också en social och en kulturell revolution. I samband med det arbetar man fram en ny sorts socialpsykologi, baserad på marxistiska och freudianska teorier. Vid institutet uppfinns teorin om att kön inte är biologiskt förankrat utan ett resultat av hur de båda könen faktiskt lever – med andra ord en social konstruktion. För första gången använder man också begreppet "Critical Theory". Begreppet uppfinns som ett led i de verktyg som ska stödja revolutionen eller "infiltrationen" mot det västerländska samhället. "Critical Theory" går ut på att revolutionären alltid ska förhålla sig kritiskt mot det traditionella samhället och genom ett ständigt ifrågasättande är målet att dekonstruera, eller krossa det traditionella samhället bit för bit. På Frankfurts marxistiska institut skriver man att marxismen med hjälp av "Critical Theory" till och med skulle utplåna logiken - om ett argument var *för* den kommunistiska ideologin var det "logiskt", om det var *emot,* skulle det per automatik bli "ologiskt". "Critical Theory" fick stor spridning och används numera vid alla universitet och i de flesta humanistiska fakultet i väst och världen över. När nazisterna tog över makten i början av 1930-talet, flydde institutets forskare från Frankfurt till USA. Där fick de ett välkomnande samt ett stadigt finansiellt stöd, och kunde arbeta ostört och därmed flytta fokus från Tyskland till Amerika.[364] Eftersom marxismen, till sin ideologiska form, ligger så nära socialismen, blir institutets forskning vida accepterad och anammad av USAs regering. Socialismen var en samhällsrörelse som härstammade från 1800-talet och saknade tydliga praktiska verktyg. Frankfurtinstitutet och marxismen, gav socialismen faktiska verktyg och tillvägagångssätt.

Marxism under 1960-talet

Vid det nyöppnade Frankfurt institutet hade man börjat forska på det amerikanska folket. Forskarna Herbert Marcuse och Max Horkheimer är två av initiativtagarna som senare får en betydelsefull roll vid alla utbildningsinstitutionerna i USA. Marcuse kommer från den övre medelklassen och Horkheimer är son till en rik affärsman. Deras forskningsresultat visar att hela det amerikanska folket till sin grund är, som de uttrycker det, "fascistiskt" och tesen är att om man ansluter sig till det amerikanska folkets traditionella åskådningar, är man mentalt ostabil, en människosyn som inte är helt

364 Dokumentär: The History of Political Correctness, 1994 C-span

234

olik Freuds. Detta publiceras i böcker och spridningen är stor i det socialistiska Amerika.[365] Marcuse skriver boken "Den Endimensionella Människan" där han utvecklar marxism ytterligare för att passa de revolutionära studenterna på 1960-talet. 1960-talets marxism tar avstamp från Freuds teori om förtryck vilket leder till födelsen av den västerländska "identitetspolitiken" som delar in människor i identiteter där enbart offerrollerna lider av ett samhällsförtryck.

Nu besvarar man äntligen frågan - vem kan ersätta arbetarklassen i revolutionskampen? De som är bäst lämpade för att föra denna ideologi vidare är studenterna och kampen de kommer att föra är hård. Den socialistiska politiken blir snävare och den nya vågen av kommunister har enbart tolerans gentemot vänsteridéer och inget annat, vilket kommer att kallas "Repressive Tolerance", den förtryckande toleransen. Alla andra teorier, särskilt traditionella förpassas under stor kritik. Genom tänkare som Marcuse och Horkheimer, som blir studenternas politiska förebilder och gurus, sprids idéerna från institutet som en löpande eld.[366]

Under 1960-talet börjar marxismen påverka hela samhällen i väst. Det börjar med studentrevolten bland de unga och eskalerar till att den marxistiska ideologin infiltrerar institut, institutioner inom medicin, utbildning, media och den politiska arenan.

> It is not unusual to be a conservative. But it is unusual to be an intellectual conservative. In both Britain and America some 70 percent of academics identify themselves as "on the left", while the surrounding culture is increasingly hostile to traditional values, or to any claim that

365 Dokumentär: The History of Political Correctness, 1994 C-span
366 Dokumentär: The History of Political Correctness, 1994 C-span

might be made for the high achievement of western Civilisation.[367]

Man använder sig av utbildningsgiganter som John Dewey som genom sina teorier påverkar generationer av ungdomar, vilket leder till att de studenter som utbildas i socialism eller marxism får ledande positioner och får i sin tur agera representanter för vänsterideologin.

> Dewey was ardent statist and a believer in the Hegelian idea that the child exists to be trained to serve the State. This requires suppression of the individualist tendencies and a careful spoon-feeding of approved knowledge.[368]

Men en sak har de västerländska marxisterna gemensamt. En societetskvinna från övre klassen vid namn Mabel Dodge, har fester och sammankomster dit hon bjuder radikala och berömda socialister som till exempel Walter Lippman, Hutchins Hapgood och Carl Van Vechten. Dessa är etablerade inom politik, underhållningsbranschen, media och utbildningsinstitutionerna, som Mabel kallar "Movers and Shakers".[369] Alla de kommer utan undantag från ett högre samhällsskikt med en utbildad bakgrund. Likväl vill de störta samhället utifrån en ideologi som är skapad för en nödställd arbetarklass under 1800-talet industrialism. Hur kommer det sig? Är Freuds samhällsteori om ett psykologiskt förtryck bättre lämpad för välståndssamhället? Under efterkrigstiden sker följande förändringar: marxismen slutar alstra fattigdom och alstrar istället förmögenhet. Den alstrar inte nöd utan välstånd. Den alstrar inte ofrihet utan frihet och demokrati. Arbetarklassen blir mutad av ett överflöd av varor och förvandlas till konsumtionsklass och därför

367 Roger Scruton "How to be a concervative", 2014
368 Antony C Sutton, "America's Secret Establishment: An Introduction to the Order of Skull & Bones" s 14, 1986
369 Dokumentär: Uncle Tom II: An American Odyssey, 2022, Chad Jackson

ser man till att studenterna genomför upproret istäl-
let.[370] Mer och mer hamnar de marxistiska taktikerna i
händerna på den välutbildade klassen.

Saul Alinsky och hans elever

The pressure that gave us our positive power
was the negative of racism in a white
society. We exploited it for our own
purposes.[371]

Liksom i det ovanstående exempel har olika marxistiska
taktiker och strategier utnyttjats för fullt i olika
syften och ändamål. En man som utvecklar det till ren
konst är Saul Alinsky. Han kallar sin konst för "Commu-
nity Organizing" som han beskriver i sin bok, "Rules
for Radicals". Där sammanställer han aggressiva och
samvetslösa politiska metoder, som ska få motståndarsi-
dan på fall. En samvetslöshet som han tränar upp då han
som ung och föräldralös, blir omhändertagen av maffian
under 1930-talet.

Kommer man till en organisation eller ett samhälle
och vill ha förändring, då måste man enligt Alinsky
desorganisera det först. "There is no nice way to get-
ting things changed"[372].

Saul Alinsky, mentor to Obama and Hillary,
learned his political lessons from the Al
Capone mob in Chicago. Mobster Frank Nitti
was impressed with Alinsky because he found
Alinsky to be more ruthless and callous than
he himself was.[373]

370 Ideologier 15 februari 2019 - Vänsterns idéer del 1 av 4: Vänsterns
    rötter, Engelsbergs bruk, Ängelsberg - Svante Nordin, professor i ide- och
    lärdomshistoria, Lunds universitet
371 Saul Alinsky, "Rules For Radicals" p 144, 1971
372 Saul Alinsky "I'd Organize Hell" - TV interview 1966 https://www.youtu-
    be.com/watch?v=OfAyNrEsqic
373 Dinesh,D'Souza, "Stealing America: what my experience with criminal gangs
    taught me about Obama, Hillary, and the Democratic party," sid 201, 2015

Obama, like Hillary, learned the art of the shakedown from their political godfather, Saul Alinsky. Here Obama teaches other community organizers how to extract money and power from corporations and the rich by (in the words of the Don Corleone) "making them an offer they can't refuse."[374]

Efter att Salinskys ideer sprids på Universitet och högskolor kallas han "The Father of Community Organizing". Boken "Rules for Radicals" blir berömd och studeras på utbildningsinstitutioner runtom i världen. En av Alinskys taktiker är att en folkgrupp som behöver övertygas måste vara i ett "frustrerat" tillstånd och känna sig och "framtidslösa" för att de ska kunna gå en förändring till mötes.

People are naturally fearful of change they avoid and resist it and must be frustrated and defeated lost and future-less in the existing system so that they let go of past and change future.[375]

Enligt Alinsky är infiltration bättre än blodig revolution och istället för att använda Gramcis gamla begrepp myntar han ett nytt som får namnet "Gradualism". Revolution är alltså en gradvis process och reformen måste ske genom institutioner – först behöver man enligt Alinsky observera och förstå, och sedan infiltrera inifrån. En till regel ur boken är att "porträttera" den politiska motståndaren som ond, elak och dålig och där är, enligt Alinsky, alla medel tillåtna. Nedan beskrivs fler berömda reglerna ur "Rules for Radicals":

- The organizer must stir up dissatisfaction and discontent in the community

374 Dinesh,D'Souza, "Stealing America: what my experience with criminal gangs taught me about Obama, Hillary, and the Democratic party," sid 202, 2015
375 Saul Alinsky "I'd Organize Hell" - TV interview 1966 https://www.youtube.com/watch?v=OfAyNrEsqic

- The opposition must be portrayed as the very personification of evil, against whom any and all methods are a fair game

- Unless there is commotion people wont act

- Power is not what you have but what the enemy thinks you have

- Power is not what you have but what your enemies have.

- Never go outside the experience of the people

- Always go outside the experience of their enemies

- Make the enemy live up to their own rules

- Ridicule is a weapon[376]

Efter revolten på 60-talet sker en långsam infiltration och de nya, utbildade akademikerna tar över betydande positioner. Att Marx själv starkt ogillar professorer verkade inte ha någon betydelse. På universiteten uttrycker man att man lär ut "social" teori eller "ekonomisk" teori, men vad man samtidigt undanhåller, är att allt har en marxistisk vinkel. Ett talande exempel ur en nutida, inte helt ovanlig, akademisk publikation från Harvard University:

> Karl Marx (1818-1883) was the most important of all theorists of socialism.[377]

Samtidigt skapas under 1960-talet och framåt en kulturell miljö där konservativa trycks ut och den kommunistiska vänstern välkomnas in. Detta gäller även hela ut-

376 Saul Alinsky "Rules For Radicals", 1971
377 "MARX, KARL" - Michael Rosen - https://scholar.harvard.edu/files/michaelrosen/files/karl_marx.pdf

bildningsväsendet som sådant – institutioner som egent-
ligen ska vara neutrala och till för alla.[378]

> Its unfortunate but history is written by
> academics and academia is a toll of the
> left.[379]

Ett välkänt verktyg som vänstern använder för att in-
filtrera institutioner är kritik av allt som är gammalt
och traditionellt. Man är ute efter en omstöpning av
all idéhistoria, litteratur och humanistisk teori. All
text ska bemötas av en mottext och all klassisk skön-
litteratur, alla storverk diskuteras och anklagas för
ensidighet och bristande medvetenhet. Istället hittar
man på egna versioner av gammal klassisk kultur, varpå
storverk urholkas.[380]

Här är ett exempel på den Marxistiska teorins fasta
grepp om utbildningsväsendet. Exemplet är hämtat från
en litteraturkurs vid den engelska fakulteten i Wa-
shington University, där man anser att man genom en
marxistisk kritik och omarbetning av kulturell praxis
"utvidgar" kulturen.

> Our study of Marxist theory will necessarily
> involve close, intensive reading of dense and
> often highly philosophical texts. Through
> engagement with these texts we will seek
> understand how a *materialist method* indebted
> to Marx and Engels emerged as dominant (if
> often unnamed or acknowledged) within
> contemporary literary and cultural studies
> scholarship, and how diverse critical
> practices (given labels such as "critical

378 How the left took over everything, James Lindsay, https://www.youtu-
be.com/watch?v=q_NTXZymro8&t=1070s
379 Dokumentär: Uncle Tom: An Oral History of the American Black Conservative,
2020, R.C. Maxwell
380 Anna Hallberg Phd Södertörns högskola, Axess TV,
https://www.axess.se/tv/en-ny-bok/vansterns-ideer-med-anna-victoria-
hallberg/

theory," "feminist theory," "critical race theory," and "cultural studies") sit within an expansive Marxist intellectual tradition.[381]

Den obligatoriska statliga utbildningen fanns ej innan år 1950. Istället bedrivs all utbildning, som läs- och skrivinlärning, lokalt och regionalt. När den obligatoriska utbildningen erövrar massorna, kunde statlig påverkan införas, bland annat genom läroböcker. Historien blev skriven utifrån politiska utbildningsinstanser och därmed likriktad. I det nya socialistiska samhället var påverkan och kontroll över utbildningen nödvändig för att kunna indoktrinera de marxistiska idéerna i samhället.[382]

> It is the victor who writes the history and counts the dead. - Sir William Francis Butler[383]

Marxism nu

Marxismen har, från 1800-talets klassuppdelning via 1960-talets barrikader, gått den långa vägen av transformation till 2000-talets postmoderna vänsterpolitik, även kallad "WOKE". En sådan typ av politik är inte den sortens politik som tar över högst upp i politiska organisationer. Istället influerar den skolor, bibliotek och kulturinstanser. Ända sedan 1800-talet har marxismen funnits kvar i det politiska systemet, förklädd i socialism eller vänsterpolitik. En stark rest som lever kvar, fast i ny skepnad, är så kallad "identitetspolitik". Principen är inte helt olik den som används i Asien. Istället har identitetspolitiken antagit nya former – och nya roller.[384]

Den generation som utövar den nya identitets-

381 ENGL 308 A: Marxism and Literary Theory, Alys Eve Weinbaum -
   https://english.washington.edu/courses/2021/winter/engl/308/a
382 Dokumentär: Uncle Tom II: An American Odyssey, 2022
383 Sir William Francis Butler "Charles George Gordon", 1892

politiken har i den amerikaniserade kulturen fått namnet "WOKE". Detta begrepp, som initialt skulle betyda att man är "vaken" i viktiga sakfrågor som rasism och jämställdhet, blev istället ett namn för den nya marxistiska vänster-kulturen. Enligt professor Victor Davies Hanson härstammar begreppet WOKE ursprungligen från en protestantistisk rörelse, där människor, i slutet av 1800-talet, i ett agnostiskt samhället, ansåg sig "vakna upp" till Kristus. Senare började det handla om att med statligt stöd, kämpa mot förtryck och orättvisor i samhället. Genom Barack Obama byttes klasskampen, enligt Hanson, ut mot antirasism. Marxismen misslyckades att åberopa en riktig underklass i USA i början av 1900-talet, eftersom att klassystemet var så rörligt - vem som helst kunde skapa sig en förmögenhet; däremot var härkomst och hudfärg svårare att byta ut. Marxismen får ett starkare fäste och frågan om offerskap blir på så vis stagnerad. Trots att Barack Obama vaknar i en stor mansion vid Marthas Vinyard på morgonen och får sitt kaffe serverat av en betjänt, har han enligt WOKE-ideologin ändå under dagen rätten att föreläsa om vad verkligt offerskap är för tusentals och åter tusentals. Innan WOKE-ideologins framfart bygger samhället på en meritokrati som är blind för hudfärg och härkomst. Hanson menar att när man på det här sättet delar in människor i yttre attribut går man tillbaka till ett tribalistiskt perspektiv. Han kritiserar vidare WOKE-generationen för att de först går kurser i konst, musik och litteratur och tar sedan gamla klassiska verk och rekalibrerar dem utefter sina nya politiska mått.

Å ena sidan urholkar man både Shakespeare, Tolstoy och Verne; Boris Godunoff sitter i den moderna versionen som en vd vid en dator; han kan vara vem som helst, han och verket är utbytbara i den moderna versionen. Man skapar kontemporära versioner utan respekt för tra-

384 Why Marxism is so appealing, Jordan Peterson and Thomas Sowell,
https://www.youtube.com/watch?v=4yowxcqdM7E

ditionella, klassiska litteratur- och musikskapare som byggde sina verk på ideer av tilltro och övertygelse. Tarkovskij var en modern filmskapare som istället försökte upphöja och ära traditionella, klassiska verk och deras upphovsmän. WOKE-generationen anser därigenom att just de har nått slutet av historien och att inga generationer efter dem kommer att vilja ha tillgång till den klassiska kulturen såsom den har bevarats under tusentals år. Han uppmanar till ett tankeexperiment och att man ska fråga sig: ifall den generation som lever om 50 år säger "Ni, WOKE-generationen, hade miljontals hemlösa och aborter, och därför kommer vi att förstöra allt ni har skapat" och så skulle varje generation hädanefter att göra. Då kommer det inte finnas någon kultur kvar. De klassiska verken ska istället bli kontextualiserade och påminna om det som var bra med historien och det som inte var bra. Ifall WOKE är tillräckligt självsäkra för att säga att alla dessa verk är dåliga, menar Hanson att de är i gott sällskap. Så gjorde nämligen även Hitler, Stalin och Mao.[385]

NordKorea

I Nordkorea är de kommunistiska idéerna stadigt förankrade i det moderna samhället. Nedan följer ett vittnesmål av en Nordkoreansk kvinna, Yeonmi Park, en av de få som har lyckats rymma från Nordkorea – en av endast 200 överlevande som har lyckats att fly. På ett universitet i väst där hon började studera efter sin landsflykt hade alla studenter dyra teknikprylar och drack latte och professorerna sade att - om en marxistisk vänsterrevolution skulle bryta ut i väst, skulle allting bli mycket bättre. Yeonmi Park uppfattade att det var målet

385 Origins and History of Woke | HISPBC Ch.1, Victor Davies Hanson, amerikansk klassisk- och militärhistoriker och professor emeritus vid California State University i Fresno https://www.youtube.com/watch?v=FX-5Jv2Yldmw

med lärarnas undervisning. Och utifrån en nordkoreans synvinkel kunde hon inte förstå detta.

Hon menar att man i nordamerika lär ut om slaveriets historia och de orättvisor slavarna fick utstå. Men vad människor i väst inte är helt medvetna om är att det riktiga förtrycket fortfarande pågår på andra håll i världen. Kommunismens offer är en så länge uppemot 120 miljoner döda. Slaveriet har upphört men inte kommunismens förtryck och förföljelser.

I de nordkoreanska skolorna finns det fortfarande ingen elektricitet eller internet. Det finns ingen yttrandefrihet - man känner inte till begreppet yttrandefrihet och vet helt enkelt inte vad det betyder. Yeonmi Parks mamma sade till henne när hon var liten: "viska inte ens, fåglarna och mössen kan höra dig". Om hon som barn hade sagt ett enda "felaktigt" ord emot den Nordkoreanska regimen, hade det resulterat i en säker död, inte bara för henne utan för hela hennes familj – uppemot tre generationer av hennes släkt skulle fångas in, kastas i fängelse eller avrättas. Hennes släktingar fängslades eller avrättades troligen efter hennes flykt och hon själv är med på en Nordkoreansk dödslista. Men de som oftast dör av politiska skäl i Nordkorea har inget emot det – deras öde är i annat fall att dö av svält.

Och detta öde är bestämt redan innan man föds. I Nordkorea finns ett kastsystem med olika "klasser". Det är en slags hierarki där de högsta klasserna får åtnjuta en privilegierad livsstil och den klassen som står underst på skalan, får inte ens äta mat och måste kämpa för sin överlevnad - dagligen. Under år 1990 utbröt en svält som bidrog till en av de värsta katastroferna under modern tid. Under tre år dog 3 av de 20 miljoner nordkoreaner som tillhör den understa "klassen", på grund av matbrist. Enligt Yeonmi Park var svälten arrangerad av staten då regeringen ansåg att det var lättare att bedriva socialism och kontrollera befolkningen när de blev färre till antalet. Händelsen berodde också på Sovjetunionens kollaps – den sovjetiska staten kunde inte längre bistå Nordkorea med bidrag. I Nordkorea finns liksom i det forna Sovjet varken mänskliga rättigheter eller beskydd av lagen. Yeonmi Park och många andra barn ur hennes "klass" åt gräshoppor och trollsländor i brist på annan mat. När hon lekte som barn, lekte hon inte med Lego. I Nordkorea fångade hon och de andra barnen kackerlackor och åt sedan upp dem. Det är bland annat därför som Nordkoreaner generellt är 11 cm kortare än Sydkoreaner. Männen får gå militärutbildningen, som varar i 10 år – om de är över 1.2 meter långa. Kvinnorna gör en 7 år lång obligatorisk militärutbildning oavsett längd. Om man mot förmodan lyckas åka flyg eller helikopter över Nordkorea ser det väldigt mörkt från ovanifrån. Det är för att det inte finns någon el och den el som finns måste stängas av vid en viss tidpunkt på kvällen. De lägsta klasserna har inte tillgång till el. För de lägre klasserna används inom läkarvården inte heller någon bedövning när man utför operationer och Yeonmi Park var själv med om en sådan, ytterst smärtsam operation. Döda kroppar kan ligga överallt, särskilt vid sjukhusen.

Hennes vänner och kollegor i USA pratar om hur dåligt det kapitalistiska västerlandet är. De är intresserade av den politiska HBTQ kampen och de frågar henne hur denna kamp fortgår i Nordkorea. Hon svarar då att ordet "gay" finns inte där, varken som begrepp eller realitet – man kan inte vara gay i Nordkorea. Reglerna är väldigt hårda. Bland annat måste man be om polistillstånd för att sova över hos en granne. Dock är det största brottet i Nordkorea att kritisera det kommunistiska partiet. Det värsta brottet är alltså inte att döda sin medmänniska. Man får högre straff om man kritiserar det kommunistiska partiet än om man begår ett mord. Yeonmi

Park kämpar nu för att rädda sitt land genom att sprida dessa bilder om vad som verkligen pågår och upplysa om hur marxismen har förstört Nordkorea.[386]

Identitetspolitik

En del av grunden till teorin bakom identitetspolitik kommer från Marx som delade in samhällsgrupper i två klasser, bourgeoisien och proletariatet. En del kommer från Freud som ansåg att människan ständigt utsätts för förtryck i det västerländska samhället. Det postkoloniala tankesättet bidrar också till teorin om identitetspolitik. Tillsammans bildar de ovanstående utgångspunkterna ett mäktigt politiskt verktyg som breder ut sig i samhället.

"Postkolonialism" härstammar från universitet och högskolor och teorin har som mål att problematisera den västerländska kunskapstraditionen, samt påvisa historiska kopplingar mellan dåtida kolonialism och nutida rasism. Områden där detta tankesätt har vunnit kraft är vid utbildningsinstitutioner, inom kultur, litteratur och idéhistoria.[387] Detta innebär bland annat att man försöker befästa dominans och underordning i form av laddade identiteter, exempelvis "vit" och "svart" och menar att dessa identiteter skapades under kolonialismen och lever globalt kvar än idag. Bland de flesta som ansluter sig till detta tankesätt finns iden om att väst står i "skuld" gentemot de gamla koloniländerna:

> De gamla Kolonierna vill ha upprättelse och genom att diskutera sig själv i relation till det "vita" vill man skapa sig en tydligare identitet där man också menar att kultur och samhälle och politik har präglas av ett

386 What I Learned about Freedom After Escaping North Korea, Yeonmi Park LIVE at NCSC, https://www.youtube.com/watch?v=fZGYbTgRpr8&t=873s
387 Ideologier 2019 - Vänsterns idéer, del 3 av 4: En ny vänster? - Anna Hallberg PhD Södertörns högskola

väldigt kolonialt sätt att tänka och det vill
man ändra på.[388]

Postkolonialism har slagit igenom stort inom WOKE-generationen. På individnivå har WOKE-generationen en postkolonial marxistisk syn, men endast i teorin, då de praktiskt-ekonomiska förhållandena ser annorlunda ut. Enligt denna teori befinner sig WOKE-identiteterna i ett ständigt förtryck genom en symbios med motsvarande "förtryckare", bland annat på grund av att marxismen ursprungligen härstammar från en föråldrad politisk ideologi från 1800-talet då arbetarklassen befann sig i stort nöd och utsattes därmed för verkligt förtryck. Märk väl att den marxistiska relationen "förtryckt-förtryckare" enbart existerar i de västerländska länderna, där Freuds psykoanalytiska socialteori har vunnit stor kraft.

Man skulle kunna säga att det freudianska förtrycket i väst numera är föreställt och teoretiskt. Dock finns det kvar andra samhälleliga faktorer, som kan bidrar till mental ohälsa. Men man bör skilja åt mental ohälsa och det teoretiska förtryck som beskrivs här. Annars uppstår det en lögn när människor gör sig till "offer" när de inte är det – i "egentlig" mening. Istället hamnar man i en självuppfyllande profetia. Den marxistiska strävan mot det ideala samhället, mot en utopi, gör dessutom att det uppstår en dissonans, en skillnad, mellan den marxistiska iden om det perfekta samhället och verkligheten. Det uppstår en tomhet, en längtan som fylls av konsumtionsrollen.

We're on a road to nowhere

Come on inside

Taking that ride to nowhere

---

388 En ny bok 2020 - Vänsterns idéer med Anna Victoria Hallberg (PhD Södertörns högskola) – Axess TV

We'll take that ride

I'm feeling okay this morning

And you know

We're on the road to paradise

Here we go, here we go[389]

Alternativet är att denna tomhet fylls med iden om det ideala samhället vilket leder till en ond cirkel. Därmed skyller den marxistiska ideologin tomheten på kapitalism och samhällsförtryck, men fyller den samtidigt med ännu mer längtan och konsumtion vilket i sin tur bara skapar ännu mer tomhet. Detta är inte särskilt konstigt, emedan ordet utopi egentligen betyder – "tomhet", "ingenstans" eller "ingemansland":

> Epistomology: 1551, from Modern Latin Utopia, literally "nowhere," coined by Thomas More, from Greek *ou* "not" + *topos* "place". [390]

Observerar man identitetspolitiken kan man tydligt urskönja maktstrukturer. Dessa maktstrukturer upprätthålls av en rollhierarki. För att förtydliga rollhierarkin och befästa maktstrukturen använder man laddade ord som "patriarkatet", "heteronormativt" eller "rasism". "Du" är "rasist" medan "jag" är "offer", "du" är "patriark" medan "jag" är "offer" och så vidare. Detta gör att marxism, lever kvar i de moderna politiska strömningarna, exempelvis inom nutida feminism eller antirasism. Och i enlighet med postkolonialismens teorier, Sigmund Freud och Karl Marx är ifrågasättandet av det traditionella oumbärligt. Frihet och traditionell kultur är oförenliga – enligt Freud:

---

389 Talking Heads, Road to Nowhere
390 https://www.etymonline.com/word/utopia

The liberty of the individual is not a
benefit of culture. It was greatest before
any culture, though indeed it had little
value at that time, because the individual
was hardly in a position to defend it.
Liberty has undergone restrictions through
the evolution of civilization, and justice
demands that these restrictions shall apply
to all. The desire for freedom that makes it-
self felt in a human community may be a
revolt against some existing injustice and so
may prove favorable to a further development
of civilization and remain compatible with
it. But it may also have its origin in the
primitive roots of the personality, still
imfettered by civilizing influences, and so
become a source of antagonism to culture.
Thus the cry for freedom is directed either
against particular forms or demands of
culture or else against culture itself.[391]

WOKE-kulturen anser att de strävar efter att uppnå jäm-
likhet mellan olika folkgrupper och identiteter. Vad de
inte förstår är att genom att kategorisera människor i
identitetspolitik uppstår den splittring som de själva
vill stävja. I många av offer-rollerna där individen
anses vara förtryckt, kan man se att offer-upplevelsen
är teoretisk och visualiserad på förhand, om man jämför
med de sociala maktstrukturerna i många av länder utan-
för väst. Det råder en dissonans mellan upplevelse och
verklighet. Ett exempel på en sådan dissonans är ifall
WOKE-generationen skulle befinna sig i den miljö som
utspelar sig i bakgrunden av kriget i Ukraina och den
faktiska nöd som både de ukrainska och ryska soldaterna
har genomlidit. Dessa soldater, dessa verkliga offer,
har inte heller bett om kriget.

---

391 Sigmund Freud, *Civilization and Its Discontents*, sid 60, 1929

Man behöver inte dra in krig för att visa på att WOKE-generationens lidande utifrån de faktiska-praktiska om-världsförhållandena stannar vid det teoretiska – verk-ligt fattiga och lidande människor finns överallt i världen. 20% av befolkningen i Ryssland har fortfarande utomhustoaletter. 120 miljoner människor i Kina lever i extrem fattigdom och lider av näringsbrist. Där kämpar man för att överleva, för att inte hamna i fängelse och behöva utstå tortyr. De flesta människor i världen *vill* ha ekonomisk tillväxt - för att kunna äta och för att mätta sina barn. En tredjedel av alla fattiga barn bor i Indien och dör av fattigdomsrelaterade sjukdomar. Det finns givetvis ett psykologiskt lidande som kan drabba vem som helst; skillnaden är att inom WOKE-kulturen *in-doktrineras* en hel generation att tro att de är de verkliga offren. Och det görs bland annat genom be-greppsförvirring.[392]

I praktiken har dessa ungdomar inte mycket att jämföra med – krig och nöd har under en lång tid stannat utan-för västvärldens gränser. Det resulterar i att WOKE-generationen blir försatta i ett slags psykologisk "fångenskap" – genom samma identitetspolitik som de vill åberopa. Denna "fångenskap", eller bubbla, gör att de får svårare att hitta ett realistiskt förhållande till sin verklighet och sin omvärld. Istället fokuserar WOKE-generationen på sig själva och utövar något som kan kallas "Oppression Olympics" där den viktigaste frågan är "vem blev mest kränkt"? Och där offerskapet blir till en dygd, en livsstil.

Skulle man jämföra denna livsstil med den standarden de tidigare generationerna har haft och vad de har fått kämpa emot så blir det uppenbart - den nuvarande gene-rationen har det som bäst i världshistorien med både avseende på utbildning, tillgång till mat, hygien, tillgång till teknologi, tillgång till läkarvård samt förmågan att kunna realisera personliga projekt, exem-

392 Konstantin Kisin: WOKE Culture HAS Gone Too Far - 7/8 | Oxford Union

pelvis karriär. Har någon haft det sämre än sina mor-
föräldrar? Detta visar återigen att WOKE-generationens
ideologi delvis bygger på en illusion, en föreställd
kamp. Här behöver man återigen skilja på människors
personliga mentala hälsa och ett inbillat socialt eller
samhälleligt förtryck.

Den Marxistiska ideologin ställer olika identiteter
mot varandra, får människor att se förtryckare ibland
sig och hämmar att människor enas över politiska grän-
ser, i enlighet med Saul Alinskys "Community orga-
nizing". Woke-generationen vänder sig mot olika identi-
teter i sin kamp, exempelvis kvinnor mot män och "svar-
ta" mot vita. Istället för att kämpa emot andra indivi-
der och grupper, kunde man rikta fokus mot en förbät-
tring av samhället genom att kämpa emot den centralise-
rade makten - storföretag som styr en totalitär global
världsekonomi, som närs av folkets överkonsumtion;
elitpolitiker som går ut i krig efter krig och det
mediala PR-samhället som behandlar läsare som barn och
står i vägen för verklig samhällsinformation och verk-
lig samhällsutveckling. Dessa makthavare är de enda som
har tillräckligt med resurser, medel och makt för att
kunna förtrycka hela västerlandet, och det är eliten.
[393]

Well, we know where we're going

But we don't know where we've been

And we know what we're knowing

But we can't say what we've seen

And we're not little children

And we know what we want

And the future is certain

393 The Ideological Roots of WOKEness, with Helen Pluckrose and Helen Joyce

Give us time to work it out[394]

När en individ lever i modeller av identitetspolitik
uppstår en restriktion av verkliga, naturliga och per-
sonliga åsikter. Tillhörigheten och lojalitet till den
egna "rollen" blir personlig, känslomässig och viktiga-
re än själva sakfrågan. Det är viktigare att du är "fe-
minist" med det åsiktspaket som tillhör den rollen, än
vad du faktiskt tycker om att lämna bort barn på dagis
redan vid 1 års ålder. Det upplevs som högst problema-
tiskt om man plötsligt inte anses "leva upp" till sin
roll, om man önskar ta sin egen väg kring en politisk
fråga; detta till den höga grad att man hellre fortsät-
ter i samma spår. Man har redan köpt hela åsiktspake-
tet, oavsett om man kände till åsikterna på förhand el-
ler inte, och därför är man fast i identitetspolitiken.

> Being left is more an identity then anything
> else, its the way I think of myself as a
> decent civilized human being.(...) It works
> on a cultural level.[395]

Till slut förvandlas dessa "bubblor" till restriktiva
åsiktsfängelser där man "måste" köpa hela rollen, det
vill säga hela "åsiktspaketet" för att kunna få identi-
fiera sig med en politisk grupp; för att få social
grupptillhörighet. Byter man åsikt kan man bli av med
vänner och bekanta; till och med familjemedlemmar. För
att anses tillhöra "vänstern" måste man ha samma åsik-
ter som vänstern serverar, utan mycket undantag. Ingår
gör också den opponent eller förtryckare som du "måste"
ställa dig emot. Annars kan man inte tillhöra kategorin
"vänster" och då blir man politiskt och åsiktsmässigt
"hemlös" i bästa fall och i annat fall får man en stäm-

---

394 Talking Heads, Road to Nowhere
395 Shelby Steele - White Guilt and the Identity of Innocence
   https://www.youtube.com/watch?v=JLkJpCj42iQ

pel på sig som "radikalhöger", "rasist" och förvandlas till opponent.

Det ovanstående perspektivet döljs från offentliga sammanhang och människor får, när de inte har en helhetsbild, svårare att tänka i "självständiga" banor. Istället uppstår det en diskurs där "vår" ideologi ställs mot "deras" ideologi, "högern" blir ställd mot "vänstern". Detta leder till att man kritiserar och hittar "fel" i den andres perspektiv – som också ingår i "paketet" – jag är "vänster" därför kan jag inte hålla med "högern". På så vis kan folket aldrig vara tillräckligt enade för att kunna genomföra omfattande förändringar i samhället och låta riktig utveckling ta fart. Därmed låter man de "förtroendevalda" fatta besluten åt mänskligheten, eftersom man inte kan ena sig, vilket dessa "förtroendevalda" inte har något emot. På så vis blir det ännu enklare att pracka på människor konsumtion och varor.

Inte nog med det – de flesta går runt med en bild av att människor som inte tycker som oss – inte heller är som oss, inte är lika oss - alls. Ifall man istället satte sig i olika mellanmänskliga sammanhang skulle man kunna hitta mycket gemensamt med individer man tror är våra opponenter. Detta skulle stå i opposition till förfaringssättet "söndra och härska" och istället ena människor.

Nazister är den nya högern

I marxismens nya rollhierarkin räknas man per automatik mer sympatisk om man tillhör vänstern eller feminismrörelsen. Enligt denna modell har man även *mer* rätt att uttala sig och mer rätt att bilda åsikter och bedriva aktivism – om man tillhör vänstern. Då är man en av de "goda".[396] Om man istället hör till den så kallade "hö-

396 Why Marxism is so appealing, Jordan Peterson and Thomas Sowell

gern" misstänks man automatiskt för att hysa rasistiska åsikter.

På så vis har man bytt ut användningen av orden och skapat begreppsförvirring där vissa begrepp och ord har kommit att höra till "det goda" narrativet och vissa begrepp har kommit till att tillhöra "det onda" narrativet. Det har även att göra med paradigmskiftet där National-Socialisterna blev deplacerade från den socialistiska vänstersidan till att tillhöra "extremhögern". Vänstern har därmed i sina argument rätt att jämföra högern och deras förebilder med Hitler och Mussolini. Det blev även lättare att skylla negativa företeelser på "högern", som blev de "onda", i enlighet med Saul Alinskys modell; efterkrigstidens "narrativ" underlättade för ett sådant förhållningssätt.

Om man utgår från helhetsbilden av historien och tar National-Socialisterna och händelserna vid Holocaust; borde inte dessa historiska skeenden i så fall påverka bilden av dagens socialistpartier och deras narrativ? Borde inte då samma sak gälla kommunister och det som inträffade i Holodomor? Hur kommer det sig att det Holocoust och Holodomor inte "får" sin rätta anknytning till socialister och kommunister på ett verklighetstroget sätt? Och att man idag istället får förtala "högern" och de "konservativa" med fruktansvärda och ogrundade ord som "rasist" och "nazist"? När fler människor har blivit mördade i National-Socialismens och likväl kommunismens namn, än i de konservativas namn eller "högerns" namn?

Begreppsförvirring

Inom WOKE-generationen skapas ett förhållningssätt mellan idéer och verklighet där idéerna förvandlas till ett substitut för verkligheten. Om man har en ide om hur ens konservativa granne ser på invandringspolitik

254

så tror man att det också stämmer. Den "vänstra" reto-
riken och begreppsförhållandet gör att fördomar och om-
dömen bildas automatiskt, utan att man tar reda på hur
det egentligen förhåller sig. Man tar för givet att
alla människor ur en grupp hyser samma slags åsikter.
Det uppstår en skillnad mellan vad opponenten faktiskt
säger - och det åhöraren föreställer sig att opponenten
säger. Häri kan en felaktig moralisk föreställning lät-
tare uppstå, där vänstern anses som "god" och högern
anses som "mindre god".[397]

En del av det kommunikativa dilemmat är att den som
står fast vid sina vänsterpolitiska åsikter, de "goda"
åsikterna får svårt att ta till sig information eller
ta in fakta - om det så presenteras framför denne svart
på vitt – sådan fakta som säger emot "vänsteridentite-
ten" eller "åsiktspaketet" och de ideal som med detta
har blivit indoktrinerade. Istället slår man ifrån sig
fakta, andras åsikter och information som inte platsar
i åsiktspaketet, som konspirationsteorier, "höger"-
åsikter eller ursäktar det på något annat vis. Själv
laddar man ordet "vänster" och progressivism med något
positivt, gott och "bra". Verkligheten blir inträngd i
begreppen och verklighetsupplevelsen blir instängd i
den marxistiska modellen. Vänster kaffe måste vara gott
och bra kaffe, osv. Även de stora företagskorporatio-
nerna har samma jargong. När vänstern år 2016 förlorade
valet i USA, påbörjade ägaren till storföretaget Google
ett möte med att säga "I know this is not the most joys
meeting we have had. Lets face it most people here are
pretty upset and pretty sad about the election." Mötet
var enbart internt och det är inte åsikter man gick ut
med offentligt.

På Google hävdade man istället att vänstern förlora-
de på grund av fake news och alla konspirationsteorier

397 Ideologier 2019 - Vänsterns idéer del 4 av 4: En ny vänster? - Björn
    Östbring (Fil. dr i statsvetenskap, knuten till Statsvetenskapliga in-
    stitutionen)

som fick amerikaner att rösta på republikanerna. Därför ville man nu genom algoritmer undanröja all information som man ansåg vara "konspirationsteorerisk" och ingå i sammanhanget "fake news" från sökmotorerna:

> He told the British broadcaster "From our perspective, there should just be no situation where fake news gets distributed … I don't think we should debate it as much as work hard to make sure we drive news to its more trusted sources, have more fact checking and make our algorithms work better."[398]

Googles algoritmer utvecklades hädanefter valet för att stämma samman med företagets interna åsikter. Stora megakorporationer som på detta vis har en enorm betydande roll i samhället, borde alltid kunna åberopa en politisk neutralitet som går före allt annat. Men det gjorde man alltså inte – på Google.

Istället hjälpte man till att upprätthålla en föråldrad strukturell modell från 1800-talet - för att ständigt återskapa ett "narrativ" som motsvarar den postkoloniala marxistiska synen – för miljoner med användare. Detta narrativ innebär föreställningar om hur de olika "identiteterna" tänker och hur alla "förtryckare" och "förtryckta" känner. Till försvar säger man att opponenten är rasist och vet om det, eller så är han rasist utan att veta om det.[399]

Något liknande hände i storföretaget Times. Journalisten Nellie Bowles blev anställd på Times för sitt drömjobb som reporter. I början gick allting bra. Efter ett par år som anställd skulle hon skriva en artikel om den konservativa YouTube kanalen PargerU. Artikeln blev inte godkänd och när hon frågade varför, menade man vid Times att hon på detta sätt ville sprida "desinformati-

398 https://fortune.com/2016/11/16/fake-news-election-google-sundar-pichai/
399 The Ideological Roots of WOKEness, with Helen Pluckrose and Helen Joyce

on". Men den egentliga vändpunkten kom när hon skrev en negativ artikel om Antifa. Då började hennes kollegor på olika sätt att gå emot och kritisera henne. De ifrågasatte henne och sade att hon var rasist och antifeminist. Bowles som öppet lever med sin fru som homosexuell blev chockad. Men kollegorna spred rykten och kommentarer som att hon var ute ur "triben" och spred "fake news". Detta påverkade hennes rykte men trots att hon var ensam och utesluten gav hon inte upp och skrev artiklar om andra marxistiska fenomen.[400]

Dessa laddade begrepp, föreställningar och ideologi ingår i WOKE-generationens "narrativ", den berättelsebildning genom vilken man tolkar sin omvärld. Ett barn har en annan bild och vision av vad en cirkus är än den vuxne. Då uppstår två olika narrativ. Det rätta narrativet kan påverka och förändra omvärlden. Det politiska narrativ som används av WOKE-generationen blir till ett maktmedel och utnyttjas, när man fyller det med laddade ord och begrepp.[401] Identitetspolitiken och de krafter som står bakom den marxistiska ideologin gör att narrativet blir mer accepterat än verkligheten – till och med faktisk statistik. Samtidigt förvandlas den "goda", "oskyldiga", "ickeförtryckande" identiteten, oavsett reella handlingar, till ett mål i sig:

> The pursue of innocence specifically ugly American past(...) because I'm innocent of this past you should vote for me, that's why you should let me change this aspect of the university system (...) not because I have better ideas or that I'm a better problemsolver, but because I offer this identity of innocence.[402]

400 Nellie Bowles, Ex-NYT Reporter: The world went crazy! https://www.youtube.com/watch?v=wKHSE9eISRg&t=884s
401 Ideologier 2019 - Vänsterns idéer del 4 av 4: En ny vänster? - Björn Östbring (Fil. dr i statsvetenskap, knuten till Statsvetenskapliga institutionen)

Allt detta resulterar både i att yttrandefriheten försvinner och likaså den faktiska, individuella mångfalden. Begreppsförvirringen frodas, samtidigt som att man även vill revolutionera språket. Studenter vid journalisthögskolan och andra instanser blir på detta vis radikaliserade. Med detta försöker man att påverka alla instanser, forskningsinstitutioner, elever och lärare och därmed även framtiden.[403]

> Blind ideologisk övertygelse förklädd till akademiskt perspektiv sliter sönder det demokratiska samtalet och radikaliserar begreppen. Detta är oförenligt med universitetens grundidé.[404]

Termen yttrandefrihet har under 2000-talet genomgått en förvandling som började redan under 1990-talet. Yttrandefriheten, som är en mänsklig rättighet, innebär att man vem som helst kan tala öppet om vad som helst, under förutsättningen att det inte orsakar skada. Yttrandefrihet är ett oerhört viktigt del, inte bara på ett politiskt plan, utan också av den psykologiska utveckling en människa genomgår. Man har gjort efterforskningar om Tjernobyl katastrofen och kommit fram till att det i Ryssland fanns vissa yrkeshierarkier, där man förbjöd och minskade på yttrandefrihet. Dessa hierarkier gjorde att de anställda vid Tjernobyl inte hann få fram information om katastrofen i tid. De vågade inte kommunicera katastrofens verkliga skeenden med sina chefer, på grund av de instruktioner de hade fått. När man gör olika saker opratbara, skapar man farliga språkliga restriktioner. En sådan restriktion är be-

402 Shelby Steele - White Guilt and the Identity of Innocence, https://www.youtube.com/watch?v=JLkJpCj42iQ

403 James Lindsay sounds the alarm on the 'national danger' of Marxism in schools | Liz Collin Reports, Alpha News https://www.youtube.com/watch?v=lAFRtSWQHPg

404 Ideologier 2019 - Vänsterns idéer, del 3 av 4: En ny vänster? - Anna Hallberg Phd Södertörns högskola

greppsförvirring, som leder till färre utbyte av idéer; man låser debatten, och hindrar ytterligare utveckling. Politiskt korrekthet är ett exempel som har underkastats begreppförvirring. Begreppet gick från att vara neutralt, till att bli ett begrepp som mer och mer användes av vänstern för att tysta sin opposition. Begreppet är så att säga "kapat" av marxismen. Politisk korrekthet har nu blivit en del av den marxistiska ideologin, och en del av de verktyg som används för att stävja yttrandefrihet.

Ett annat exempel är att 2-3 generationer av elever i skolan har lärt sig att väst har varit mest "onda". Vilka länder har inte varit det? Varför ska man i väst ogilla sin egna nationalitet? Och förringa den? I väst kan man ej längre uttrycka värderingar där den västerländska kulturen uppskattas i en positiv diskurs, vilket har inträtt på olika nivåer genom våra utbildningsinsatser. Alla kulturer är värdiga att behållas och kommas ihåg och bevaras.[405]

En totalitär kultur

Om man inte till fullo accepterar vänsterns åskådningar så blir man utesluten eller "kansellerad" vilket även kallas "Cancel Culture", uteslutningskultur. Man vill hellre utesluta, förändra eller också omprogrammera de åsikter som inte passar in i WOKE-kulturens åsiktspaket, än att visa förståelse, öppna upp för en debatt eller kompromissa.[406] Denna uteslutningskultur kan verka väldigt hårt för den individ som råkar ut för detta; denne blir utsatt för karaktärsmord, förtal i lagens mening, blir av med ett gott rykte eller delar av bekantskapskretsen. Detta är ett tecken på att social gemenskap står i dagens samhälle högre i kurs än frihet att yttra sig och rätten till egna åsikter.

405 Restriction of speech, Konstantin Kisin
406 Critical Race Theory, Queer Theory & Maoist Education, James Lindsay

You see reasonable civilized, decent people just fold up when the charge of racism is even hinted at and they begin to sell out the quality of the university but they end invariably i lower standards – removing Western Civilization from the curriculum – what are you doing? You think its going to make you innocent? You're keeping us from it saying its just a bunch of white guys, I don't care I need to know! I need to identify with Western Civilization! Black Americans are a Western people we evolved here in the west![407]

Den gamla marxistiska övertygelsen är att allt som kan betecknas som traditionellt och en del av "det gamla samhället", skall kontrolleras, störtas och revolutio-neras.[408] Under 1800-talet var ett sådant anspråk mer på sin plats, eftersom att levnadsstandarderna var mycket annorlunda. WOKE-kulturen, som bygger på marxismens ideologi om samhällsrevolution, där det grundläggande målet är att ta ner det gamla västerländska systemet, har som mål att förändra samhället – från grunden. Det "offerskap" man tror sig bära på, ger en automatisk rätt att förstöra det som de förmodade "förtryckare" har byggt upp. Man tänker sig att man är så vis, kunnig och bemedlad, att man kan förgöra 20.000 år av mänsklig historia och komma med något helt eget och nytt – som skulle vara bättre än det som män och kvinnor har ut-vecklat under tusentals år. Alla grundlagar som samhäl-let vilar på, rätten till yttrandefrihet och rätten att anses vara oskyldig tills lagen har bevisat annat, är gamla och har vuxit fram i takt med civilisationen. Man tror likväl att man kan bygga upp något som ingen annan någonsin gjort.[409]

407 Shelby Steele - White Guilt and the Identity of Innocence
408 James Lindsay talks of National Danger of Marxism
409 The Absurdity of Socialism, Jordan B Petersen and Dave Rubin
    https://www.youtube.com/watch?v=QpjCca9Beww

Ett exempel är när en föreläsare, Dinesh D'Souza föreslog att man skulle pröva omfördelningspolitik och ge bort alla studenternas mobiler till de fattiga, varpå de flesta av studenterna sade nej och skruvade på sig. Vad dessa studenter inte tänkte på var att det var det västerländska samhället som hade gett dem möjligheten att äga en mobil. I teorin var den marxistiska iden god men i praktiken fungerade det inte lika bra. WOKE-generationen hävdar att de kämpar mot västerlandets förtryckande patriarkaliska system. Denna världssyn är ett okomplicerat svart-och-vitt-tänkande utan nyanseringar. Tittar man på historien är många historiska perioder fulla av blodsdåd; många verk har skapats som har fört utvecklingen framåt. Man slänger inte hela boken av Nietzsche bara för att man hittar något som man inte håller med, detta arv av stora författare mänskligheten har fått till sig, de författare som i sina liv led mer än oss. Nuförtiden avfärdar man detta inom WOKE-kulturen och har inte förmågan att skilja agnarna från vetet. Det finns ändlöst många uppfinningar och gamla koncept som är både nödvändiga och bra, exempelvis våra lagar, som härstammar från det gamla Romarriket. Rätten att äga och oskulden inför lagen. Individens rättigheter. Det vore inte bra att omstörta ett helt system som trots allt bygger på många bra värderingar.[410]

> Of course there are things that are wrong with the world but there are also things that are beautiful and right and youve got to go through this and come back and rescue those things which is much more important than destroying a few obstacles along the way.[411]

Det marxistiska behovet att förgöra och förnya hör till den utopiska ideologin eller progressivismen, samma

410 The Absurdity of Socialism, Jordan B Petersen and Dave Rubin
411 Roger Scruton Why Intellectuals are mostly left

slags progressevism som gjorde att man i Stockholms innerstad raserade gamla, vackra byggnader som tillhörde stadskärnan under 1600-1900-talet. Inom progressivismen strävar man ständigt efter en evinnerlig förbättring, en utopi. Denna utopi är inte verklig och har ingen anknytning i en verklighet. Det handlar om ofullständig kunskap och ett ofullständigt tänkande, man sätter exempelvis inte händelserna i Holodomor i Ukraina där miljontals människor dog på grund av kommunism och marxism under 1930-talet, i dess rätta perspektiv, man lär inte ut det i skolorna i samma utsträckning som man lär ut om Holocaust och nazism.[412] Man sätter inte den egna vänster-kommunistiska ideologin i ett verkligt omvärldsperspektiv.

Vänsterextrema har trots det enväldigt vunnit sympati och stöd från medier och kulturklassen. Människor som annars tar avstånd från all form av våld gör undantag när det gäller vänsterextremister. Att det har funnits sprängmedel och vapen, planerade attacker med i bilden, räknas inte som terrorism i kulturkretsar och akademikerkretsar; man ser istället på vänstervåld med blida ögon. Vänsteraktivister som har varit våldsamma till den grad att de får fängelse hjälteförklaras av WOKE-rörelsen.[413] De som identifierar sig som "extremvänstern", skyr inga medel för att uppnå sina mål. "Ändamålet helgar medlen", som Machiavelli uttryckte under den tidiga medeltiden.

WOKE-generationen utvecklar en identitet, vars ideologi inte kan tåla att bli kritiserad. All kritik och opposition räknas som attacker, liksom i Sovjetunionen socialistiska kommunism eller Nordkoreas kommuniststat eller Kinas kommunistregim. Denna strävan efter en arena där kritik och öppen politisk dialog uteblir gör att

412 Why Marxism is so appealing, Jordan Peterson and Thomas Sowell
413 Uppdrag Gransking, 7 maj 2014, avsnitt 15: "Det Goda Våldet". Om den autonoma vänstern och Revolutionära fronten. Reportrar: Janne Josefsson, Ola Sandstig

debatten fallerar. På detta vis bygger WOKE-generationen sin ideologi på svaghet - en tro på att de är fulländade, utan behov av en verkligt mångsidig debatt. Det är en generation med en övertro på sin uppfattning av världen, i sin ensidiga position. Inom gruppen säger man inte heller emot varandra - åsikterna är likriktade. På detta sätt får yttrandefrihet och det fria ordet allt mindre värde.

> They don't have an argument. They don't say, to me, "your argument is wrong and this is why it's wrong, and here are the following facts which show that you are wrong." They don't have that discussion at all.[414]

Föreställningarna WOKE-generationen skapar utvecklas till omnipotens som utesluter alla andra åsikter. Det problematiska fortsätter när andra åsikter anses vara "felaktiga" och inte får finnas med i den offentliga debatten. Ett sådant fenomen kan förklaras med den bakomliggande orsaken att den nutida människan lever i en diskurs där allt är en åsikt - istället för att det skulle existera *objektiva* sanningar.

> Yes, you see I believe that we're living in an era, in which truth, the idea of objective truth, has been to a very large extent replaced by ideology.[415]

Varför ska alla in i den rådande normen? Skapas det inte diktatur då? En totalitär miljö där nya åsikter ställs in och verklig mångfald förtrycks? En dialog som uteblir, där begreppen blir fastlåsta och samtalet blir slutet? Samtidigt som att revolution blir ett mål - tål man paradoxalt nog inte att bli emotsagd själv.

---

414 Melanie Philips (British journalist, broadcaster and author) - Leaving The Left https://www.youtube.com/watch?v=ZkK7lgcLcSo
415 Melanie Philips (British journalist, broadcaster and author) - Leaving The Left

Det värsta brottet i "Du sköna nya värld" (Huxley) är att avvika från normen. Denna norm har inget att göra med etik och moral, den har utformats uteslutande på användbarhetens basis[416]

Kulturarbetarna som representerar arbetarklassen

Om man ställer frågan – vilka grupper tillhör vänster-väljarna, vilka är vänsters frontfigurerna i partier, media och tv? Vilka är de som är mest utpräglat vänster i det moderna västerländska samhället? Ofta så hittar man den nutida vänstern bland kulturarbetare, medel-klass samt övre medelklass. Samma kulturarbetare som anser sig representera arbetarklassen, insvepta i en nostalgisk "arbetarklassromantik".

Tittar man på hur strukturen ser ut så kan man ob-servera följande: kulturvänsterns åsikter går hand i handske med vänsterideologin och den kommunistiska utopin. Dessa vill i teorin ha mindre kapitalism och mer samröre över klassgränser. Men ser man till deras privatliv så kan man märka följande – de har ofta en homogen partner, med västerländsk härkomst och ett lika homogent umgänge; de har oftast sitt sociala umgänge inom samma klass och kulturkrets. Detta är ett para-doxalt tillstånd; samtidigt som de tillåter sig att tro att de gör det goda genom att i teorin stå bakom väns-terideologi och mångfald, lever de i homogena cirklar av vit medelklass. De lever i en inbillning där de tror sig både äta kakan – och ha den kvar.

Samma parallell kan man dra när det gäller WOKE-klassens ekonomiska resurser. Ofta kommer denna kultur-klass från mer eller mindre välbärgade medelklassfamil-jer som låter dem få en god start och en god utbildning inom humaniora; de uppmuntras att studera på högskola och universitet. Resultatet är att de lever i en sken-

416 Roland Huntford, "Det Blinda Sverige" (The New Totalitarians), sid 9, 1971

fattigdom under ungdomen, då de också "lever ut" väns-
ter-teorin som starkast, men så fort de kommer upp i
medelåldern "hoppar" de klass – obemärkt – då deras
ideologier och ansatser finns kvar, men livsstilen blir
"bekväm". En riktig arbetarklass eller underklass hade
inte kunnat göra detta hopp. Även detta leder till att
både äta kakan (skapa sig en tillhörighet hos den
"goda" vänstern med de "goda" åsikterna) och ha den
kvar (exempelvis investera i bostadsmarknaden med höga
vinster).
Den gamla vänstern var tvungen att kämpa sig fram.
De växte upp i fattiga hem där båda föräldrarna för-
värvsarbetade, där man fick strida för att utbilda sig
och få bra betyg i skolan. De var ungarna som lekte på
gården, tuffa av den fria leken utomhus, utan
föräldrarnas övervakande. Traditionellt har vänstern
alltid representerat arbetarklass och fattigfolk. Det
är trots allt arbetarklassens rättigheter det har hand-
lat om, samma klass som varit offer för samhället, de
minst fördelade och inte kunnat göra sin röst hörd. Un-
der välfärdsstatens uppbyggande blev även arbetar-
klassen kapitalstark – och tvingades in i konsumtion.
Kulturarbetare med för mycket tid och pengar - passar
inte in i denna tradition.

> Det stora sveket från arbetarrörelsens sida
> var den så kallade historiska kompromissen,
> alltså   Saltsjöbadsöverenskommelsen.
> Socialdemokratin   lämnade   "avskaffande-
> projektet" till förmån för makt, och började
> därför försöka intala sig själv, och folket,
> att kapitalismen inte var så fullt rutten som
> man trott. Hela västvärldens arbetarklass kom
> att bli vad som brukar kallas arbetararis-
> tokrati, som kunde mutas till lydnad med
> hjälp det överskott som imperialismen skapa-
> de. (...) Partiet förlikade sig med de gamla
> makthavarna, gjorde upp med kapitalisterna

och bestämde sig för att hålla tillgodo med det överskott som det kunde fördela till folket för att detta skulle acceptera den rådande maktstrukturen.[417]

Kan det vara så att konsumtionssamhället, som också den vanliga människan drabbas av, är en av de aspekterna som gör oss mer avskilda från varandra? Att statsmakterna på detta sätt försöker söndra och härska – och lyckas med det? Konsumtion tar upp vår tid och hindrar oss från att ifrågasätta rådande samhällsstrukturer och kapital och den bekväma livsstilen gör människor nöjda och mutar oss till tystnad?

Statsmakterna är ansvariga för mer än bara passiviserandet av de nutida generationerna. På något sätt smög sig, trots allt, konsumtionskraften in i den nya generationens kulturvänstern – man måste ha en bostadsrätt på söder och *Polarn O. Pyret* kläder till sitt barn och gärna en antik barnvagn från 1950-talet. Pizzan måste ha tryffelolja på för att gå ner i matsmältningssystemet. Hur hände det? Vad hände med den råbarkade tuffa vänstern som kunde offra sina arbeten på strejker och inte brydde sig om vad omvärlden tyckte om deras barns kläder?

> Around the turn of the 20th century, you did have this revolutionary spirit that a lot of people were latching onto. And the way that it showed up was through young impressionable college students, the children of wealthy parents.[418]

> It had the same kind of social composition that would in later years characterize many radical group-sin which the youthful offspring of privilege called themselves the

---

417 Stig-Björn Ljunggren, Socialdemokratin rider tigern ur Kapitalismens betydelse för Sveriges samhälls- och välståndsutveckling 1850-2016, 2017
418 Dokumentär: Uncle Tom II: An American Odyssey, 2022, Chad Jackson

proletariat. Marxism is the conceit of rich kids with fancy educations.[419]

Occupy Wall Street protesterna: "How many working class people can afford to take a month off to sit in parks and carry on?"[420]

Marxismen har alltid haft en koppling till de välbärgade klasserna. Det började redan vid 1900-talets början. Det var de som hade råd att utbilda sig, att ta ledigt från arbetet och protestera, att skriva pamfletter. - Man idealiserar arbetarklassen så länge man vinner på det och sällar sig till arbetarklassens verkliga offerskap, i brist på eget.

WOKE

Själv-uppoffrandet lever inte kvar hos denna nya vänster-klass som den gjorde hos den gamla, när unga aktivister levde i gamla orenoverade hyresrätter vid Mariatorget, som i Ulf Lundells Jack. Den nya klassen lever i en ny slags ideologi där konsumtion och trendintresse tar en självklar plats, något som inte intresserade de gamla aktivisterna under 1960-talet.

WOKE är en köpstark generation, där många äger fastigheter och köper ekologisk mat och det är första gången i världshistorien som det finns en sådan bred generation av konsumerande lyxvänster eller "gåslevervänster", näst efter de intellektuella vänsteraktivisterna från medelklassen som under alla tider har gästat arbetarklassens initiativ och barrikader. Denna nya "Gåslevervänster", eller "champagnevänstern" bygger administration åt stat och elit, istället för fabriker.

En aspekt som motsäger WOKE-generationens självbild, är att de är invaggade i tron att de tillhör "sin" goda vänster-generation, så länge de har attributen, tillhö-

419 Dokumentär: Uncle Tom II: An American Odyssey, 2022, Man
420 Dokumentär: Uncle Tom II: An American Odyssey, 2022, Thomas Sowell

righeten och språket. Detta gör att de per automatik kan känna sig som de "goda"; de behöver faktiskt inte *handla* "gott" och kan leva kvar i en utopi där den goda gärningen förblir teoretisk. Likväl finns det medlidande och medkänsla inom generationen men detta medlidande stannar vid det yttre, i det teoretiska. Man har mer gemensamt med yuppierna på Stureplan än den gamla vänstern - som var mer vid barrikaderna, ett med handlingskraften. WOKE-vänstern är för bekväm och upptagen av att konsumera och inrätta sig i en kulturellt konstnärlig livsstil. I WOKE-kulturen tycker man bara synd om minoriteter. Men att tycka synd om, mättar inga magar.

Denna identitetspolitik ger en trygghet. Man bygger "sin" roll utefter identitetsgruppen under flera år med attribut, intressen och ägodelar, till storföretagens fördel. Även det "korrekta" språkbruket och jargongen ingår. Man låser in sig i denna roll, som är självförhärligande, till den nivån, att man inte längre ser vad man sker på det kollektiva planet. På så vis sker ett försvagande av individen och ett beroende gentemot trender vilket gör individen tillgänglig och sårbar för konsumtionssamhället och staten.

WOKE har i den mening ett Stockholmssyndrom. De är kidnappade av medierna och konsumtionssamhället vilket i sin tur skänker dem deras identitet. Det är något som man inom politiken använder sig av och det är vad våra makthavare utnyttjar i sin politiska retorik.

The soft bigotry of low expectations

" … to boldly go where no man has gone before" - Star
Trek

Den nutida totalitära staten, vars struktur föddes re-
dan på 1920-talet har långsamt transformerats till en
totalitär WOKE-stat, där åsikter som inte är vänster-
riktade förringas och kallas rasistiska. All kritik och
motstånd mot det socialistiska samhället förringas. Man
använder sig av ett postkolonialistiskt narrativ där
afroamerikaner och andra minoriteter i enlighet med
marxistisk identitetspolitik anses vara förtryckta of-
fer, hela vägen tillbaka till 1600-talet då de togs som
slavar – av den europeiska, "vita" befolkningen. Men
stämmer det verkligen vid en historisk överblick? Och
stämmer det att slaveriet var en uppfinning som "hö-
gern" initierade?

Massajerna och Manuemas

Enligt den afroamerikanske ekonomen och historiken
Thomas Sowell beskrivs slaveriet idag i ett narrativ
som berättar hur afrikaner blev tillfångatagna av eu-
ropéer, men frågan nyanseras inte vilket gör att all-
mänheten inte får tillgång till hela historien. Man
beskriver gärna afrikanerna som offer och "de vita" som
förövare - som även de enligt vetenskapen härstammar
från Afrika[421].

> We are solely children of Africa—with no
> Neandertals or island-dwelling "hobbits" in
> our family tree …[422]

---

421 https://www.forskning.se/2012/09/21/ny-dna-studie-visar-manniskans-kom-
plexa-ursprung-i-afrika/
422 https://www.nationalgeographic.com/history/article/modern-humans-came-out-
of-africa-definitive-study-says

Slaveriet förekommer i flera andra länder under 2000-talet, exempelvis NordKorea - men får inte samma reaktioner, på grund av det marxistiskt-politiska narrativet som enbart uppmärksammar det afrikanska slaveriet för att befästa den afroamerikanska rollen som offer i identitetspolitiken. Därför behöver man uppmärksamma frågan mycket bredare än så.

Det börjar redan vid etymologi och själva ordets betydelse. Ordet "slav" kommer från begreppet "Slaver" - namnet på den befolkning som kom från slaviska länder. Det beror på att många människor ur den slaviska befolkningen, blev under medeltiden förslavade i större delar av världen. Även i Kina och i Indien fanns det slaveri i mycket hög omfattning och de hade fler slavar - än i hela Västerlandet. Många kända monument runtom i världen är uppbyggda med hjälp av slavarbetare. I Sydasien fanns det till och med städer där de flesta av invånarna var slavar. Man tror, på grund av det postkoloniala marxistiska narrativet som utelämnar delar av historien, att Européerna "uppfann" slaveriet när de började ta med afrikanska slavar till Europa. Dock stämmer det inte. Före Columbus tid fanns det massvis av slavar med europeiskt ursprung i Europa. Även i Mellanöstern förslavades människor som sedan togs upp för bland annat militärtjänst.

> As British historian Dan Jones notes in *Powers and Thrones: A New History of the Middle Ages*,
>
> Slavery was a fact of life throughout the ancient world. Slaves—people defined as property, forced to work, stripped of their rights, and socially 'dead,' could be found in every significant realm of the age. In China, the Qin, Han, and Xin dynasties enforced various forms of slavery; so too did

ancient rulers of Egypt, Assyria, Babylonia, and India.

Milton Meltzer's *Slavery: A World History* is both comprehensive and riveting in its presentation. He too recognizes the ubiquity of human bondage:

The institution of slavery was universal throughout much of history. It was a tradition everyone grew up with. It seemed essential to the social and economic life of the community, and man's conscience was seldom troubled by it. Both master and slave looked upon it as inevitable...A slave might be of any color—white, black, brown, yellow. The physical differences did not matter. Warriors, pirates, and slave dealers were not concerned with the color of a man's skin or the shape of his nose.

Thomas Sowell berättar vidare att det sägs att slaveri är ett internationellt fenomen som pågick mellan länder och olika folkslag, men det av mesta slaveriet förekom inom de egna länderna, inte minst av praktiska skäl - man kunde inte frakta så många människor på båtar. De som blev förslavade blev det på grund av att de var sköra och svaga inom det egna samhället - inte på grund av teorier om olika folkslag som kan återfinnas i identitetspolitiken. Om man ständigt hävdar, som man gör idag att afroamerikaner var de enda offren i världen leder det till en förminskande syn av den afrikanska kulturen och till "The bigotry of low expectations", de låga förväntningarnas rasism.

Slaverna och människor ur andra folkslag av europeiskt ursprung, var förslavade i hela 600 år innan den första afrikanska slaven kom till Europa. Över hela världen var detta ett vanligt förekommande fenomen - Afrikaner förslavade Afrikaner, Asiater förslavade

Asiater, och Européer förslavade andra Européer. I Östra Afrika var Massajerna de mest fruktade slavhandlarna, som tillsammans med Araber eller i egen makt, förslavade sina grannstammar. Manuemas, ett afrikanskt krigarfolk var också fruktade slavhandlare och slavdrivare. Afrikas förhållande till slavar porträtteras bland annat i den historiska filmen "House of GA'A"[423]. År 1891 satte de skräck i stammarna i närheten och förstörde skördar. Detta bidrog till den svält som sedan härjade i området.

Och faktiskt var det britterna som fick stopp på slaveriet i Tanganika i Afrika, enligt Sowell, men först år 1922 [424] [425]

En motsägelse till narrativet om den "vite mannen" som förövare, är det faktum att européerna reste till Afrika under mycket svåra omständigheter, med sjukdomar och nöd överallt på sin väg. En europé hade högre chans att få med sig malaria än slavar under sina upptäcktsresor i Afrika. Européernas förväntade livsspann i Afrika var mindre än ett år, på grund av att deras immunsystem var helt annorlunda än den afrikanska befolkningens och de var inte beredda på alla de sjukdomar som drabbade dem. Européerna visste om detta och reste därför endast till hamnarna för handel, där inhemska slavägare bedrev handel.

Så som det skildras i Alex Haleys bok om slaveriet, "Rötter"[426] reste européerna obehindrat runtom i Afrika och plockade slavar. Det stämmer alltså inte. Lika många vita som afrikaner dog på skeppen på väg till Europa. Bara när malariamedicinen uppfanns hade man kunnat erövra Afrika - men då var slaveriet redan på utgång.

423 Film: House of GA'A, Netflix, 2024
424 The truth about slavery, Thomas Sowell https://gript.ie/the-truth-about-slavery/
425 Sowell on Slavery, Posted onJun 5, 2024
https://billmuehlenberg.com/2024/06/05/sowell-on-slavery/
426 Alex Haley "Rötter", 1976

Sowell berättar vidare att flertalet afroamerikaner som var slavägare i Norra USA var nominella slavägare som ägde familjemedlemmar och andra inom bekantskapskretsen. Tusentals afroamerikanska slavägare var kommersiella ägare - precis som deras "vita" motsvarigheter i Södra USA. De ägde slavar på samma sätt som de "vita" amerikanerna ägde slavar och de stred även på de "vitas" sida i inbördeskriget. USA avslutade sedan slaveriet snabbare än vad man gjorde i andra delar av världen.[427]

"I try to give my people a myth to live by".[428] Så uttrycker sig Alex Haley om det narrativ han försöker presentera i sin roman om slaveriet, där de afrikanska och afroamerikanska ättlingarna framställs som de enda offer. Tvärtom ska man nyansera bilden av hur relationen såg ut, inte minst ur ett internationellt perspektiv. Med detta ska man inte tro att det inte var så allvarligt med slaveriet. Det var det och ingen har sagt något annat. Men det finns ytterligare historiska fakta som behöver läggs fram för att bilden ska bli mer objektiv. Till exempel i boken "White Slaves, Black Masters" framgår det att Afrikanska slavägare även ägde vita slavar, före detta resenärer, som de hade tillfångatagit under deras resor.[429]

Professor Henry Louis Gates berättar att en del av de svarta slavarna ägdes av "Native Americans", de nativa amerikanerna i den amerikanska Södern och dessa vägrade att låta slavarna gå fria när övriga USA frigav slavarna. Dessa folk hette Cherokee, Chickasaw, Choctaw, Creek, och Seminole och på den tiden stod de inte under USA:s lagar utan var egna nationer med egna lagar. År 1866 tvingade trots allt USA:s regering dessa stammar

427 The History of Slavery You Probably Weren't Taught in School, Thomas Sowell, https://billmuehlenberg.com/2024/06/05/sowell-on-slavery/
428 Alex Haley, "Rötter",1976
429 Thomas Sowell, "Black Rednecks and White Liberals" s.120, 2006,

att frigöra slavarna och göra dem till medborgare. Chickasaw nationen frigav sina slavar men gav dem inte medborgarskap. De frigivna slavarna var sålunda varken Chickasaw eller Amerikaner. På grund av det narrativ som är befäst i det allmänna perspektivet, erkänns inte dessa viktiga delar av slaveriets historia. Något annat som också inte framgår är att de flesta konservativa eller "högern" – var emot slaveriet. Men på den tiden var högern de progressiva och vänstern de konservativa – demokraterna var de som egentligen ville behålla slaveriet.

Adam Smith var en av motståndarna. Han var emot slaveri, både på humanitära och etiska grunder. Han undervisade sina elever med devisen:

... we may see what a miserable life the slaves must have led; their life and their property entirely at the mercy of another, and their liberty, if they could be said to have any, at his disposal also.[430]

Adam Smith, som anses vara en av grundarna till kapitalism, ansåg att det var viktigt att se till och ta hand om människan inre väsen.

It is evident that the state of slavery must be very unhappy to the slave himself. This I need hardly prove, though some writers have called it in question.[431]

The real story

Så hur kommer det sig att rasism ändå räknas som "höger-extremism"? Enligt den afroamerikanska författarinnan och professorn i politisk filosofi, Dr. Carol

430 Slavery, Adam Smith's Economic Vision and the Invisible Hand (1978, p. 178) https://www.adamsmithworks.org/documents/adam-smith-on-slavery
431 Slavery, Adam Smith's Economic Vision and the Invisible Hand (1978, p. 185) https://www.adamsmithworks.org/documents/adam-smith-on-slavery

Swain[432] var det egentligen det demokratiska partiet som
röstade för slaveriet. Hon menar att de även grundade
Ku klux klan, motsatte sig en återuppbyggnad av det
afroamerikanska samhället och påtryckte segregation,
samt begick kriminella handlingar mot de af-
roamerikanska medborgarna, såsom lynchningar. Demokra-
terna stred även emot "Civil Rights Act", devisen som
upprättade afroamerikanska rättigheter under 1950- och
1960-talen.

1854 startade Republikanerna ett parti med målet att
få ett slut på slaveriet. År 1857 försökte detta hin-
dras av "Supreme Court", Högsta Domstolen I USA med det
kända fallet "Dred Scott v. Sanford" - då man menade
att frigivna slavar inte skulle få bära vapen på grund
av att slavar bara var ägodelar – inte människor. Demo-
kraterna motsatte sig flera tillägg till konstitutio-
nen:

"13th Amendment", år 1865, som skulle
avskaffa slaveriet,

"14th Amendment", år 1866, instifta
medborgarskap för afroamerikaner och

"15th Amendment", år 1869, som skulle införa
rösträtt för afroamerikaner.

Trots det röstades år 1870-1935 många afroamerikaner in
i politiken och alla var de republikaner. På repu-
blikanska sidan var man inkluderande på ett sätt som
man inte var på den demokratiska sidan. Den första
kvinnan, den första politikern med spansk härkomst, den
första politikern med asiatisk härkomst var alla repu-
blikaner.[433]

432 Tenure at Princeton and full professorship at Vanderbilt where she was a
professor of political science and a professor of law
https://carolmswain.com/about/

433 Carol Swain (former proffessor of political science & law, Vanderbilt
University) https://www.prageru.com/video/the-inconvenient-truth-about-
the-democratic-party

De nutida demokraterna i USA som tillhör vänstern, framställer sig som inkluderande, människoälskande och säger sig stå för social rättvisa och antirasism - sedan en lång tid tillbaka. Men stämmer detta verkligen?
Andrew Jackson var den som startade det demokratiska partiet år 1829 och det gjorde han genom att ta land och mark från Amerikas ursprungsbefolkning till de nya europeiska inflyttarna.

> By 1828 - the year Andrew Jackson was elected, the official date for the formation of the democratic party.[434]

Som förtroendevald signerade Jackson en lag "The Indian Removal Act." som innebar att den ursprungsbefolkning, "Native Americans" som inte slängdes ut ur landet, gick en fruktansvärd grym död till mötes.

> As president from 1829 to 1837, Jackson is perhaps most famous for his pivotal role in Native Americans' painful and violent history in the United States. He signed the Indian Removal Act in 1830, which forced the relocation of more than 60,000 Native Americans to clear the way for white pioneers. The act helped lead to the "Trail of Tears," in which an estimated 4,000 Cherokee died during the harsh conditions of a long march during a forced relocation in 1838 and 1839. The Cherokees called Jackson "Indian killer"; the Creek called him "Sharp Knife."

> A slave owner, Jackson spoke about Native Americans as if they were an inferior group of people. "Established in the midst of a superior race," he said of the Cherokee, "they must disappear."[435]

434 Dokumentär: Dinesh D'Souza, Hillary's America, 2016

Den historiska händelsen kallades för "Trail of tears" och utrotade en stor mängd av ursprungsbefolkningen. Liksom de flesta demokrater ägde Jackson hundratals slavar. Förhållandena var fruktansvärda, straffet för att rymma var att bli piskad till döds. Mestadels av demokraterna hävdade att slaveriet var bra både för slavägaren och slaven. [436] Efteråt försökte man deplacera och skylla frågan om slaveriet till den Södra delen av USA vilket ej stämde – i det norra USA fanns det också slavar.

De som opponerade sig mot slaveriet, sågs som ett hot som försökte ta ifrån slavägarna deras ägodelar och rikedomar – och förstöra deras ekonomiska förhållanden. De flesta inom Republikan-partiet var emot slaveriet men blev våldsamt nedslagna i protest.

Demokraterna vägrade ge medborgarskap till afroamerikaner ända fram till 1960-talet då de till slut gav med sig. Republikaner hade löftet om medborgarskap inskrivet i sin konstitution och fler republikaner än demokrater röstade på detta. [437]

Ku Klux Klan grundades år 1865 av demokraten Nathan Bedford Forrest. Han satt som demokrat i regeringen – samtidigt som han var förste "Wizard", en högre rang inom "klanen". Rörelsen bildades när afroamerikanska medborgare började erövra mark och kapital och reaktionen var brutal. Man började även terrorisera republikaner och andra slavmotståndare. Under denna period dödade Ku Klux Klan cirka 3000 afroamerikaner och 1000 vita republikaner.

435 The Washington Post
https://www.washingtonpost.com/news/retropolis/wp/2017/11/28/andrew-jackson-was-called-indian-killer-trump-honored-navajos-in-front-of-his-portrait/
436 Carol Swain (former professor of political science & law, Vanderbilt University) https://www.prageru.com/video/the-inconvenient-truth-about-the-democratic-party
437 Carol Swain (former professor of political science & law, Vanderbilt University) https://www.prageru.com/video/the-inconvenient-truth-about-the-democratic-party

When we look at the history of KKK it was specifically intended to suppress the African Americans from voting from republicans specifically.[438]

A lot of black people were voting for democrats because they were being forced to. If you didn't vote for democrats the Ku Klux Klan is going to lynch your eldest son.[439]

En afroamerikansk journalist och kvinna, vid namn Ida B Wells, en föregångare till Rosa Parks, vägrade att lämna ifrån sig sin förstaklassbiljett på tåget och blev utslängd. I sitt journalistyrke besökte hon planerade lynchningar, tillåtna av demokraterna, så att dessa kunde bli offentligt omskrivna i pressen, vilket de annars inte blev.

Clanbake

Den demokratiska presidenten och professorn Woodrow Wilson, som hade mandattid under året 1913, stöttade och återupprättade Ku Klux Klan. Han visade en hemsk propagandafilm om afroamerikaner, skapad av "klanen" och på så vis fick Ku Klux Klan ett nytt liv bland demokraterna. Trots dessa historiska händelserna menar dagens demokratparti att de alltid har stått för antirasism. Likt Obama fick Wilson Nobels fredspris år 1919, trots att segregation återinfördes under hans tid som makthavare.

Som ett resultat av detta kom tiotusentals KKK medlemmar år 1924 till det demokratiska konventet, som senare fick namnet "The Klanbake" i folkmun; de marscherade genom New Yorks gator och brände kors och firade att KKK fick vara kvar vid demokratiska konventet.

438 Uncle Tom: An Oral History of the American Black Conservative, 2020, Damani B. Felder

439 Uncle Tom: An Oral History of the American Black Conservative, 2020, Chad Jackson

Händelsen är inspelad på film.[440]

The divisions within the party were so profound that fights broke out on the convention floor and across the New York metropolitan area. At one point, 20,000 members of the Ku Klux Klan, which backed leading candidate William Gibbs McAdoo, "battered to a shapeless pulp" an effigy of New York Governor Al Smith, the other front-runner, at a demonstration across the Hudson River in New Jersey, wrote historian Robert K. Murray in The 103rd Ballot: Democrats and the Disaster in Madison Square Garden.[441]

President Wilson hade gett ett löfte till "klanen" om skydd och införande om nya lynchningslagar. Som flest hade Ku Klux Klan 2-3 miljoner medlemmar, lika många som Hitlers brunskjortor.[442]

The Big Switch

En stor del av demokraterna i USA hade alltså gett stöd åt segregation, slaveri och rasism men började senare att förneka alla sina snedsteg – förneka det in i det sista. Nu anses demokraterna stå bakom mångfald och an-tirasism, medan högern anklagas för rasism. Detta kal-las för "The Big Switch" i USA; paradigmskiftet av hö-gern och vänstern som även skedde i USA – och utan skenbar anledning blev de konservativa deplacerade som de "onda" och demokraterna som de "goda". Detta lär man

440 40,000 Ku Klux (1925) - British Pathé https://www.youtube.com/watch?v=BnI8SUQPB4k

441 Smithsonian Magazine: June 24, 2024, Why the 1924 Democratic National Convention Was the Longest and Most Chaotic of Its Kind in U.S. History https://www.smithsonianmag.com/history/why-the-1924-democratic-national-convention-was-the-longest-and-most-chaotic-of-its-kind-in-us-history-180984590/

442 Carol Swain (former professor of political science & law, Vanderbilt University) https://www.prageru.com/video/the-inconvenient-truth-about-the-democratic-party

inte ut i skolorna. En afroamerikansk före detta polis som har lärt sig att leta efter en helhetsbild av den historiska sanningen uttrycker sig på följande sätt:

> I have learned to go beyond just listening to what CNN says or even Fox news (…) and what they are selling and I'm able to listen and do the research on my own so I know who I believe in who I am voting for and why. I used to be a democrat I used to be a hardcore "Barack-Obama-the-democrats-are-only-here-to-help-the-people" and then I found out that the Democratic party was the party of slavery, Ku Klux Klan, they were opposed to the civil rights movement the 13th, 14th, 15th amendment which freed the slaves and gave black people citizenship and the right to vote that democrats unanimously voted against all of those rights.[443]

Vad man inte lär ut idag är att det var fler republikaner som röstade för afroamerikanska rättigheter än demokrater. Lagförslagen arbetades dessutom fram av republikanerna. En man som specifikt möjliggjorde att medborgarrätten och rösträtten kom till skott – Everett Dirksen, fick sedan ett pris från NAACP (National Association for the Advancement of the Colored People) som tack. Det som istället tar plats i den offentliga mediedebatten är att demokratpresidenten Lyndon Johnson slutligen skrev på lagförslagen.[444]

> President Johnson was able to get the Civil Rights bill passed and it was perceived that it was an effort on the part of the democrats and so that's a perception and a narrative that has been created that caused the community to connect that momentous event to

443 Uncle Tom: An Oral History of the American Black Conservative, 2020, Brandon Tatum, en afroamerikansk föredetta poliskonstapel
444 Uncle Tom: An Oral History of the American Black Conservative, 2020

the democratic party and theyve been using
that idea to effectively create a perception
that the best friend to the black community
is the democratic party.[445]

Efter paradigmskiftet år 1960, gick det ut ett rykte
att de demokrater som var emot afroamerikanernas rät-
tigheter, skulle ha bytt parti till republikanerna, som
en del av "The Big Switch". Detta hjälper till att
upprätthålla narrativet om att demokraterna är alltid
har varit filantropiska och "goda".

When they want to teach you about somebody
who was great in Black American history and
they happen to be republican they don't tell
you that element and they also, and this is
one of the biggest myths that they tell you,
that the party completely switched.[446]

Det är inte så konstigt, att man inom demokratiska rö-
relsen vill undkomma ansvaret för sin politiska histo-
ria med tanke på det förhållande man hade till af-
roamerikaner och samröret med Ku Klux Klan.

They have to say the party switched because
they cant acknowledged that they are part of
all the worst things that have ever happened
to black people in history.[447]

I verkligheten bytte nästan inga demokrater till det
republikanska partiet. Demokraterna gick inte från vara
motståndare till de afroamerikanska rättigheterna, till
att plötsligt att bli inkluderande, utan hittade bara
ett nytt sätt att fiska röster. Flera demokrater med Al
Gore Sr i spetsen arbetade i bakgrunden för att "The

445 Uncle Tom: An Oral History of the American Black Conservative, 2020,
   pastor Stephen Broden
446 Uncle Tom: An Oral History of the American Black Conservative, 2020,
   Candice Owens
447 Uncle Tom: An Oral History of the American Black Conservative, 2020,
   Brandon Tatum

Civil Rights Act" aldrig skulle bli av, vilket kallas
den längsta "filibustern" i senatens historia[448] Men det
är inte vad man lär ut under historielektionerna i sko-
lan.

> Black people have been taught that the
> democratic party wears the white hat
> when it comes to civil rights and raci-
> al justice and republicans have been
> described as wearing the black hat.[449]

En demokorat, Margaret Sanger propagerade under 1940-
talet för eugenik och rasbiologi. Sanger ansåg, på
grund av rashygieniska skäl, att afroamerikanska kvin-
nor hellre skulle abortera graviditeten än att föda
barnet. Hon ville utrota de enligt henne "dåliga ele-
menten" i samhället, för att ge plats åt "bättre ele-
ment". Hon hyrde specifikt afroamerikanska präster som
skulle sprida dessa idéer och startade "Planned Par-
enthood", en abortklinik som placerades i de fattigaste
områdena i USA. Hon propagerade även att man skulle an-
vända sig av tvångssterilisering, inte enbart på svarta
– utan även på svagsinta. Nazisterna beundrade Margaret
Sanger, som hade en personlig brevväxling med Hitler.

Dessa historiska fakta finns inte med i det offentliga
narrativet och att inte ställa dessa viktiga frågor är
att nedvärdera människors härkomst. Att ständigt tro
att afroamerikaner eller andra minoriteter inte kan
klara sig själva, att ständigt offer-förklara människor
är "de låga förväntningarnas rasism". Men man har inte
alltid ställt minoriteter i en offerposition. Den af-
roamerikanska befolkningen var inflytelserik efter att
de hade blivit befriade från slaveriet. De hade blivit
tilldelade landområden, utbildning, karriär och levde i
kärnfamiljer. Kärnfamiljen har alltid varit en viktig

448 Uncle Tom: An Oral History of the American Black Conservative, 2020
449 Uncle Tom: An Oral History of the American Black Conservative, 2020. Larry
   Elder

del av den afroamerikanska kulturen - fram till modern tid.

Faderslöshet

Under år 2023 levde nämligen hela 71% afroamerikanska barn - utan fäder.[450] Under 1960-talet var faderlösheten istället nere på 25%[451] År 1965 var nämligen enbart 25% av de afroamerikanska barnen faderlösa medan år 2015 var hela 73% utan fäder.[452] Enligt Walter Williams och "census data" från 1840-1940 levde fler afroamerikanska barn med båda föräldrar än motsvarande barn inom "vita" familjer.[453] Man hade en stark religiös övertygelse och skilsmässa var inte ett alternativ. Sedan hände något, som upplöste den afroamerikanska kärnfamiljen. Så vad var det som egentligen hände?

Demokraterna började vinna fler och fler afroamerikanska väljare. Detta skedde efter att "New Deal" upprättades under 1940-talet, ett politiskt program som gjorde att afroamerikaner inte hade så mycket annat att välja på. Massarbetslösheten under president Wilsons mandat gjorde att de blev av med sina jobb och New Deal gav dem bidrag, vilket gav demokraterna fler röster trots att de afroamerikanska väljarna enligt uppgift upplevde att de svek sina politiska rötter.[454] Under 1960-talet fortsatte programmen med "The Great Society Act", där bara kvinnor med barn fick bidrag - endast om de var ensamstående, vilket gjorde att många äktenskap upplöstes - bara för att kvinnorna och barnen skulle överleva och få ekonomiskt bistånd. Den afroamerikanska traditionen vittrade sakta sönder.

450 Uncle Tom: An Oral History of the American Black Conservative, 2020
451 Larry Elder Pregar U, Black fathers matter
452 National Vital Statistics from the Centers for Disease Control and Prevention
453 Larry Elder Prager U, Larry Elder Prager U, Black Fathers Matter, 2017
454 Carol Swain (former professor of political science & law, Vanderbilt University) https://www.prageru.com/video/the-inconvenient-truth-about-the-democratic-party

87 % of the blacks lived below the defined level of poverty in 1940. By 1960, that number had increased to 47%.[455]

I samband med "The Great Society Act" blev familjer separerade och för att kunna försörja sig "valde" kvinnorna bidrag, - framför kärnfamiljen. De blev "gifta" med staten. För varje barn fick multiplicerades bidraget och att vara skild blev, tack vare programmet, ett sätt att försörja sig.[456]

När en afroamerikansk man eller kvinna förvaltar kapital och utbildning under 2000-talet och lyckas med en karriär, utsätts de för rasism av sina egna, som hävdar att han eller hon inte är "svart" utan "vit", att han eller hon är en "Uncle Tom" som sviker den afroamerikanska folkgemenskapen. Hur kommer det sig? Varifrån kommer en sådan attityd? Vad allmänheten inte vet om, är att 1960-talets marxistiska revolution förändrade levnadsförhållandena och attityden för afroamerikaner i USA för alltid, och att Saul Alinsky var med och eldade på denna politiska rörelse. I samband med 1960-talets afroamerikanska marxistiska rörelse började man prata om att den afroamerikanska befolkningen skulle hämnas på den "vita" befolkningen och att det var de "vita" som var fienden. Som en afroamerikansk demokratisk talare uttryckte sig i ett tal under 1960-talet:

> We and white people are mortal enemies. They were not made to be our friends they were made to be our enemies and they are that and they cant be nothing but that, they are locked into that. There is no redemption for them[457]

455 Uncle Tom: An Oral History of the American Black Conservative, 2020, Larry Elder
456 Larry Elder Prager U https://www.prageru.com/video/black-fathers-matter
457 Uncle Tom: An Oral History of the American Black Conservative, 2020, Luis Farakhan

Den marxistiska influensen gjorde även här att männis-
kor började se sig som en del av identitetspolitiken,
som samhällets förtryckta offer. Under 1960-talet ut-
bröt våldsamma upplopp. Den afroamerikanska befolknin-
gen vände sig mot det amerikanska samhället. Flera
talare uppmuntrade afroamerikanerna till att vara arga
och göra uppror.

> There must be a revolution of values in our
> country because some of the values that
> presently exist are certainly out of line
> with the values and the idealistic structure
> that brought our nation into being.[458]

Under 1960-talet fanns även en antydan om en dröm, som
handlade om att den afroamerikanska befolkningen skulle
bli självständig och utveckla sin potential. I prakti-
ken vände man sig istället bort från samhället och en
hopplöshet utbredde sig. Samtidigt började man i insti-
tutioner och inom skola och utbildning, säga att den
afroamerikanska befolkningen var utsatt för rasism och
att denna rasism var systematisk och fanns överallt.
Det postkoloniala perspektivet gjorde sitt initiala in-
tåg.[459]

> I learned that I was black, I was poor, I was
> a woman and that I was not supposed to have
> accomplished the things that I had already
> accomplished which was success.[460]

Med en stagnerad föreställning om att afroamerikaner
måste vara arga, att afroamerikaner är ständigt utsatta
för rasism, att afroamerikaner är arbetslösa - skapades
en bild av offret och självuppfyllande profetia. På så
sätt delades befolkningen i två grupper - "svarta och

---

458 Uncle Tom: An Oral History of the American Black Conservative, 2020,
   Martin Luther King
459 Uncle Tom: An Oral History of the American Black Conservative, 2020
460 Uncle Tom: An Oral History of the American Black Conservative, 2020, Carol
   Swain

vita". Det nuvarande amerikanska demokratpartiet hävdar att det är den vita befolkningens rasism som är det största problemet i det afroamerikanska samhället, och ignorerar istället de egentliga problemen – hög fader-löshet och låg utbildningsnivå.[461]

Dagens demokrater hävdar alltså att de är antirasister. Men det finns en annan bild av deras attityd. 2016 års demokratiska kandidat Hillary Clinton sade i ett tal om eugenikern Margret Sanger:

> I admire Margret Sanger enormously. I am really in aw of her. There are a lot of lessons we can learn from her life and the cause she launched and fought for and sacrificed so greatly for.[462]

Talet, som finns inspelat på YouTube[463] stödjer eugenikern Margret Sangers arbete. Planned Parenthood, den abortklinik som Sanger startade finns nästan bara kvar i Ghettoområdena i USA. Planned Parenthood har hjälpt att abortera bort hela 20 miljoner afroamerikaner sedan 1970-talet. Så här uttalar sig Sanger själv om aborter:

> I think the greatest sin in the world is to bring children into the world that have deceased from their parents, that have no chance in the world to be a human being practically. Delinquents, prisoners, all sorts of things just mark when they're born – that to me is the greatest sin.[464]

> In 1939, Margaret Sanger, founder of Planned Parenthood outlined her plan to eliminate the

---

461 Candace Owens at hearing on Confronting White Supremacy https://www.youtube.com/watch?v=0cUQqPxw3hc
462 https://2009-2017.state.gov/secretary/20092013clinton/rm/2009a/03/120968.htm
463 Hillary Clinton Honors Margaret Sanger at the 2009 Planned Parenthood Honors Gala https://www.youtube.com/watch?v=r4o4WizW2mQ
464 Dokumentär: Uncle Tom: An Oral History of the American Black Conservative, 2020, Margret Singer

Black community: "The most successful, educational appeal to the Negro is through a religious appeal. We do not want word to go out that we want to exterminate the Negro population, and the minister is the man who can straighten out that idea if it ever occurs to any of their rebellious members."[465]

I used to be a drugdealer

Carol Swain menar att istället för att lösa de riktiga problemen inom den afroamerikanska populationen, används slaveri som ursäkt för våld och kriminalitet - man menar att det är rättvisa och att våldet är resultat av offerskapet. Det håller människor under kontroll, liksom en trolldom. De afroamerikaner som kom ut ur slaveriet hade en bättre levnadsstandard - med både karriär och kärnfamilj; än vad man har idag med skjutningar, arbetslöshet, demonstrationer, sprängningar och kravaller.[466]

> The biggest falsehood, the biggest lie that gets repeated is that the kind of disorganization and chaos and violence and self-destruction that we are witnessing in the black community is somehow a legacy of slavery and "Jim Crow" laws (segregationslagarna).[467]

Det finns fotoalbum från tiden innan 1960-talet med oräkneliga fotografier ur den afroamerikanska kulturen, med människor som är uppklädda i finkläder, där de går i kyrkan och söndagsskola. På den tiden rådde starka kristna värderingar i det afroamerikanska samhället, som handlade om arbete och kärlek mot sina närmaste.

465 Dr. Martin Luther King Jr. And The Civil Rights Of The Unborn
   https://www.alvedaking.com/mlk-civil-right-of-the-unborn
466 Dokumentär: Uncle Tom II: An American Odyssey, 2022, Carol Swain
467 Dokumentär: Uncle Tom: An Oral History of the American Black Conservative,
   2020, Bob Woodson

Den religiösa rörelsen födde hopp.[468] En afroamerikansk överklass frodades redan då, och var mer accepterad av det övriga samhället. Många människor såg upp till dem och de var dåtidens förebilder för företagare och politiker. Man hade till och med ett eget "Black Wall Street". Som ett exempel på den förfinade afroamerikanska kulturen som florerade, fanns det afroamerikanska kompositörer som hade skrivit operor och symfonier. Dessa talar man inte om idag. Istället pratar man bara om Beyonce och Tupac Shakur. Hur är det icke-rasistiskt? Hur många av nedanstående afroamerikanska kulturpersonligheter känner man till idag?

Afroamerikanska tonsättare:

Joseph Bologne, Chevalier de Saint-Georges (1745 – 1799)

George Bridgetower (1778 – 1860), Afro-European virtuoso violinist and composer, 'African Mahler'

Samuel Coleridge-Taylor (1875 – 1912)

Florence Price (1887 – 1953)

Afroamerikanska operatonsättare:

H. Lawrence Freeman (1869-1954), *Martyr*, 1891. samt 14 more operas komponerade mellan 1898 och 1947, inklusive en fyra-opera-cykel kallad *Zululand* (1941-44).

Scott Joplin's *Treemonisha* (1910),

Freeman's *Voodoo* (1914),

Clarence Cameron White's *Ouanga!* (1928),

Still's *Blue Steel* (1934)

Troubled Island (1939).

468 Dokumentär: Uncle Tom II: An American Odyssey, 2022, Carol Swain

Nu är det istället Jay-Z, som öppet skryter om att han
har varit knarklangare och Cardi B som är förebilderna.
Enligt Brandon Tatum, före detta afroamerikansk polis,
är detta inte den riktiga afroamerikanska kulturen[469].
Dåförtiden fanns det religion, kultur, plikter och reg-
ler att leva efter – på ett helt annat sätt. Man tog
inte heller några droger. Nu rappar man om sex och dro-
ger och gängkriminalitet för att sälja skivor och tror
enligt Tatum – att det är afroamerikansk kultur[470].

> What we're seeing today is another religion
> communicating another meta narrative and
> another worldview and these murals (grafitti
> på gängkriminella som dött i gängkrig) are
> the stained glass windows of this new
> religion.[471]

Man skriker "död åt Amerika" under Black Lives Matter
kravaller. Protesterna är enorma, bortom något man har
skådat under postmodern tid. Förstörelsen är gigantisk
– butiker, gator och gamla statyer krossas av både af-
roamerikanska och "vita" demonstranter som verkar vilja
förstöra samhället till sin grund.

> You see people try to rewrite history. You
> see them tear down statues and rename
> everything. Why is that? Because your history
> gives you your identity and your identity is
> the basis of your beliefs.[472]

BLM och den tränade marxisten

Det som många inte känner till är att Black Lives
Matters ledare - är "tränade" marxister, med samma vär-
deringar som de ursprungliga marxisterna i öst. När rö-

469 Dokumentär: Uncle Tom II: An American Odyssey, 2022, Brandon Tatum
470 Dokumentär: Uncle Tom II: An American Odyssey, 2022, Brandon Tatum
471 Dokumentär: Uncle Tom II: An American Odyssey, 2022, Voddie Baucham JR
472 Dokumentär: Uncle Tom II: An American Odyssey, 2022, Dr Ben Carson

relsen bemöttes med oro om en avsaknad politisk ideologi svarade grundarna:

> We actually do have an ideological frame[work]. Myself and Alicia [Garza] in particular, we're trained organizers; we are trained Marxists. We are super-versed on, sort of, ideological theories. And I think that what we really tried to do is build a movement that could be utilized by many, many black folks.[473] Patrisse Cullors, 23 juli 2015

Samma strategiska politiska ideologi som Sovjetiska kommunister använde när de tilltalade folkets förtryck, deras sorg och smärta och istället lovade dem utopi – står bakom Black Lives Matter-rörelsen. Karl Marx ville få bort religionen och på dess ställe föddes istället ikoner som Stalin och Lenin i Sovjetunionen. Istället för vad man lovade kom död, svält och en mer förtyckande stat än någonsin. Samma grundidéer är befästa i BLM.

De som startade Black Lives Matter (BLM) är Patrisse Cullors, Alicia Garza and Opal Tometi. Dessa är så kallade "tränade" marxister som har fått en utbildning i Alinskys "Community Organizing". Deras lärare, en fd vänsteraktivist heter Eric Mann, har startat "Transformative Organizing Workshop", ett center där studenter *tränas* i att "leda" och organisera grupper.

Eric Mann organiserar människor som vill bli revolutionärer. Han är alltså en "vit" marxist - som står bakom BLM, en afroamerikansk rörelse. Det var han som utbildade BLMs ledare bland annat i hur man kritiserar det rådande, traditionella samhället och hur man kritiserar kapitalism. Black Lives Matter är en rörelse med tusentals människor som har varit med i flera hundra våldsamma kravaller och förstört städer för 4 miljarder

---

473 "We Are Trained Marxists" - Patrisse Cullors, Co-Founder, Jared Ball of The Real News Network. https://www.youtube.com/watch?v=HgEUbSzOTZ8

dollar. Patrisse Cullors blev marxist vid 17 år och hon beskriver den perioden i sitt liv "när hon var arg".[474]

When you are angry it's very easy to be deceived it's very sad to see black people operate in that there's a lot of members in the black community who are operating in a very negative energy.[475]

Black people were always ripe for use by communists because many of us do come from situations of poverty.[476]

Att den afroamerikanska befolkningen i USA är de mest rika, liberala framgångsrika "svarta" i hela världen är något som undgår många. Många av dessa framgångsrika - välutbildade, politiker, akademiker äger enorma mängder kapital. Att afroamerikaner inte har goda förutsättningar att lyckas i USA är alltså en lögn som ska bidra till den självuppfyllande profetian.[477]

If you keep yourself in this constant state of "Woe is me, I'm disadvantaged, Ill never accomplish anything", Then you won't accomplish anything.[478]

Den som står bakom tekniken i hur man organiserar revolutionärer är Saul Alinsky. I hans bok, "Rules for radical" lär han ut både taktik och strategi. Där står det bland annat att man får ljuga och manipulera för att uppnå målet - om det är för en god orsak. Alla hans taktiker är samma verktyg som har använts för att genomföra BLM revolutionen. Enligt den allmänna uppfattningen är Black Lives Matter en afroamerikansk organi-

474 Dokumentär: Uncle Tom II: An American Odyssey, 2022
475 Uncle Tom: An Oral History of the American Black Conservative, 2020, Michael Ayetrwa
476 Dokumentär: Uncle Tom II: An American Odyssey, 2022, Carol Swain
477 Dokumentär: Uncle Tom II: An American Odyssey, 2022, Voddie
478 Dokumentär: Uncle Tom: An Oral History of the American Black Conservative, 2020, Chad Jackson

sationer som har kämpat för den afroamerikanska befolkningen. Istället är det "vita" marxister, såsom Alinsky och Eric Mann och deras teorier som står bakom – teorier med samma ursprung som Gramcis lära om den långsamma infiltrationen av ett samhälle.[479]

> As early as 1928 the communists declared that the racial differences among our people constituted the weakest and the most vulnerable point in our social fabric. By constantly probing and staying at this one spot they calculated eventually the cloth could be torn apart and that Americans could be divided, weakened and perhaps even set against each other in open combat.[480]

Att på så vis dela människor, använda deras frustration till få dem att slåss med varandra, istället för skapa gemensamma mål, att få sin demonstration understött av media och genom protester, hot och ett användande av martyrer, få världen att tro att revolutionen är utspridd bland människor och därefter neutralisera all motstånd. Namnge motståndarna som fascister, nazister, antisemiter, extremister och rasister. Då har man arbetat med Saul Alinskys tekniker och "Community organizing" för att få vissa grupper av människor att resa sig mot andra grupper.

Man gjorde en undersökning och ställde frågan hur många obeväpnade afroamerikanska människor, av 334 miljoner invånare, polisen sköt i USA år 2019. 5% svarade att de trodde att hela 10.000 hade blivit skjutna. 50% svarade att det var 1000 som hade blivit skjutna. Det korrekta svaret var 12. Skillnaden mellan vad en opinion *tror* på

479 Dokumentär: Uncle Tom II: An American Odyssey, 2022
480 More Deadly Than War - Lecture by G. Edward Griffin 1969 https://stateofthenation.co/?p=33996

grund av medias förvanskning och vad som faktiskt stämmer – är gigantisk.[481]

The ideology is implanted in to you subconsciously to believe these things.[482]

White Guilt

Man försöker implementera att de "vita" är förtryckare och de "svarta" är offer. De vita förtryckarna är innehavare av ett laddat begrepp som heter "Whiteness" – ett slags "ägandeskap" av olika fördelar som ärvs automatiskt på grund av hudfärg, som enbart beror på att du är "vit".[483]

Detta är en av pelarna i "Critical Race Theory", en teori som innebär att en vit "superstruktur" är anledningen till att det finns strukturell rasism. Därför strävar man efter att utplåna och förminska "vitheten". Alla andra folkgrupper har rätt till etnisk tillhörighet – utom den västerländska. Enligt identitetspolitiken står den västerländska folkgruppen i ständig skuld till alla som har annan hudfärg - per automatik.[484]

> When the race problem comes up, they're not driven to fix the problem, they're driven to get that anxiety out of their life; what do I need to do to get them on my side to get past this judgment that I live in and that is what white guilt is, that terror, that automatic judgment that you are a racist.[485]

481 Dokumentär: Uncle Tom: An Oral History of the American Black Conservative, 2020, Larry Elder
482 Dokumentär: Uncle Tom: An Oral History of the American Black Conservative, 2020, Brandon Tatum
483 James Lindsay | WOKE Culture HAS NOT Gone Too Far - 6/8 | Oxford Union
484 Queer Theory is Gender Marxism, James Lindsay, New Discourses
   https://www.youtube.com/watch?v=JNW79czfibw&t=122s
485 Shelby Steele - White Guilt and the Identity of Innocence

293

Detta kallas "White Guilt". Man romantiserar och ideo-
logiserar de andra kulturerna – men vill förneka sin
egna, västerländska kultur. Om man visar tacksamhet
över den egna kulturen är man "rasistisk" mot de som
enligt identitetspolitiken har ett företräde. Shelby
Steele är en afroamerikansk författare och forskare med
Phd, i bland annat statsvetenskap:

> White guilt is the anxiety white people carry
> in their everyday life, because they know
> they're being prejudged on the basic of their
> race, as whites, and as whites, they are
> automatically reflexively seen as racists.[486]

Enligt Steele har detta inget att göra med verklig
känsla av skuld, snarare med en ångest som är diffus
och svår att sätta fingret på. Istället uppträder en
känsla av skuld och skam som man omedelbart vill bli av
med.

> White guilt has nothing to do with actual
> guilt, white guilt is the terror of being
> judged as a racist as a bigot. We talk about
> universities and political correctness these
> are ways to say I'm innocent (...) White
> guilt causes this drive to prove and
> establish innocence. white guilt is meant to
> disarm you of moral authority (...) they're
> saying you're a racist you don't have the
> moral authority to deal with whatever issue
> were dealing with.[487]

Steele menar att fenomenet påverkar utbildningsinstitu-
tioner genom att man i väst tror att man behöver "rena"
sig från "White Guilt". Utbildningsinstitutioner,
kulturarbetare och andra låter sig styras av begreppets
makt. Man använder sig av uttalanden som det nedan-
stående exemplet, när man implementerar "White Guilt",

486 Shelby Steele: 'White Guilt is Not Real Guilt'
487 Shelby Steele – White Guilt and the Identity of Innocence

och vem skulle inte känna skuld när man får höra något sådant?

> White supremacy is the backbone of political and economical disenfranchisement of the black folks[488]

Enligt Shelby Steele är det ett vapen som används av politiker och media. Ett exempel är det kända citatet av Barack Obama, den första afroamerikanske presidenten i västerlandet - "Racism is in Americas DNA":

> "Racism, we are not cured of it" … "What is also true is that the legacy of slavery, Jim Crow, discrimination in almost every institution of our lives — you know, that casts a long shadow. And that's still part of our DNA that's passed on. We're not cured of it."[489]

Det ständiga sökande efter bekräftelse på oskuld och antirasism, som fenomenet "White Guilt" ger upphov till, förvandlas i sin tur till en svaghet, som används - i bland annat valkampanjer.

> Hilary Clinton in her deplorable statement now famous as a perfect example of saying: "These people are racist - I am innocent. You vote for me - you prove your innocence. I offer you an identity of innocence" is that susceptibility, that vulnerability in the political arena, people are going to play on it. They're going to exploit this.[490]

488 Dokumentär: Uncle Tom: An Oral History of the American Black Conservative, 2020, Michael Eric Dyson
489 WTF with Macron, Episode 613, June 22, 2015 https://www.wtfpod.com/podcast/episodes/episode_613_-_president_barack_obama
490 Shelby Steele - White Guilt and the Identity of Innocence

80-90% av USA:s media är ägt av en vänsterelit.[491] Samma sak gäller institutionerna. Det gör att det blir lätt att hamna i identitetspolitikens kategorier. Så har det inte alltid varit. Den afroamerikanska befolkningen behöver se sin egen styrka, resa sig och ta tillbaka sin ekonomiska och sociala makt och potential; istället för att man ser ner på individer och folkgrupper som offer.

> My parents didn't teach me that I was a victim. But there were other influences that did. Whether were talking about uncles and aunts and the hip-hop industry, the media; it painted a picture of the black man in America as being in a constant state of distress a constant state of disadvantage.[492]

Leaving already?

Processen att gå från vänster/proggressivism till "höger", att byta sida eller bli "neutral" är inte lätt – särskilt om man tillhör det afroamerikanska samhället. Amala Ekpunobi är afroamerikan och före detta vänsteraktivist, som trodde att det existerar en så kallad systematisk rasism, som genomsyrar samhället och hindrar afroamerikaner från att få karriär i samhället.

> ...And black America has been programmed to believe that we can't.[493]

Ekpunobi tillhörde en vänsterorganisation som reste runt i skolor och pratade med mellanstadieelever för att upplysa dem om socialism och marxism. Hon föreläste för att de, liksom hon skulle bli mer "WOKE". Hon trodde att hon förändrade världen. Ekpunobi levde sitt liv

---

491 Dokumentär: Uncle Tom: An Oral History of the American Black Conservative, 2020, Larry Elder
492 Dokumentär: Uncle Tom: An Oral History of the American Black Conservative, 2020, Chad Jackson
493 Dokumentär: Uncle Tom: An Oral History of the American Black Conservative, 2020, Candace Owens

genom det politiska feministiska och antirasistiska perspektivet. Detta hierarkiska synsätt kändes fel för Amala Ekpunobi som på kvällarna gick hem till sin "vita" familj som hade tagit hand om henne hela livet och sett till att hon hade fått utbildning och uppfostran. Något stämde helt enkelt inte.

Hon blev stoppad av polis, och blev, på grund av den mediala bild BLM hade spridit i nyheterna jätterädd för att bli skjuten. Hon grät och tårarna sprutade. Men polismannen sade bara 'jag vill inte skada dig, kör bara saktare' och gick.[494] Media och politiker fokuserar på en vit polis som skjuter en afroamerikan, samtidigt som man "framar" bort att det egentligen är afroamerikaner som skjuter flest afroamerikaner i ghetton:

> In Chicago in 2011 - 21 people were shot and killed by cops, in 2015 they were 7, in Chicago which is a third white, a third white and a third Hispanic community, 70% of the homicides are black on black. (…) Where is the Black Lives Matter on that?[495]

> More blacks are killing blacks in one year, then the Klan killed in 70 years.[496]

Hur kommer det sig att man använder en retorik som bidrar till ett förnekande av de verkliga problemen som finns i ghettot? Amala Ekpunobi undrade om den retorik som existerar verkligen stämmer. Hon tog upp det med den vänsterorganisation som hon var medlem i. Deras svar var 'du vet bara inte hur förtryckt du är'. Då bestämde hon sig för att sluta och istället vidga sitt perspektiv. Hon hörde en intervju med en afroamerikansk polis som berättade en helt annan bild av verkligheten

494 Why I Left the Left — Amala Ekpunobi at Washington University in St. Louis, 10 dec. 2022
495 Dokumentär: Uncle Tom: An Oral History of the American Black Conservative, 2020, Larry Elder
496 Uncle Tom: An Oral History of the American Black Conservative, 2020, Bob Woodson

297

och samtidigt visade upp en annan statistik. Ekpunobi
upplevde då att hon var på väg "Down the rabbit hole"
när hon upptäckte fler och fler tänkare som sade emot
allt hon tidigare hade trott.[497]

> The only way I can operate as a human
> being is via my skin color, I can't
> operate via my intelligence, or the
> things I have accomplished, my resume
> should be: 'I'm black'.[498]

När Amala Ekpunobi spelade in och publicerade en video
om sin politiska resa fick hon väldigt mycket näthat
och blev kallad "Uncle Tom" och rasist. Det hade hon
inte förväntat sig.

> The left claims that they advocate for black
> people but they really advocate for left-
> winged black people.[499]

Hennes upplevelse var att så fort man inte var vänster
blev man helt utesluten ur den sociala sfären hon tidi-
gare hade tillhört. Man ville inom organisationen inte
prata om det eller lyssna på henne, och detta gjorde
man helt öppet och demonstrativt.[500]

> An Uncle Tom is somebody who has sold out by
> embracing the white man, by becoming a
> Republican (att lämna vänstern, författarens
> anm) by rejecting the idea that you're a
> victim.[501]

---

497 Why I Left the Left — Amala Ekpunobi at Washington University in St.
Louis, 10 dec. 2022
498 Dokumentär: Uncle Tom: An Oral History of the American Black Conservative,
2020
499 Dokumentär: Uncle Tom: An Oral History of the American Black Conservative,
2020, Larry Elder
500 Why I Left the Left — Amala Ekpunobi at Washington University in St.
Louis, 10 dec. 2022
501 Dokumentär: Uncle Tom: An Oral History of the American Black Conservative,
2020, Larry Elder

Amala Ekpunobi anser att Utbildningsväsendet har mycket ansvar i det, då de inte längre skapar förutsättning för en nyanserad utbildning. Hon anser att utbildningsväsendet har blivit mer vänster. Man skriver vinklade artiklar och böcker. De publiceras vilket blir till föreläsningar som går ut till studenter, som efter utbildningen arbetar i företag, skolor, utbildning, medier och detta fortsätter.[502]

> I started asking questions like if the white man is holding me back because Im black, why is it that they're not holding Jesse Jackson (demokratisk afroamerikansk aktivist) and his family back, the NAACP[503] and all them – their kids went to the best schools, they had fathers and mothers in their homes and they were doing very well.[504]

De afroamerikanska förebilderna som var starka och arbetade sig upp i samhället, till exempel professor Thomas Sowell uteblir från skolundervisningen och historieböckerna. Han lär utifrån sin forskning ut om en mer omfattande bild av slaveriet:

> Why wouldn't They teach us about Thomas Sowell in school?[505]

> I know Le Bron James. I know all these rappers. I don't know Thomas Sowell? I don't know about Walter Williams[506]? If there's one person you'd think black America would be celebrating [it would be Thomas Sowell]...[507]

502 Why I Left the Left – Amala Ekpunobi at Washington University in St. Louis, 10 dec. 2022
503 National Association for the Advancement of Colored People
504 Uncle Tom: An Oral History of the American Black Conservative, 2020, Jesse Lee Peterson
505 Dokumentär: Uncle Tom: An Oral History of the American Black Conservative, 2020, Brandon Tatum
506 American economist, commentator, and academic (1936-2020)
507 Dokumentär: Uncle Tom: An Oral History of the American Black Conservative, 2020, Candace Owens

Its like having a very successful family that
you never knew you had until your grandfather
dies and you all meet at the funeral. While I
was hanging out with my cousin smoking weed,
we got people in our family that have gone to
Harvard. We have people in our family that
own businesses. Highly successful. Why have
you hidden this from me?[508]

På sin arm har Amala Ekpunobi en "Black Power" näve in-
tatuerad. Det är samma näve, som figurerar i feminis-
men. Det är - den Marxistiska näven.[509]

508 Dokumentär: Uncle Tom: An Oral History of the American Black Conservative,
2020, Chad Jackson
509 Why I Left the Left — Amala Ekpunobi at Washington University in St.
Louis, 10 dec. 2022

Söndring & härskande

- show me the man and Ill find you the crime.

Lavrentiy Beria

Idag representerar feminism den största delen av jämställdhetsrörelsen och en kamp för rättvisan. Det är en global rörelse, som kan återfinnas i de flesta delarna av världen. Denna rörelse är betydligt större än mansrörelsen, som många feminister och WOKE-människor anser vara onödig. Varför ska man ha en mansrörelse när det *enbart* är kvinnor som är förtryckta och offer för patriarkatet? Genusteori finns idag vid många olika institutioner, universitet och högskolor. Feminism och frågan om jämställdhet lärs ut i skolorna och - redan i förskolor. Problemet är att kvinnorörelsen har blivit kapad - av marxism och den marxistiska inverkan gör att den feministiska rörelsen är infiltrerad av identitetspolitik:

> Gynocentric feminism defines women's oppression as the devaluation and repression of women's experience by a masculinist culture that exalts violence and individualism.[510]

Feminismen hämtar sin legitimitet ur teorin som hävdar att kvinnor under hela historien har varit förtryckta och således nekade tillträde till både makt, arbete och social ställning. Att kvinnorna alltid har varit offer för patriarkatet och de mäktiga männen som nekade dem livet.

Men denna tolkning av det historiska samhället ger

---

510 Christina Hoff Sommers, "Who Stole Feminism" sid 73, 1994

en ensidig bild av det förflutna. En mer omfattande världsbild skulle berätta att många kvinnor i historien hade både god social ställning, makt och betydelsefulla yrken. En kvinna från överklassen hade exempelvis mer makt och mer kulturellt och ekonomiskt kapital än en man ur arbetarklassen. En mäktig kvinna, drottning Elizabeth I lär under sin tid ha uttalat följande:

Men fight wars. Women win them.[511]

Exempelvis levde och verkade en stor mängd utbildade kvinnliga filosofer från 1100-talet fram till idag. Bland annat den världsberömda *Hildegard av Bingen* samt *Christine de Pizan, Marie de Gournay, Anne Conway, Catherine Trotter Cockburn och Catharine Macaulay Graham* bara för att nämna några. Dessa kvinnor hade stor makt och en god ställning i de flesta av samhällets topparenor.[512] Vidare fanns det bildade kvinnor som forskade, studerade och doktorerade, ända från den tid då människor började utbilda sig. *Julianna Morell* började år 1594 studera grekiska, latin och hebreiska och doktorerade sedan i juridik år 1608.[513] Andra kvinnor som inte nämns här hade samma position och anledningen till varför människor inte känner till detta är på grund av bristande intresse - inte eftersom sådana kvinnor inte har existerat.

År 1639 fanns *L'Ecole des Ursulines de Quebec*, i USA, en skola som utbildade enbart kvinnor, dit män inte hade tillträde.[514] För att inte tala om alla regerande kvinnorna ur *Medici*-klanen, som på sin tid, var den mäktigaste familjen i hela världen. Men även de kvinnor som inte var berömda eller rika hade tillgång till statusyrken i hela samhället. Kvinnor arbetade som till exempel som smeder från 1700-talet och framåt. De

511 Queen Elizabeth I
512 Anna-Karin Malmström-Ehrling, "Kvinnliga filosofer från medeltid till upplysning", 2003
513 Bob Lewis,"The feminist lie" 2017
514 Bob Lewis "The feminist lie" 2017

hade egna smedjor eftersom att männen - de var tvungna att gå ut i krig. Kvinnor har i alla tider varit författare, gruvarbetare, kanslister, chefer för fabriker och innehaft andra viktiga positioner. För att inte tala om alla adelskvinnor och godsägarinnor av högre rang.

My dear, never give up a crown. To anybody.[515]
Cathrine Medici

Hela historien är full av kvinnor som hade mäktiga roller, god ställning och oumbärliga yrken som bidrog till samhällsutvecklingen på alla tänkbara plan. Hade man frågat en mäktig kvinna under 1800-talet om hon kände sig förtryckt hade svaret inte nödvändigtvis varit ja.

Rösträtten

Samma sak gäller den kvinnliga rösträtten. Kvinnlig rösträtt i Sverige liksom i USA kom till strax efter att den allmänna rösträtten för män hade röstats in. Innan dess kunde enbart de rika och högborgare rösta. Innan den allmänna rösträtten gick i lag, fanns det även så kallade "rösträttssstreck". Detta innebar att man var tvungen att göra något särskilt för att få rösta, i detta här fallet var det att till exempel utföra värnplikt.

I det nya valsystemet gavs förvisso majoriteten av den produktiva manliga befolkningen möjligheten att uppfylla villkoren - men rösträttssstrecken och deras påverkan på valmanskåren gör det svårt att hävda att rösträtten i reformen 1909 var helt oberoende av klass, inkomst och förmögenhet.[516]

515 Cathrine Medici
516 Ebba Åselius, "Den begränsade rösträtten Rösträtt med förhinder. Rösträtts strecken i svensk politik 1900-1920", sid 13,2005

"Försäljare Johan Emil Fredlund fick ett brev … från Stockholms magistrat, … som upplyste honom att han inte hade rösträtt inför riksdagsvalet 1911. Han hade drabbats av *flyttningsstrecket*, … [han] var nyinflyttad till Stockholm och hade tidigare bott i Spånga. [Detsamma] hade även drabbat järnarbetaren Jonas Edvard Andersson … ." På den tiden betalade man själv in skatten och skulle visa upp kvitton innan man flyttade från ett boende.[517]

Det fanns många välbärgade högerkvinnor som gav sig in i politik och man började att anse att deras medlemskap var väldigt positivt - i en era, där demokrati fortfarande var ett heltigenom nytt statsskick. Det var således inte så att männen hade fått rösta i flera tusen år innan kvinnorna. Demokrati och rösträtt fanns inte förrän slutet av 1800-talet då det bit för bit började ersätta det gamla maktstyret. Många män hade inte heller tillgång till en röst.

Om nu rösträtten var allmän [för män] varför diskvalificerades i så fall Fredlund Andersson och närmare 283.000 svenska män?[518]

Första världskriget gjorde i United Kingdom att man nödgades att ge rösträtten till de män, som hade varit ute och kämpat i kriget, som innan dess inte hade fått rösta. Innan dess var rösträtten ett privilegium för överklassen. Samma sak gällde kvinnor - I United Kingdom fick överklasskvinnor rösträtten först och arbetarklassens kvinnor tio år senare. Rösträtten var en fråga om klass mer än kön.

---

517 Ebba Åselius, "Den begränsade rösträtten Rösträtt med förhinder. Rösträtts strecken i svensk politik 1900-1920", sid 11,2005
518 Ebba Åselius, "Den begränsade rösträtten Rösträtt med förhinder. Rösträtts strecken i svensk politik 1900-1920", sid 13,2005

They couldn't have young men returning from the horrors of the first world war who had served their countries, the ultimate act of self-sacrifice and then not have the right to vote. Up to 40% of men didn't have the right to vote in 1914 because they didn't own properties and they didn't meet the proper qualifications.[519]

De flesta politiskt engagerade kvinnor röstade på Högern, som sedan skulle komma att heta Moderaterna, bland annat eftersom de flesta på den tiden hade en anknytning till kyrkan. När rösträtten uppstod samtidigt med att regeringen blev styrande i parlamentarism, uppstod den demokrati som fortlever än idag. Parlamentarismen opponerade sig högern mer emot - än den kvinnliga rösträtten som gick igenom utan större problem.[520] I dag vill Socialister övertyga om att de alltid har varit för jämställdhet, medan "högern" skulle vara partiet emot, vilket inte stämmer. I USA var det exempelvis en republikan och överdomare vid namn William Taft som tog bort de lagar som hindrade kvinnor från att rösta.[521]

Vilka var hjältarna?

Många inom rörelsen går tillbaka till feminismens ursprung och framställer kvinnorna som slogs för kvinnorättsfrågor - suffragetterna - som hjältar. Dessa suffragetter struntade helt i alla lagar och skall ej förväxlas med "suffragister", som var laglydiga. Suffragetterna, som systematiskt terroriserade större delen av sin omgivning genom terrorvåld, har trots det fått en hjältestatus i dagens kulturetablissemang i väst-

---

519 Channel 4 news Dr Caitriona Beaumont, Associate Professor, London South Bank University
520 Ideologier 2019 - Moderaternas idéer, Torbjörn Nilsson
521 Dokumentär: Uncle Tom: An Oral History of the American Black Conservative, 2020, Chad Jackson

världen. Dessa kvinnor, som kom ur överklassen eller övre medelklassen och levde och verkade som feminister under början på 1900-talet, ansåg sig berättigade att anstifta mordbränder, planera bombräder, utföra syraattacker, hota och förfölja både män och kvinnor som inte ville lyda under deras paroller. Detta är inte olikt den terror som marxisterna utsatte sina offer för i kravallerna under den ryska revolutionen.[522]

> By 1912-1913 you had women ingaging in quite serious violence such as bombing campaigns, timber yards were blowned up and homes were attacked, bombs were left on trains and in post offices.[523]

Womens Social and Political Union 1903-1914, som ganska snabbt blev en våldsam organisation, hade mottot "deeds not words", handling inte ord. De handlingar som det syftades på var terrordåd av olika slag, till exempel bombningar och mordbränder som terroriserade Storbritannien under en lång tid och som involverade ett hundratal militanta räder. Dessa räder ledde till att de radikala suffragetterna kom i fängelse. Dessa suffragetter och överklasskvinnor trodde att de kunde komma undan med sina brott och det gjorde de i och med att de nu blir ihågkomna som hjältar i den nutida feministiskt-marxistiska rörelsen.

De flesta männen ur arbetarklassen hade vid den tidpunkten inte rätt att rösta. Men Emmeline Pankhurst som var suffragetternas förgrundsgestalt var inte intresserad av arbetarklassen över huvud taget. Inte heller var hon intresserad av arbetarklassens kvinnor, alla de kvinnor som vid den tiden faktiskt hade ett arbete:

---

522 The Suffragette Bombers – Britains forgotten terrorists, Simon Webb, Pen & Sword 2014. & The Incendiary Rage of the Suffragettes – The Fiamengo File 2.0 https://www.youtube.com/watch?v=wVPmoVZCFrA
523 Channel 4 news Dr Caitriona Beaumont, Associate Professor, London South Bank University, Suffragettes vs Suffragists: Did violent protests get women the vote?

I may add that there are scores of women in recent years who have taken to men's work and men's clothing, as bricklayers, grooms, navvies, and what not, in order to obtain their fair wage and that freedom of labour to which they know themselves entitled, though the "women's rights" folk do not seem to know as much. [524]

På grund av krigen fanns det på den tiden fler kvinnor än män och de kvinnor som var ogifta skaffade sig därför ett arbete, snabbare än de gifta kvinnorna - som även de fick arbeta. När arbetslösheten blev som mest utspridd uppstod konkurrens om jobben bland både män och kvinnor. Det här gällde inte överklassen. Dåtidens överklassfeminister var inte intresserade av det faktum att arbetarklassens kvinnor hade varit verksamma i yrkeslivet under all förgången tid. Enligt flertalet utsagor fanns det även många kvinnor bland överklassen som utövade ett arbete, trots att de inte behövde det.

If women held, tomorrow, the right of suffrage, there would not be any more female lawyers, preachers, artists, doctors, than there are today. There is nothing now to hinder a woman from taking charge of a church, if she and the church wish it. Indeed, women, today, hold pastorates, and no one molests them. Probably there is not a village or a city in New England, where a woman would not be listened to respectfully, and given full credit for all her wit and wisdom. Let any woman who is moved to address a public assembly, announce such an intention, and she will have a larger audience then a man of similar ability, and she will have at least an equally appreciative hearing. [525]

524 Michael Hiley, "Victorian working women", sid 43, 1979
525 "Gail Hamilton" [Abigail Dodge] "Woman's Wrongs", 1868

Strax innan första världskriget pågick ett gerillakrig som suffragetterna var ansvariga för. De attackerade kyrkor, affärer och skadade på så vis både män och kvinnor, främst ur ur arbetarklassen, ekonomiskt och fysiskt. Sufragetterna satte eld på brevlådor och hällde syra i brevlådorna så att brevbärarna fick bränn- och lungskador.

De brände ner ett flertal av sina motståndares landshem i Skottland, England och Irland. En utplacerad bomb sprängde tak och fönster i byggnader. Byggnader som förstördes var The Bank of England, St Catherines kyrka i London, St Marys i Whitekirk i Skottland, Britannia Pier i Yarmouth i Skottland, St Pauls Cathedral i London och Westminster Abbey, med flera. Listan är väldigt lång. Detta pågick under två års tid och det pågick konstant.[526] För de som blev åtalade och fick fängelse blev straffet milt. De högborna suffragetterna skojade om fängelsevistelsen under ett möte:

> The Daily Telegraph:"(…) Seventy-six of the prisoners are supposed to be serving sentences with hard labour, but none of them are wearing prison clothes, and in only one or two instances have any tasks of any description been given, those generally being a little sewing or knitting." [-] Again a member of the Women's Freedom League at a meeting on nineteenth of may, 1912, boasted that the suffragettes had wing of their own at Holloway [fängelset]. "They had nice hot water pipes and all the latest improvements and were able to climb up to the window and exchange sentiments with their friends."[527]

Deras illdåd diskuteras numera inte i en öppen debatt och man lär inte heller ut om det i skolorna. Inte hel-

---

526 The Suffragette Bombers – Britains forgotten terrorists, Simon Webb, Pen & Sword 2014. & The Incendiary Rage of the Suffragettes – The Fiamengo File 2.0 https://www.youtube.com/watch?v=wVPmoVZCFrA

527 E. Belfort **Bax**, "The Fraud of Feminism", sid 98, 1913

ler pratar man om de många liv ur arbetarrörelsen och andra klasser som förstördes under suffragetternas räder. Några suffragetter slängde en hacka in i en droska där Herbert Asquith, en dåtida politiker, befann sig; hackan träffade hans öra och haka och han överlevde mirakulöst. Andra hällde bensin på mattor och detonerade bomber där politiker ur motståndarpartier skulle hålla tal. Suffragetterna försökte mörda en domare vid namn Henry Curtis Bennet genom att skicka en brevbomb till hans hem men också genom att putta ner honom från en klippa. Ändå blir de upphöjda som hjältar, liksom andra marxistiska ledare upphöjs av vänstern. Precis som andra terrorister ansåg de att deras ändamål var så gott att det rättfärdigade deras handlingar. Precis som andra terrorister såg de sig som martyrer. Emily Davidson attackerade en präst och utförde mordbrand i en motståndares hus. Trots att hon var våldsam, ansvarslös och farlig finns det statyer och skulpturer i hela världen tillägnade henne och man ser okritiskt upp till henne, vilket visar att den nutida feministiska rörelsen, liksom marxisterna inte vill kännas vid hela sanningsbilden om de hemska upptåg som försiggick.[528]

På grund av våldsdåden separerade rörelsen till slut i två delar. *Suffragisterna*, ej suffragetterna, var de som skapade den stora rörelsen från början, som hade 50.000 medlemmar i UK, under ledning av Milicent Fawsett.[529] Suffragisterna bar plakat som sade "Law-abiding Suffragist" och ville inte ställa till med skada. *Suffragetterna*, som ungefär betyder "den lilla Suffragisten", var de militanta terroristerna. Under ledning av Emmeline Pankhurst hade de våldsamma suffragetterna ungefär 5.000 medlemmar.

Om man av detta gör ett tankeexperiment och byter ut

---

528 The Suffragette Bombers - Britains forgotten terrorists, Simon Webb, Pen & Sword 2014. & The Incendiary Rage of the Suffragettes - The Fiamengo File 2.0 https://www.youtube.com/watch?v=wVPmoVZCFrA
529 https://www.alistairlexden.org.uk/news/true-heroine-womens-suffrage-campaign https://en.wikipedia.org/wiki/Millicent_Fawcett

kvinnorna mot män och föreställer sig att det var män som kastade bomber och hotade människor, förstörde egendom, skadade människor och gjorde tusentals ur arbetarklassen arbetslösa – då hade ingen förklarat dem som hjältar. Tvärtom, skulle man stämpla dem som terrorister och inte acceptera ett sådant beteende – vare sig i dåtiden eller idag. En sådan skiljelinje mellan könen med olika förutsättningar, existerar på grund av identitetspolitik och den marxistiska teorin som har infiltrerat feminism och kvinnorörelsen. Dessa överklasskvinnor accepteras som hjältar, medan män inte har samma premisser.[530]

White Feather

Ett annat exempel är "The White Feather Campaign". I England var suffragetterna aktiva under tiden före och under första världskriget. De var involverade i "White Feather Campaign" där man utsatte tusentals män som inte ville slåss i första världskriget - för förödmjukande beteende, eftersom att man såg dessa män som avhoppare och desertörer. Emmeline Pankhurst ägnade sig mer åt The White Feather Campaigne än åt sin egen suffragettorganisation.

Det började med att "The four feathers", en novell skriven av A. E. W. Mason år 1903, inspirerade Charles Penrose Fitzgerald att initialt ta hjälp av 30 kvinnor, som skulle dela ut vita fjädrar till de män som av olika anledningar inte hade anslutit till de militära styrkorna.

Den vita fjädern var en symbol för underlägsna tupparter i tuppfäktning och på detta kränkande vis ville man visa att männen som inte ville kriga, döda och dö -

530 (The Suffragette Bombers – Britains forgotten terrorists, Simon Webb, Pen & Sword 2014) (The Incendiary Rage of the Suffragettes - The Fiamengo File 2.0

https://www.youtube.com/watch?v=wVPmoVZCFrA)

Janice Anne Fiamengo, född 1964 i Vancouver, är en kanadensisk litteraturvetare och professor emerita i engelsk litteratur vid University of Ottawa

var odugliga. Som illustrerat i *Downtown Abbey* och TV-serien *Young Indiana Jones* där det också visas hur de unga soldaterna inte ens hade rösträtt.[531] Kampanjen riktade sig mot de män och unga pojkar som var femton och uppåt och som av olika anledningar inte kunde eller ville ge sitt liv i kriget.

Kampanjen spreds snabbt i landet och uppemot tiotusentals kvinnor delade ut fjädrar till män över hela England. Många exempel vittnar om starka påtryckningar från kvinnornas håll. Man menade bland annat att männen skulle ut och strida för att infria sina "löften" om beskydd till kvinnorna. Ett exempel var George Samson, som blev påhoppad av en kvinna som utsatte honom för förföljelsen och menade att han inte uppfyllde sin patriotiska plikt. Trakasserierna fortsatte att påverka honom tills att han gav med sig, åkte ut i kriget och blev av med en hand.

En 17-årig pojke tog emot en vit fjäder, ljög om sin ålder och listade sig. Han blev nämligen lovad en puss om han skulle lista sig och kunde lämna tillbaka sin fjäder. En annan yngling som blev utsatt flera gånger, ljög om sin ålder, listade sig och dog sedan i kriget.

Exemplet är ett av många och handlade om pojkar, så unga som femton år, och män som var hemma från kriget av olika skäl som exempelvis sjukdom. Resten av männen slogs i kriget. Kvinnorna letade efter återstående män på gatorna för att dela ut vita fjädrar och uttrycka sitt budskap på ett påtryckande sätt, genom att utöva makt och psykisk våld. Vissa av männen visade motstånd genom att visa upp sina skändade kroppar för kvinnorna för att försöka få dem att inse allvaret. Även kvinnor var upprörda över kampanjen och många anklagade dessa feminister för att ha orsakat deras älskades död.[532]

---

531 Downton Abbey, season 2 episode 1, The White Feather Campaign scene, original airdate 18 September 2011 https://www.youtube.com/watch?v=gOnMFO21c6Y

532 The White Feather Campaign TFF 2.0. We will not fight: the untold story of World War One's Conscientious Objectors av Will Ellsworth-Jones. 2008 Aurum Press.

Denna typ av kampanj skulle idag verka mer hemsk om det istället skulle vara män som härjade på liknande vis. Varför är det så? Den marxistiska identitetspolitiken och begreppsförvirring gör att det blir mer acceptabelt för vissa "roller" eller individer att agera på ett våldsamt sätt än andra. När marxism tillåts att påverka en fråga, t.ex. feminism så fylls frågan av marxistiska strukturer med ett "färdigt" åsiktspaket. Detta blir i sin tur "kapat" av eliten. Alla originella idéer kapas på detta vis. Eliten själva har inga originella idéer då de inte är intresserade av originalitet. De är intresserade av att bibehålla makten - genom att söndra och härska. Så kapas mänsklighetens behjärtansvärda frågor med hjälp av dold agenda.

Feminism och marxism

> According to the university of Colorado feminist theorist Alison Jadar: "Radical socialist feminists have shown that the old ideals of freedom, equality and democracy are insufficient."[533]

Termen "feminism", som egentligen betyder det feminina eller det kvinnliga blev kapat av samma marxistiska rörelse som ordet "genus", då ordet liksom "kasus" egentligen är ett grammatiskt begrepp. Marxismen och feminismen var sammankopplade redan på 1800-talet av marxismens, eller den "vetenskapliga socialismens" förgrundsgestalt, som skrev ett av de största marxistiska verken – Friedrich Engels. Engels skrev i boken "The Origin of the Family, Private property and the state": "The modern individual family is based on the open or disguised domestic enslavement of the woman." Trots att boken inte översattes till engelskan förrän 1902, cirkulerade idéerna från boken i den anglosaxiska sfären.

---

533 Christina Hoff Sommers, *"Who Stole Feminism"* sid 23-24, 1994

Tillsammans med andra tänkare uttryckte man att kvinnor var förslavade och förtryckta offer gentemot det patriarkala samhället, i enlighet med den marxistiska identitetspolitiken. Simone de Beauvoir gick ännu längre i sin bok och skrev att det var mannens triumf att hävda sig som subjekt gentemot kvinnans roll som objekt.

Triumph of patriarchy … [whereby the male's] biological privilege enabled men to affirm themselves alone as sovereign subjects.[534]

De Beauvoir menar att kvinnor inte fanns med i historien eller i religionen – och därmed suddar hon ut tusentals år av starka kvinnor som har varit med och byggt upp städer och samhällen – genom arbete inom kultur, litteratur, musik, politiskt makt och vanligt förvärvsarbete. Ebba Witt-Brattström har skrivit en antologi över berömda kvinnor, "Nordisk Litteraturhistoria" där hon listar namn efter namn, som bevis för kvinnors enorma och oumbärliga roll i världshistorien.[535] De Beauvoir är medskapande till samma offerskap och patriarkat som hon menar att hon kämpar emot. Istället för att ta upp fler kvinnor till offentlighetens ljus hävdar hon följande:

Women "have no past, no history, no religion of their own; and unlike the proletariat, they have no solidarity of labor or interests […]. They live dispersed among men, tied by homes, work, economic interests, and social conditions to certain men – fathers or husbands – more closely that to other women.[536]

Den marxistiska feminismen påverkar föreställningen om kön och föreställningen om samhället. Besitter man en kritisk åsikt blir man stämplad som en motståndare el-

534 Simone de Beauvoir, "The Second Sex", 1949
535 Ebba Witt-Brattström och Elisabeth Möller Jensen, "Nordisk kvinnolitteraturhistoria", 1993
536 Simone de Beauvoir, "The Second Sex", 1949

ler antifeminist per automatik – även kvinnor blir
ifrågasatta på detta vis. Det är alltså en rörelse som
går emot kvinnor själva – om de har "felaktiga" åsik-
ter, som inte stämmer överens med den marxistiska ideo-
login. Feminism har blivit inkorporerat en stor del av
samhället; därför är det svårare att sätta fingret på
hur det har påverkat västvärlden. Ideologin har haft en
effekt på grundläggande relationer människor emellan,
familjerelationer och relationer mellan föräldrar och
barn. Redan år 1975 var Simone de Beauvoir, en av fe-
minismens stora förgrundsgestalter med om följande dia-
log:

> Betty Friedan once told Simone de Beauvoir
> that she believed women should have the
> choice to stay home to raise their children
> if that is what they wish to do. Beauvoir
> answered: "No, we don't believe that any
> woman should have this choice. No woman
> should be authorized to stay at home to raise
> her children. Society should be totally
> different. Women should not have that choice,
> precisely because if there is such a choice,
> to many women will make that one".[537]

Ett exempel på identitetspolitikens brister är att i
åsiktspaketet är det inkluderat att mödrar ska gå ut
och arbeta så snart de kan efter en graviditet, för att
inte bli "offer" för patriarkatet. Vill en kvinna stan-
na hemma av familjeskäl och enbart leva på mannens lön,
anses hon inte vara "jämställd" och blir utsatt för
kritik.

Bland feminister finns en myt att om man inte är en
anhängare av den marxistiska feministiska ideologin -
motsätter man sig alla starka kvinnor. Detta stämmer
givetvis inte. Många kvinnor som inte vill sälla sig
till denna ideologi är starka och välutbildade och
stödjer kvinnans självständighet. Här har det uppstått

537 Christina Hoff Sommers, "Who Stole Feminism" sid 256-7, 1994

314

en begreppsförvirring där ordet "feminism" har kommit att innebära "stark" och "självständig" medan motsatsen, icke-feminist eller traditionell kvinna innebär "förtryckt" eller "icke-jämställd".

Feminismen – har, tack vare sitt samröre med marxism, tillämpats genom en långsam infiltrationsmetod och har ingått i något, som inom marxismen kallas den kulturella revolutionen. Man har infiltrerat alla statliga verk, institutioner, ekonomi, politik utan att ha genomfört en revolution i någon egentlig mening eller öppnat upp för en allmän debatt. Istället för marxismens motståndare – den rika bourgeois-klassen - är det män som har motståndarrollen, ensamma eller i grupp genom det så kallade "patriarkatet".

Ett "patriarkat" som ingår i det traditionella samhället har likväl byggt upp städer och sjukhus, skolor, förnödenheter, har möjliggjort arbete och utbildning. Detta traditionella patriarkat vill man alltså förgöra. Man menar att det är männen som är vid makten och när de är vid makten används denna makt, trots de positiva fördelarna som hela samhället består av – endast till de egna intressen. Feministerna är genom identitetspolitiken offer, som är utnyttjade och förtryckta av sina fäder, män, pojkvänner, söner och bröder; män som *identitet* eller *klass*, som förtrycker kvinnor som *identitet* eller *klass*.

På flera sätt är det en ensidig bild av civilisationen. Skulle man se till den omfattande världsbilden kunde man se att på botten av de flesta samhällen finns det flest män. När man inom feminismen talar om mansrollen porträtterar man endast de män som sitter vid makten för att skapa en bättre bild av "förtryckaren". Samtidigt uppmärksammar man inte alla de män som bygger hus, som lagar rör och arbetar i skog, som inte har det lika lätt. Inte talar man heller om att det alltid har varit flest män som har levt som fattiga och hemlösa. Man glömmer bort att arbetarklassens yrken förr i världen inte var helt ofarliga och att kvinnorna skyddades från detta – man ville bespara deras liv. Det exempel man omedelbarast tänker på är soldatyrket men det finns även andra exempel som gruvarbetare, murare och fiskare och andra yrken som krävde otaliga och otaliga liv – mansliv. Detta framgår inte i det feministiska narrativet.

Samhällets största framsteg som har gjorts, som exempelvis ett ökat födelsetal på grund av bättre läkarvård, säkrare arbetsplatser, längre helger, mildare straff, allt detta förbises. Alla uppfinningar som har underlättat för matlagning, barnpassning, kommunikation som telefon, medicin som penicillin – allt som även har underlättat för kvinnan och hennes ställning, räknas inte heller. Och att dessa uppfinningar har gjorts i en humanistisk anda och människokärlek vilket bevisas bäst av själva användningsområdet, talas det inte heller om. Människor har fått en mycket bättre levnadsstandard under alla dessa århundraden, vilket man glömmer bort.

Till råga på det, har man helt ignorerat de samhälleliga orättvisor som har drabbat männen. Att dessa män alltid har gått ut i krig och offrats, talar man om i neutral form – då handlar det plötsligt om "människor" eller siffror. Fortfarande sker soldatoffrandet av män i hela världen och fortfarande tas det inte upp som ett rent "mansproblem".[538] Hur kommer sig att det har blivit helt förbisett? Vilken roll spelar identitetspolitiken i feminismen – "får" en man också vara offer eller är identiteten stagnerad hos kvinnor allena?

Och hur har mansrollen förändrats i det postmoderna samhället? Mannen har tidigare ansetts vara potent, stark och självständig. Man respekterade de män som levde i familjer och i samhället. Männen hade förväntningarna på sig att gå ut i krig och utföra de svåraste

---

538 Karen Straughan is a spokesperson for Men's Rights Edmonton. She is a prominent MHRA (Men's Human Rights Advocate) who came to public attention largely through her YouTube channel as GirlWritesWhat.

arbetsuppgifterna. När feminismen blev marxistiskt vinklad förändrades även mansrollen. Män fick en svårhanterlig och komplicerad roll i identitetspolitiken; en man har "förtryckarrollen" *samtidigt* som att han ska stiga undan och ge plats åt kvinnorna. Rollen blev alltså otydlig samtidigt som att kvinnor fick ha kvar sina tidigare "kvinnliga" privilegier – männen blev av med dem.

Detta leder till att kvinnor kan åberopa jämlikhet – när man behöver det. Det finns en inkonsekvens i detta. När jämställdhet är en fördel argumenterar man för jämställdhet. När man sedan vill gå tillbaka till ett traditionellt synsätt, gör man det – utan ursäkt, förklaring eller ideologisk grund. Denna godtyckliga inställning till jämställdhet leder till att jämställdhet blir feminismens maktverktyg, istället för kampen för jämställdhetens riktiga syfte - att göra samhället till en bättre plats med bättre levnadsvillkor – för alla människor.

En av de problematiska tendenserna med mansrollen är att mannen har blivit "osynlig", eftersom de manliga problemen anses vara mindre viktiga i en debatt; det finns mindre incitament för att lösa problemen och framförallt upplysa om dem som ett större samhällsfenomen. Det här är en global företeelse som pågår och har pågått i flera delar av världen.

Ett exempel är att kvinnor fortfarande nästan alltid får ensamvårdnad när ett äktenskap upplöses, i många länder, liksom fallen även var i Sverige innan 2000-talet. Det handlar om moderna civilisationer som England eller Spanien. Skilsmässor skapar i dessa länder faderlöshet, samtidigt som marxistisk feminism uppmuntrar kvinnor att vara självständiga och frigöra sig. I dessa länder har jämställdhet för fäder uteblivit. De fäder som blir utsatta får kämpa, ekonomiskt och emotionellt, under resten av sina liv – för rätten att få träffa sina barn. Om de vinner i rätten tillåts de besöka barnen under vissa helger. Den brittiska artisten Bob Geldof är en av dem som har kämpat för vårdnaden om sina barn. Han offentliggjorde sin kamp och uppmärksammade även på så sätt andra fäders kamp i Storbritannien. De juridiska omkostnaderna är mycket höga och många fattiga saknar medel för att få jurisk hjälp som kan bistå dem i rätten. I England har detta lett till stora protester och demonstrationer, bland annat gick ett stort antal män ett "Sorge-tåg" genom England, anordnat av organisationen "Fathers 4 Justice Fighting for Equality", där fäder och farmödrar och andra släktingar som inte fick träffa sina barn, ockuperade Englands gator. I dokumentären gjord av Geldorf får man se fäders och farföräldrars plåga, när de gråter ut och berättar om den smärta barn och föräldrar upplever efter den totala separationen en skilsmässa orsakar. På grund av de mansfientliga skilsmässolagarna lever hela 1/4 barnen utan fäder i England.[539]

Våld

Ett annat exempel är Me-Too kampanjen som uppmärksammade många kvinnors röster om övergrepp – hemska övergrepp som hade pågått under många års tid. Trots kampanjens stora spridning ignorerades alla de män som i Hollywoods farvatten hade varit med om samma sak. I Hollywood går unga män som varit med om övergrepp igenom stora men och mentala problem på grund av detta, men locket ligger fortfarande på. Sexuellt våld på män är något som man inte talar om. Detta gäller både i de homosexuella kretsarna och bland de män som blir utsatta för sexuella övergrepp av kvinnor.

---

539 Dokumentär: Geldof On Fathers: "The real love that dear not speak its name", 2004

Samma sak gäller även kvinnor som utsätter män för fysiskt våld av icke sexuell natur. Man talar inte om det fysiska och psykiska våldet som kvinnor utsätter män och pojkar för – eftersom de flesta kvinnliga förövare inte åker fast. En felaktig underliggande uppfattning är att det alltid är mannen som är angriparen – aldrig kvinnan. Kvinnorörelsen, som på det här planet har vunnit mycket mark, verkar inte heller intresserade av att stävja kvinnors våld mot barn och män. Eftersom att man i samhället inte pratar om fenomenet är det mer skambelagt för en man att anmäla en kvinna som är psykiskt eller fysiskt våldsam. Följderna är inte heller desamma som för en anmälande kvinna och han får inte samma stöd av samhället – om han vågar anmäla. Våld handlar inte om män som slår kvinnor som många felaktligen tror, utan om ett fenomen över generationer, ett generationsvåld. Detta generationsvåld behöver försvagas och stoppas. Både män och kvinnor drabbas av våld i barndomen. Både män och kvinnor initierar partnervåld och idkar psykisk och fysisk misshandel.

Något som inte heller talas om men behöver uppmärksammas som våld mot män, är könsstympning av män när de är i spädbarnsåldern. Det är en operation, även kallad manlig könsmutilation, som fortfarande görs utan tillstånd år 2023. Man tar bort fullt frisk vävnad och operationen sker utan bedövning. Upplevelsen tros för spädbarnet motsvara upplevelsen av en drunkningsolycka. Förändringar uppstår i hjärnan på grund av detta; i värsta fall uppstår men som både är direkta och indirekta. I många av fallen uppstår mindre skador, inklusive psykiska upplevelser som skam, problem med sexliv – fenomen som följer med ända upp i vuxenlivet.

Mansjour eller inte Mansjour

Om kvinnor hamnar i svårigheter, har de nästan alltid flera anhöriga och vänner, ett nätverk att falla tillbaka på. Chefer och kollegor som visar medkänsla på arbetsplatsen, om kvinnor är sena, omotiverade eller nedstämda. Hos män fattas detta nätverk. Man frågar inte männen - "hur mår du?" på samma sätt. Under ett experiment lät man en man respektive en kvinna gå in på en restaurang under observation och börja storgråta. I kvinnans fall försöker både personal och gäster hjälpa kvinnan och visar fullt medlidande. I mannens fall visar de oro och funderar på att ringa polisen. Tendensen är att männen har blivit avhumaniserade.

Kvinnojourer, kvinnohus, har till sitt stöd specialskrivna manuskript som tas i bruk när en kvinna söker skydd och hjälp. Det bygger på forskning om kvinnor och hur de uttrycker sina känslor. När en kvinna går igenom en skilsmässa eller en förlust, då finns det hjälp att få. Det fungerar inte på samma sätt när det handlar om en man. Om en man genomgår en skilsmässa finner han att hans nätverk inte är kvar, eller har gått över till kvinnans sida. Självmordsrisken för män ökar efter en skilsmässa.

> Hos männen var självmordsrisken speciellt stor de två första åren efter separationen. … Hos männen verkar separation eller skilsmässa vara en riskfaktor för självmord också i sådana fall där personen i fråga inte haft psykiska problem före separationen. Det här borde tas i beaktande inom hälsovården, säger Metsä-Simola."[540]

Trots det anser man att det inte behövs en mansjour, vilket situationen i Sverige också visar - här finns det bara en Mansjour som arbetar helt utan statliga bidrag, medan kvinnojourer finns det ett flertal av.

Män och kvinnor har under alla tider deltagit i olika aktiviteter, för att anknyta sinsemellan; det kunde

---

540 Ny studie: Skilsmässor och separationer borde beaktas inom hälsovården
Från 2020 https://svenska.yle.fi/a/7-1456429

till exempel vara jakt. Så kunde män bonda med varandra. Nu finns det skrivna och oskrivna lagar framarbetade av den marxistiska feminismen, som stämplar mansklubbar och mansträffar som "sexistiska". Män får numera inte samlas för sig själv, för att exempelvis ge varandra stöd, exempelvis i en killklubb. Det är i de flesta fall olagligt och går under diskrimineringslagarna. Detta gäller däremot inte kvinnor i sammankomst – där har "feminismen" företräde.
Män undviker att prata om känslor och att bli sedda som offer. Män söker inte hjälp men å andra sidan så erbjuds de inte hjälp heller i samma utsträckning som kvinnor. Forskning finns, men i mycket liten omfattning eftersom att man inte har prioriterat sådan forskning eller understött den ekonomiskt. De mansjourer som har öppnats i Sverige har inte fått ekonomiska medel, såsom kvinnojourer har fått statligt stöd. Den svenska staten anser helt enkelt att män inte behöver hjälp. I socialtjänstlagen står det att kvinnor specifikt har rätt till hjälp och ekonomiskt bistånd. Män fattas helt i lagsammanhanget, vilket betyder att lagen i sig är diskriminerande – mot män.[541] Det forskas mindre om män och mansproblematik och man uppmärksammar inte utsatta mansgrupper som exempelvis de hemlösa männen, som blivit hemlösa på grund av mental sjukdom eller andra svåra omständigheter som skilsmässa.[542]

Självmordstatistiken talar för sig själv

Men jo, visst behövs det en mansrörelse. Om man ser till statistiken så finns det flera aspekter som talar för att männens rättigheter behöver uppmärksammas och

541 https://jamstalldhetsmyndigheten.se/fakta-om-jamstalldhet/socialtjanst-lagen/, https://www.riks-dagen.se/sv/dokument-och-lagar/dokument/kommittedirektiv/socialtjanstens-stod-till-valdsutsatta-kvinnor_gtb132/
542 Men's Mental Health: A Silent Crisis, with Karen Straughan. February 27th, 2018, London Public Library Central Branch Event hosted by Canadian Centre for Men and Families (CCMF)

framför allt kämpas för. Detta är något som inte framgår i jämställdhetsdebatten eller den feministiska diskursen eftersom att all fokus ligger på kvinnor. Männens kamp osynliggörs, skrattas åt och förminskas. Pojkar och män är överrepresenterade i självmordsstatistiken med en ratio på 1:4 vilket man inte talar om, i alla fall inte på ett seriöst sätt – som ett mansproblem. Hur lång tid tar det att uppfostra en människa, hur många omsorger lägger en förälder inte ner på sitt barn? Så mycket pengar, tårar, kraft, engagemang och kärlek det tar att uppfostra en individuell människa från spädbarnsåldern fram till vuxen tid. Men får man en son är det 75% högre chans att denne tar livet av sig än om man får en dotter. Detta är verkliga siffror med en proportion på 1:4.

Tabell som visar antal suicid och antal suicid per 100 000 invånare uppdelat på kön och åldersgrupper 2022. Källa: Dödsorsaksregistret, Socialstyrelsen.

Åldersgrupp	Antal män (antal suicid bland män per 100 000)	Antal kvinnor (antal suicid bland kvinnor per 100 000)
15-29	138 (14)	46 (5)
30-44	204 (19)	81 (8)
45-64	300 (23)	115 (9)
65-84	213 (24)	86 (9)
85+	40 (40)	21 (12)

Denna statistik är både fruktansvärd och ojämn. Även om man uppmärksammar och forskar om psykisk ohälsa, talar man inte om det som ett specifikt mansrelaterat problem – trots att man är medveten om att männen far mer illa.

För att inte tala om alla män som ständigt går ut i krig och har gjort det under alla tider. Men är det inte bara historia, skulle man kunna hävda? Inte i de flesta länder runtom i världen. Se bara på Ukraina och

Ryssland och de hundratusentals män som har förorsakats och offrats där. Männen har utreseförbud och är enligt lag skyldiga att offras blodigt. Det här är inget nytt. Män har offrats skoningslöst i alla tider. De har gått ut i krig, haft värnplikt och dött av hårt arbete ute på fälten. Ett av de äldsta exemplen på mansdiskriminering är hur man behandlade pojkar och män i det antika Grekland och i det gamla Rom. Under hela den romerska tiden var män tvungna att göra värnplikt och gå ut och slåss, annars blev de utkastade ur samhället eller avrättade. Unga pojkar blev soldater i tidig ålder och utnyttjades som slavar både i arbete och sexuellt. Under en period fanns det en ännu mörkare tid, då alla förstfödda pojkar skulle avrättas skoningslöst – redan vid födseln. [543]

Är du kränkt, eller?

En man kan ofta utsättas för kränkningar men skillnaden är att män måste svälja och tolerera dessa "som en man". Man har använt kränkande epiteter på män sedan urminnes tider, som yrkesnamnet "boy" eller "garçon", "parvel", vilket är ett bevis på hur pojkar förr i tiden blev tvungna att arbeta i tidig ålder. Under den senmoderna tiden har nya kränkningar som "killgissa" och "mansplaining" tagit plats i språket. Detta har påverkat mansrollen kraftigt – och påverkar den än idag. Man skulle kunna säga att det existerar osynliga budord för män – du skall icke gråta, du skall icke visa dina känslor men du har inte heller rätt att uttala dig om de kränkningar du utsätts för. Feministerna och den marxistiska identitetspolitiken gör det ännu svårare för männen att leva sig in i den nya mansrollen. Tidigare skulle de vara ståndaktiga och manliga och ta ansvar för kvinnor och barn och försörja hemmet; men när

543 Tom James, "The History of Custody Law", 2014

identitetspolitiken tog denna roll ifrån dem fanns det enbart det negativa kvar; exempelvis att en man inte får visa känslor. "You're damned if you do, you're damned if you don't".[544]

På grund av ett skifte i mansrollen och det maskulina har det dykt upp fler glåpord som används för att visa på mäns underprestation inom olika områden. "Mansgris" och "Manspread", det tidigare nämnda "Mansplaning" och "Killgissa". Dessa glåpord kan liknas vid trakasserier. Det sker på alla håll i den västerländska kulturen, både privat och offentligt, i medierna och i kulturbranschen. I de icke-västerländska kulturerna är mansrollen inte lika präglad av förtryck, men vid människointegrering i det västerländska samhället upptas samma ideologi.

Man raljerar över den manliga kroppen utan förbehåll och sexistiska skämt får göras om män. Det allra värsta är att det raljeras över det manliga könsorganets storlek, vilket är extremt psykologiskt nedsättande. Detta görs utan skuld eller skam och det påtalas inte i några debatter. Istället ökar självmorden. Männen tolererar dessa skämt, som påverkar mansrollen och individernas psyke, deras självbild och beteende, unga som gamla, heterosexuella som gay-män.

Gonadotropin-releasing hormone agonists

> And remember kids, the next time that somebody tells you, "The government wouldn't do that", oh yes they would. [and they've probably already done it] – Wendigoon (Isaiah Mark Nichols (born: 1999-06-02)

---

544 Samuel Snowden (1776-1831), the publisher of the Alexandria Gazette, Commercial and Political (Alexandria, Virginia), published in that newspaper on Thursday 20th February 1817—the phrase occurs in a quotation attributed to an unnamed preacher. - Felaktigt tillskriven Eleanor Roosevelt!

I USA och Kanada är det sedan år 2017 tillåtet att påbörja processen med hormonell behandling som så småningom leder till en könsoperation, på barn - så unga som sex till tolv år. Både i England och i Sverige sade regeringen först nej till förslaget. Men nu år 2024 har man i Sverige ändå röstat igenom förslaget om att sänka åldern på könsoperationer. Från och med den 1:a juli år 2025 ska det bli möjligt för en svensk 16-åring att påbörja den långa processen med att byta kön. Lagförslaget gäller både att injicera en stor mängd starka mediciner och olika könshormoner i kroppen, samt att operera själva könsdelarna - och leva med de biverkningar som uppstår, från en mycket ung ålder, under en väldigt lång period av sitt liv.

Denna mycket viktiga fråga blev i Sverige inte folkomröstad, inte heller i de länder där lagen redan är förankrad. I USA har de genomdrivna lagförslagen successivt gått lägre och lägre ner i åldrarna. I Kanada har det gått så långt att Socialtjänsten har rätten att omhänderta ett barn som har en önskan att bli könsopererad - om föräldrarna motsätter sig detta. Man har även gett fängelsestraff till de föräldrar som har motsatt sig hormonell behandling och operationer och istället uppmärksammat det i media, med straffmotiveringen att föräldrarna "avslöjar känsliga uppgifter om barnets operation".[545]

I USA går processen till på följande vis - redan vid småbarnsåldern tillfrågar man barnen om de identifierar sig som "könsöverskridande". Om barnet svarar ja, tar man dem till en så kallad genuspsykolog.[546]

Trance has become so big in our mainstream media that if a toddler says "Im a girl" then all of a sudden its time to put this child on

545 https://bc.ctvnews.ca/b-c-father-who-discussed-trans-child-s-treatment-against-court-order-successfully-appeals-sentence-1.6514514
546 I Sverige skriver många av förskolorna en så kallad "Genusplan" där man får in alternativ litteratur om regnbågsfamiljer och genus.

hormones and to do things to the childs body
that cannot be reversed.[547]

Genuspsykologen genomför en intervju med barnet där det
avgörs ifall barnet har rätt till behandling, operation
och medicinering. Därefter har läkaren på genuspsykolo-
gens beordran rätt att pumpa barnet fullt med hormoner
och påbörja processen om att byta kön. Detta sker helt
utan föräldrars medgivande. Om föräldern säger ifrån,
och kanske önskar att barnet väntar med att göra opera-
tion till vuxen ålder, är det straffbart då föräldern
anses hindra barnet från att verka i sitt rätta kön.
Till föräldrarna säger man att det finns en underlig-
gande självmordsproblematik bland de som inte får byta
kön, vilket gör att föräldrarna ytterligare pressas
till att gå med på behandlingen utan motstånd. Att
senare forskning har visat att självmordsstatistiken är
som högst ett par år efter en operation är inget som
talas om.

Det stora problemet är att hormonbehandlingen in-
nehåller samma steriliserande medicin som man likväl
ger sexuella förbrytare och fångar.

Gonadotropin-releasing hormone agonists
(GnRHa's) are the standard treatment for
children with central precocious puberty
(CPP). We aim to present data on available
GnRHa options with an easy-to-review table
and discuss factors that influence treatment
selection.[548]

Central precocious puberty (CPP) is defined
as an early pubertal development that occurs
before the age of 9 years in boys and 8 years
in girls. It results from premature
activation of the hypothalamic-pituitary-

547 Rob Smith, Prager U
548 Gonadotropin-releasing hormone analog therapies for children with central
precocious puberty in the United States https://www.ncbi.nlm.nih.-
gov/pmc/articles/PMC9577333/

gonadal axis. *Gonadotropin-releasing hormone agonists* (GnRHa) have been the gold standard therapy for CPP for more than 30 years.[549]

Gonadotrophin-releasing hormone agonist treatment for sexual offenders: A systematic review. Background: Sexual offending is a significant international issue causing long-term consequences for victims, perpetrators and society.[550]

Androgen deprivation treatment of sexual behavior Abstract: *Gonadotropin-releasing hormone agonists* are underutilized in patients seeking diminution of problematic sexual drives. This chapter reviews the literature on surgical castration of sex offenders, anti-androgen use and the rationale for providing androgen deprivation therapy, rather than selective serotonin reuptake inhibitors or more conservative interventions, for patients with paraphilias and excessive sexual drive. Discussions of informed consent, side effects, contraindications and case examples are provided.[551]

"In our review, we focused on psychosocial effects, bone health, body composition and metabolism, and therapy persistence in children (<18 years of age) with gender dysphoria undergoing treatment with puberty blockers, *gonadotropin-releasing hormone analogues* (GnRHa)," says lead author Professor Jonas F Ludvigsson, pediatrician at Örebro University Hospital, and Professor at the Department of Medical Epidemiology and Biostatistics, Karolinska Institutet. "I am surprised by the shortage of studies in this

549 https://pubmed.ncbi.nlm.nih.gov/31580327/
550 https://pubmed.ncbi.nlm.nih.gov/28661259/
551 https://pubmed.ncbi.nlm.nih.gov/22005210/

field. We found no randomized trials, and only 24 relevant observational studies," he adds.[552]

Andra mediciner vars biverkningar man inte har forskat färdigt kring används likaså. De läkare som säger nej till att påbörja en sådan behandling riskerar att i USA och Kanada bli av med licensen. Ett större problem är att eftersom processen startar i en så ung ålder är det i princip en irreversibel behandling. Har du en gång påbörjat behandlingen kan du aldrig mer få barn, amma eller helt återgå till ditt vanliga kön, om du skulle ångra dig. En del av de som byter kön ångrar sig. Men då är det för sent. Flickor blir av med sina bröst och sin livmoder. Enligt forskning och statistik har en på 30.000 så pass stark könsdysfori att denne behöver opereras. Men nu, med hjälp av doktorernas, genuspedago-gernas och genuspsykologernas medverkan är antalet barn och ungdomar som genomgår behandling mycket högre. Om man försöker öppna upp för debatt om ämnet blir man av WOKE-rörelsen kallad rasist/homofob/förtryckare.[553]

Hur fungerar det ifall barnet eller tonåringen ångrar sig, och kommer på att det trots allt bara var en period, en tonårsfas den gick igenom? Ja, det finns flera exempel på unga människor som har varit med om – just detta. 19-åriga Chloe Cole är en av dem. Hon kallar sig själv "detransitioner" vilket betyder att man vill gå tillbaka *från* en könsoperation. Hon var endast 12 år när hon påbörjade en smärtsam behandling med hormoner och operationer. Hon anser sig själv vara utsatt för en av de största medicinska skandalerna i USA:s historia. Chloe Cole använder sin svåra erfarenhet till att kämpa för att andra unga och barn inte ska behöva utsättas för det hon utsattes för. Det började med att hon blev diagnostiserad med könsdysfori, "gen-

552 https://news.ki.se/systematic-review-on-outcomes-of-hormonal-treatment-in-youths-with-gender-dysphoria
553 Why I Left the Left — Amala Ekpunobi at Washington University in St. Louis, 10 dec. 2022

der dysphoria", av en genuspedagog, vid 12 år ålder. Hon förstod senare att hon endast var obekväm med att bli tonåring och med den förändring som medföljde därav. Därför sade hon till sina föräldrar att hon – ville bli en pojke. Föräldrarna som genast fattade oro, ansåg att de behövde hjälp av utomstående professionella och läkare. Chloe själv berättar:

It immediately set our entire family down a path for ideologically motivated deceit and coercion. The gender specialist I was taken to, taken to see told my parents that I needed to be put on puberty blocking drugs right away. They asked my parents a simple question – would you rather have a dead daughter or a living transgender son?[554]

Efter övertalningen gick föräldrarna med på att påbörja en behandling. Genusspecialisten menade att transpersoner blir deprimerade av att leva i fel kropp. Och att risken finns, att Chloe skulle utöva självskadebeteende eller till och med ta sitt eget liv. Chloe Cole blev vid 12 års ålder injicerad med testosteron och annan stark medicin. Hon upplever fortfarande smärta i kroppen orsakad av medicinen. Hennes kropp ändrades och förändringarna är irreversibla. När hon var 15 opererades hennes bröst bort. Nu har hon har väldigt svårt med sitt utseende och att se sig själv i spegeln. Hon kan inte acceptera sitt yttre, eller det utseende testosteronet har givit henne. Hennes operationsärr vattnas och hon kommer aldrig att kunna amma. Chloe Cole menar att hon inte var självmordsbenägen innan sina operationer, hon var bara ett "annorlunda" barn – men fick istället självmordstendenser efter behandlingen. Hennes betyg blev allt sämre. Men doktorerna menade att alla hennes problem skulle försvinna när operationerna var färdiga. I ett tal där hon summerar sin kamp säger hon:

---

554 'My Childhood Was RUINED:' Detransitioner Chloe Cole Talks About Trans Procedures https://www.youtube.com/watch?v=DSGgR3W_jjg

We need to stop telling 12 year old's that
they were born wrong. That they are right to
reject their own bodies and feel
uncomfortable with their own skin. We need to
stop telling children that puberty is an
option. That they can choose what kind of
puberty they will go through, just so they
can choose what clothes to wear or what music
to listen to. Puberty is a rite of passage ti
adulthood, not a disease to be mitigated. (…)
My childhood was ruined along with thousands
of detransitioners that I know through our
networks. This needs to stop.[555]

Hon har talat inför USA:s regering, "The House Subcom-
mittee", om sina erfarenheter för att genom sin varning
försöka hjälpa dem som ännu inte har varit med om pro-
ceduren.

Scott Newgent är en annan, vuxen, patient som blev
utsatt. "Hon" var innan operationerna en "alfa"-kvinna
som ständigt fick höra att hon var en "han" som var i
fel kropp. Efter övertalning förvandlades "hon" till en
man genom syntetisk medicin och hela sju operationer.
På grund av sin behandling har Newgent fått stora men -
för livet. Hon har fått hjärtattack och medföljande in-
fektioner som återkommer var tredje månad. Newgent me-
nar att det inte fanns någon som talade om för henne
att denna behandling kunde innebära stora risker. En-
ligt Scott Newgent är medicinsk "transitioning" på ett
experimentstadium; de som står bakom menar att det
finns forskning som visar att medicinsk "transitioning"
hjälper mot problem med mental ohälsa. Men den enda
långtidsstudien visar att "transkönade" personer är som
mest självmordsbenägna 7-10 år - efter sin behandling.
Och det finns inga långtidsstudier där man forskar om
hormonbehandling - på barn. "Lupron" kallas hormonmedi-
cinen i folkmun som ges till vuxna, barn och ungdomar

555 'My Childhood Was RUINED:' Detransitioner Chloe Cole Talks About Trans
    Procedures https://www.youtube.com/watch?v=DSGgR3W_jjg

som ska genomgå behandling - och är samma medicin som ges till sexualbrottslingar vid kemisk kastration. Newgent menar att om de lyckades intala "henne" att göra detta vid 42-års åldern - så har barnen inte en chans. Ett stort problem är att det anses "transfobiskt" eller "homofobiskt" att ta upp problematiken till debatt och kritisera könstransformeringar. Locket läggs på och det är de enskilda individerna som lider för detta.

Är så pass unga individer verkligen tillräckligt mogna för att avgöra om de ska gå igenom denna process - för resten av livet? Kan en 12-åring i USA eller en 16-åring i Sverige verkligen avgöra om hon eller han vill genomgå en process som försvårar ett helt liv och omöjliggör framtidsutsikterna för att skaffa barn?

"Ryan" som skulle påbörja processen behövde enligt läkarna inte ens konsultation av genuspsykologen, utan fick börja med piller direkt, redan som 18-åring. Ryan fick basröst och kroppen blev utsatt av stora förändringar. Ett och ett halvt år efter den första hormonsprutan hade Ryan ångrat sig och ville inte bli man utan önskade fortsätta sitt liv som kvinna. En operation hade redan blivit bokad och strax innan operationen fick hon 30 minuters konsultation av en genusterapeut och blev, trots att hon hade ångrat sig, godkänd. Ryan ställde ändå in operationen i sista sekund och klarade sig undan ett liv av fullt av smärta. När hon ifrågasätter och kritiserar könsoperationer på unga, blir hon stämplad som transfobisk, berättar Ryan.[556]

En pappa i Kanada, vars barn blev utsatt för processen med könsoperation utan hans medgivande blev anhållen då han hade berättat sin historia i pressen. Skolan hade inte ens tillfrågat föräldrarna och bytte flickans namn till ett pojknamn. Pappan vägrade acceptera skolans förhållningssätt och att barnet skulle injiceras med hormoner och förberedas för operation och försökte öppna upp för en debatt om detta i en tidning. Fadern

556 Detransitioning: She Regrets Transitioning From Female to Male
https://www.youtube.com/watch?v=uOYKIpkueqM

ansåg att de videor genuspsykologen visade för flickan, som skulle övertala henne att operera sig, inte var neutrala utan propaganda. Fadern ansåg vidare att operationen är ett irreversibelt beslut. Hon kan aldrig bli flicka igen och kan inte få barn. Fadern anklagade staten för att på detta vis idka barnmisshandel. Han greps sedan och fick fängelsestraff.[557]

Lagarna om könsoperation på minderåriga har genomdrivits på ett odemokratiskt, totalitärt sätt – utan folkomröstning – och är ett exempel på hur 2000-talets samhälle, genom manipulation och PR-kampanjer, har blivit en totalitär stat.

Så här gick det till i Sverige: en ny lag om könsoperation för unga ska röstas igenom. Lagen är avgörande för ett flertal svenska ungdomars framtid. I nyheterna står enbart en notis om lagförslaget – en vecka innan partiernas omröstning. Trots lagförslagets vikt, når ingen information om lagförslaget den vanliga befolkningen. Om tidningarna hade gjort sitt jobb och skrivit om alla biverkningar, starka hormoner och de fruktansvärda öden familjer i USA och Kanada hade varit med om, så hade människor haft en chans att bilda sig en åsikt, debattera och protestera. Ingen i Sverige vill att svenska 16-åringar ska lida, under resten av sitt liv, när de istället kan vänta ett par år till myndig ålder, och verkligen bestämma sig. Men det svenska folket får inte ens en chans. Istället tar andra artiklar upp utrymmet om nyhetsflödet. I en podd tas datum och tid kort upp för när lagen ska röstas igenom – i riksdagen, det är alltså inte en fråga om "om". På det avsedda datumet kommer några få reportage om att lagförslaget – som ska påverka tusentals ungdomars liv – redan har röstats igenom. Man publicerar även en kortare notis om vilka politiska partier var för eller emot förslaget. Ingen information om vare sig biverkningar, tunga mediciner eller hormoner för sexu-

557 CBN news Canadian Father Jailed for Speaking Out Against Biological Daughter's Gender Transition https://www.youtube.com/watch?v=DN_WpaAgS6w

albrottslingar.

Väljarna och civilbefolkningen - vars barn faktiskt kommer att leva med lagen - tillfrågas inte alls. Ingen känner heller till lagändringen förrän någon vecka innan omröstningen. För den svenska befolkningen – är lagförslaget helt omöjligt att påverka. På så sätt hindras Sveriges invånare att på ett demokratiskt sätt påverka sitt lands angelägenheter, och kan således varken förbereda sig, ta del av viktig information, eller protestera.

Every successful conspiracy remains secret after completion

I am a "conspiracy theorist". I believe men and women of wealth and power conspire. If you don't think so, then you are what is called "an Idiot". If you believe stuff but fear the label, you are what is called "a coward".[558] - Dave B. Collum, Professor Cornell University

Det här sammanfattande kapitlet ska kortfattat punkta orsakerna till att den nutida människan befinner sig i en politisk och strukturell obalans, med en maktlös position i samhället, utifrån vilken hon saknar kunskap om hur den politiska verkligheten egentligen ser ut:

1. Överkonsumtion

2000-talets konsumtionsbehov är den största i mänsklighetens historia. Den tid som går till att köpa och äga saker av slit-och-släng kvalitet - att ständigt byta ut varor, gamla mot nya - tar stor tid och fokus i anspråk. Den gemene människan får mindre tid för att uppmärksamma och värdera omvärlden och samhället för vad det egentligen är. Att gå ifrån detta beroende behöver göras, ett steg i taget. Om man prövar att låta bli att spendera pengar först under en månads tid, därefter i tre månader, sedan ett halvår - frigör man mycket tid. Överkonsumtion verkar dessutom negativt på natur och jordbruk genom att man utarmar jorden. Dessutom verkar det isolerande eftersom var man, blir i mån av sitt ekonomiska kapital, för sig själv. Statusprylar leder till omedveten eller medveten konkurrens och styrkan i gemenskapen försvagas på så vis. Västvärlden behöver en

558 Dave B. Collum, Professor Cornell University

omfattande konsumtionsreform. Om alla bestämmer ett startdatum för reformen och hädanefter slutar att handla, skulle storföretagens girighet minska och människor skulle få mer tid över – till umgänge, familj, barn och ett naturligt leverne.

2. De kapade begreppen

På senare tid har det skett en radikal försvagning av språket. Vi styr inte längre över orden utan det gör PR-bolagen, medier och institutioner som har tagit över det välkända påståendet att ord - är makt. Begreppet "Revolution" saknar betydelse och kan omöjligen ha förankring till det nutida politiska Sverige eftersom ordets betydelse är numera enbart kopplat till reklam eller film. Andra begrepp är likaså kapade – av tv, reklamfolk och politiker. Inom det politiskt aktiva Sverige har de politiska begreppen eller vad som är kvar av dem, kapats av marxist-vänstern. "Jämställdhet", "Extremhögern", "Vänsteraktivism" är ett par tydliga exempel, men det går att hitta andra. Orden eller begreppen är laddade med positivt eller negativt innehåll som är menade att framkalla vissa reaktioner och känslor. Troligtvis behövs en omarrangering av nervsystemets kopplingar, genom att tänka på den rätta betydelsen när man uttalar ett ord.

3. Kapade sinnen, kapade nervsystem

Även nervsystemet är kapat av den kognitiva illusionen som samhällets toppskikt har skapat, tillsammans med PR-bolag och propaganda. Istället för att tänka självständigt, tvingas hjärnan hela tiden till belöningssystem genom mobilspel och shopping på internet. Sinnena och nervsystemet påverkas ständigt av reklam, information och sinnesintryck. I de stora shoppinggalleriorna bombarderas man av ljusa strålkastare och en oändlig upplevd mångfald av varor. Man själ ständigt ifrån människan hennes sinnesfrid och sinnesfrihet; hennes tid, hennes med- och egenbestämmande och hennes ekonomi. Här behövs en förändring, ett ekologiskt tänkande - även på det mentala planet, i kombination med rätten till att bestämma över sin miljö.

3. Handlingskraften är kapad

Verklig handlingskraft kan numera bara observeras på film och i tv. Om den verkliga människans stora, viktiga och omvälvande handlingskraft säger man att "det händer bara på film". I verkliga livet förväntas befolkningen förhålla sig passivt till det samhälle politiker serverar dem, och hålla sig inom ramarna för det accepterade beteendet - vilket i praktiken numera också innebär ett okritiskt förhållningssätt till makthavares handlingsförfarande. I teorin går det bra att kritisera samhället, men gör man faktiskt något åt det blir man utesluten och utsatt för karaktärsmord.

Facing such a danger, with such splendid historical values in your past, at such a high level of realization of freedom and of devotion to freedom, how is it possible to lose to such an extent the will to defend oneself?[559]

Människor hos vilka handlingskraften lyckas tränga igenom de snäva gränserna kallas nuförtiden visselblåsare, eller konspirationsteoretiker; de kan bli diagnostiserade med ADHD, kallade barnsliga eller naiva, bli skambelagda eller galen-förklarade. Säkert skulle både Jeanne d'Arc, Booker T Washington (som skrev boken "Up from Slavery"), Nils Dacke, Sokrates och Elisabeth I

559 Alexander Solzjenitsyn, "A World Split Apart", 8 June 1978, Harvard University

337

alla få en diagnos i vår samtid, vilket skulle innebära ett hinder för deras insatser i världshistorien. Eller skulle deras insatser i efterhand bli kallade för "vänsteraktivism" eller "feminism" och de skulle bli använda som förebilder för vänsterideologi och på så sätt bli kapade av marxismen.

Om dylika individualiteter skulle få tillgång till makt under modern tid, skulle det vara oläpligt och obekvämt för makteliten – som för att undvika ett revolutionsutbrott, hellre önskar, under alla omständigheter, passiva och konsumerande medborgare.

> Maybe the most striking feature which an outside observer notices in the West in our days. The Western world has lost its civil courage, both as a whole and separately, in each country, each government, each political party and of course in the United Nations. Such a decline in courage is particularly noticeable among the ruling group and the intellectual elite, causing an impression of loss of courage by the entire society. Of course there are many courageous individuals, but they have no determining influence on public life.[560]

4. Har man verkligen tid att tänka över samhället?

Om man arbetar från 25 års åldern, upp till 65 år och beräknar hur lång tid av sitt liv man försätts i arbete, kommer man fram till följande: under årets 260 av 365 vardagar, är man försatt i arbete. 25 av dessa är semesterdagar. Detta innebär att en vuxen person arbetar cirka 83,200 timmar under sin karriär, om man inte räknar arbete med hemifrån, städning, arbete i hushål-

---

560 Alexander Solzjenitsyn, "A World Split Apart", 8 June 1978, Harvard University

let, övertid och annat. Ungefär 30,000 timmar är människan "ledig". Hur många av dessa "lediga" timmar får hon verkligen själv bestämma över? Hur många går inte till olika sociala plikter och parmiddagar? När får man då tiden att reflektera över hur samhället verkligen ser ut? Över den maktobalans människan lever i? Över att de flesta egentligen skulle vilja ha det annorlunda än denna livets fålla? Och vad för slags samhälle man egentligen vill leva i? Under Covid19-utbrottet fick en stor mängd människor pröva på att arbeta hemifrån, med reducerade arbetstimmar. Många företag anpassade sig därefter och införde 6-timmars arbetsdag. Det är viktigt att sträva efter en större samhällsreform – 6 timmars arbetsdag eller 4 dagars arbetsvecka. Människan arbetar trots allt mer effektivt, när hon får tillbaka rätten till sin egen fritid.

5. Alla tror att bara de tänker som de gör

Då våra tankar är påverkade och styrda av politiker, institutioner och media, kan det ibland vara svårt att se att andra människor befinner sig i exakt samma position. Det finns fler som tänker som du och jag. Men på grund av att språket och den rådande samhällsutvecklingen är kapad är det ingen som talar öppet om det. När man gör man det uppstår ett socialt stigma. Yttrandefriheten behöver tas tillbaka, så att ingen upplever utanförskap när de talar fritt och öppet.

Hur mår du? – Nej jag mår dåligt.

Vem skulle våga svara så?

Den mentala ohälsan hos befolkningen beror troligtvis på de stora bristerna i samhället – samtidigt som att samhället anses vara så modernt, framåtskridande och teknologiskt utvecklat. Hade samhället istället varit mer människovänligt och välfungerande såsom det hade kunnat vara år 2024, hade man kunnat anpassa det till de flesta individer. Egentligen är vårt västerländska samhälle efterblivet – på grund av hur man behandlar dess befolkning. Ingenting är egentligenomöjligt år 2024. Tyvärr har man under dessa år haft större fokus på ekonomi och vinster, än välstånd bland medborgare. Mänskligheten har ju kommit ganska lång när det gäller exempelvis ekonomi, teknik och vapenindustri. Men medmänsklighet, ett riktigt stöd för de svaga, och bättre anpassningar har elitmakterna struntat i. Girighet har blivit en heltigenom accepterad drivkraft och den enskilda individen har istället förvandlats till en siffra i mängden. Man har inte anpassat samhället till individerna – på riktigt, som man med alla enorma resurser man har tillskansat sig, hade kunnat göra.

> The real game isn't between the two teams on the field. It's between the spellbound fans and the sponsor, finding new ways to empty their pockets.[561] - Cliff Jones Jr

6. *Elit medier och storföretag*

Människor har i alla världsdelar gjort fantastiska avancerade uppfinningar som skulle kunna förbättra och förenkla livet för hela världsbefolkningen och minska både kostnader och utarmandet av jordens resurser. Dock har alla uppfinningar köpts upp av storföretag, elit och politiker som har låtit girigheten ta över. Tänk om man istället hade politiska ledare som verkligen engagerade sig i folket, istället för manipulerande PR-kampanjer och lobbyism? Om alla företag gav tillbaka av kapitalet till samhället och investerade i goda samhällsinsatser istället för franska herrgårdar för aktieägarna? Om fler människor kunde arbeta med det de

561 Cliff Jones Jr https://www.goodreads.com/author/quo-tes/15600047.Cliff_Jones_Jr_?page=2

önskade, istället för att utföra meningslösa arbetsuppgifter för megakorporationer? Om det fanns en gräns för hur mycket storföretagen kunde tjäna på fabrikerna i Indien? Och en verklig transparens där medierna skrev om allt det som skedde?

Det lydiga SVERIGE

Om man tittar på Sverige i sin enskildhet, finns det ett typiskt "svenskt" fenomen som enligt historiker har funnits med i svensk historia ända sedan 1500-talet, som innebär att det svenska folket är mer benäget att hålla sig till sina auktoriteters vägledande deviser. Enligt Roland Huntford beror allt på att Sverige, liksom Ryssland, aldrig fick uppleva en renässans.

Sverige har förblivit ett land, inte av individuella medborgare utan av grupper och skrån. Den industriella revolutionen fann i Sverige en mottaglig miljö och behövde inte brottas med Västeuropas ändamålsenliga mentalitet. Sverige är ett land där moderna institutioner inympats direkt på en medeltida sinnesförfattning. Detta hänger samman med att det aldrig funnits någon renässans i Sverige. Renässansen är allt för alla; den är en konstriktning, ett återupplivande av den klassiska bildningen och lärdomen, humanismens framväxande, kunskapens framsteg eller början på upptäckternas tidevarv. Summan av dess beståndsdelar är den kraft som skapat den moderna västerländska människan. Dess levande hjärta är upptäckten av individen. Här ligger den verkliga skillnaden mellan renässansen och medeltiden. Medeltidsmänniskan med instinkt för kollektivet existerade endast som medlem av en grupp. Renässansmänniskan upptäckte att hon var en individ med alldeles egen identitet.

(...) Här ligger den grundläggande skillnaden
mellan Sverige och Västerlandet.[562]

Det så kallade bondeupproret, som föregicks av Martin
Luthers protestantiska uppror, var ett av de sista
större folkupproren i Sveriges historia. Sveriges unika
historiska position som stormaktsstat gav istället be-
folkningen en särskild form av relation till dess makt-
havare och skapade, enligt Huntford en befolkning som
inte hade en anledning att revoltera mot den statliga
makten. Med en "aldrig ifrågasatt underkastelse" skilde
sig Sverige från resten av Europa där inbördes konflik-
ter och revolution färgade historiens gång. Problemet
kom an, enligt Huntford, bland annat på hur de högre
tjänsterna fördelades, att den aristokratiska börden
gick hand i hand med högre positioner. Var man adlig
fick man anställning inom det högre ämbetet och därmed
påföljande obetvivlad aktning – oavsett kompetens.

> Likhetstecknet mellan aristokrati och civil
> ämbetstjänst har skänkt den svenske
> byråkraten högsta anseende och en unik
> ledarställning. Under århundraden har han
> hedrats med aktningsfull underkastelse och
> respekt.[563]

Svenskarna som alltid har varit ett hårt arbetande
folk, med flera stordåd utförda under historiens gång,
har accepterat fler felaktigheter från statliga makter
än några andra nationer. Svenskarna förtjänar, liksom
andra nationer, att ta mer plats i sitt lands angelä-
genheter. Och inte bara att ta plats, men också att
fatta beslut såsom det anstår en befolkning i ett rik-
tigt demokratiskt styre.

---

562 Roland Huntford, "Det Blinda Sverige" (The New Totalitarians), 1971
563 ibid

Liksom Sovjet-Ryssland hör Sverige till den grupp av stater, där ordet "individualism" har en nedsättande klang[564] (jmf Jantelagen)

En av de mest slående aspekterna i svensk historia är att där aldrig funnits någon religiös kamp, ingen skönjbar önskan att bevara den gamla tron. Reformationen segrade lätt och utan blodsutgjutelse. I det religiösa lidelsernas århundradena för den undergivenhet och beredvillighet varmed de bytte tro. Politisk enhet och personlig bekvämlighet tycktes mera betydande än den religiösa övertygelse. I skiftande former har samma inställning sedan hållit sig genom seklerna. Det har förekommit få principstrider; folk har som den förnämsta dygden sett underkastelse och hörsamhet. Svensken av idag visar i de allra flesta fall samma motvilja mot att lida för en ide som hans förfäder på 1500-talet[565]

Här är ett praktexempel: Slussen i Stockholm blev planerat för ombyggnation trots flertalet massprotester och underskrifter, liksom när man sprängde och förstörde *en hel stads kärna* vid Klarakvarteren under 1950-talet, i syfte att modernisera och göra nytt och "modernt". Ingen av dessa stadsplaneringsprocesser tog befolkningens röst på allvar, ej heller brydde man sig om att lyssna på de protester som dök upp när planerna väl kom till allmänhetens kännedom. Protesterna under rivningen av Klarakvarteren var stora; när det gällde Slussen hade folket hunnit resignera, kanske på grund av den tidigare upplevda erfarenheten.

Andra byggnationsplaner som verkställdes var Hötorgsskrapan som skulle förgylla Hötorget i form av en enda skyskrapa. Men genom en byggnationsskupp som

564 ibid
565 ibid

343

skedde i hemlighet byggde man ut Hötorget med fyra skyskrapor till, betongklossar a la 1960-tal. Under 1960-talet var nämligen ett modernt Sverige målet, men jämför man den nutida svenska stadsarkitekturen med exempelvis ett historiskt väl bevarat Polen eller Italien, kan man se hur den svenska byggnadspolitiken fullständigt skenat iväg. 1960-talets arkitektur, som nuförtiden hör till de minst lyckade arkitektstilarna, har tagit över platser där det tidigare stod ett flertal vackra, handsnidade byggnader, som påminde om storartad mänsklig kultur.

I Polen jämnades de gamla städerna med marken av bombräder under andra världskriget och fick sedan omsorgsfullt byggas upp. I Sverige - använde man sina egna grävskopor för att detonera kulturarv från 1600-1700- och 1800-talen. Strävan att bevara det gamla kulturarvet har helt enkelt varit för svagt och byggföretagares ekonomiska vinstintresse har tagits på större allvar. Almarna i Kungsträdgården torde utgöra ett av undantagen. Ett till undantag är Gamla Stan som räddades undan en omfattande rivning under 1930-talet. Som tur är blev Gamla Stan bevarat, annars skulle turisterna få besöka Hötorsskraporna istället.

På Drottninggatan skulle flera, numera K-märkta, 1800-tals kvarter sprängas bort. Tanken var att man på samma plats skulle bygga stora parkeringsblock av betong. Under 1960-talet ansåg politikerna att möjligheten att kunna ta med bilen överallt och likaså förvara den, var var var mans rättighet. Tänk om man hade följt tidens nyck under alla dessa tider? Hur skulle Stockholm då se ut? Tror dagens stadsplanerare på allvar att människor som lever om 50 år kommer att tycka att betongklädda hus som byggdes år 2006 är snygga och attraktiva att leva i?

Besluten om ombyggnation och stadsmord har kallsinnigt fattats av politiker, trots vissheten om att de flesta medborgarna inte alls skulle bygga om det gamla

Stockholm - om de fick bestämma. Varför? Jo, eftersom att politikerna visste att trots att de gick emot väljarnas vilja och över deras huvuden, skulle väljarna inte protestera, tvärtom, de skulle rösta på samma socialdemokratiska regering igen - och igen.

> Det är klart att den svenska inställningen är gynnsammare för en stark regeringsmakt, då den skapar lydiga undersåtar. Särskilt värdefull är den när snabba sociala omskiften måste genomföras.[566]

Det ovanstående exemplet gäller endast Stockholms ombyggnation. Utefter det kan man tänka sig hur många andra politiska beslut som har fattats, när det gäller lagar, utrikespolitik, ekonomi och andra viktiga frågor, på samma totalitära sätt, över befolkningens huvud. Det kan även handla om reformer som inte har skett så fort utan gjorts i långsam takt, vilket har gjort dem mindre märkbara även för de mest politiskt intresserade. Men är det så att de svenska väljarna bara är "lydiga" eller kan det vara att de faktiskt också blir förda bakom ljuset?

Människor som kommer till Sverige från England, USA och andra länder skapar ganska omgående en uppfattning om att Sverige, i jämförelse med andra delar av världen, är helt genomsyrat av vänsterpolitik. Detta beror på att att Sveriges "höger" eller "konservativa" partier, utövar samma politik som exempelvis Englands "vänster"-riktade partier. Sveriges "mitt" är i omvärldens ögon ett totalitärt "vänster". Om Engelsmännen skulle vara mer styrda än svenskarna, hur kommer det sig att de fick folkomrösta Brexit, medan svenskarna inte får folkomrösta Swexit?

> The experts failed to see that the British people are profoundly democratic and do not

566 ibid

accept to be governed by bureaucrats who are
not accountable for their mistakes.[567]

I det totalitära Sverige är Swexit inte ens en fråga.
På grund av sin historia har svensken blivit påverkad
att aldrig säga emot, att vara återhållsam när det gäl-
ler gäller viktiga frågor och att inte protestera. I
sin bok "Det Blinda Sverige" (The New Totalitarians)
jämför journalisten, historikern och författaren Roland
Huntford den svenska modellen med "1984" och "Du sköna
nya värld". Läget i Sverige var enligt Huntford, redan
under 1970-talet värre än i Sovjetunionen. På grund av
bland annat paradigmskiftet har vänster-Socialismen en-
ligt honom fått styra i Sverige – utan någon verklig
konkurrens.

567 Roger Scruton, "How to be a conservative", 2014

Vad är alternativet?

Man behöver i väst se bortom alla rådande politiska system för att hitta nya vägar, för att samhället ska kunna utvecklas såsom det anstår under 2000-talet. Nedan listas förslag som skulle kunna ingå i det nya perspektivet.

Lokal bestämmelserätt, verklig direktdemokrati med transparent information

Beslut som rör ett visst område skall fattas av de människor som bor, verkar och arbetar i området, liknande en "Town Hall" där man träffas och får möjligheten att rösta, alternativt rösta digitalt. De som bor i Botkyrka ska få rösta om huruvida en skog i Botkyrka ska skövlas eller inte. Större beslut fattas av ett större populationsområde. Om flera skogar i Stockholm skall skövlas ska fler människor få rösta om det. Om en helt ny lag ska införlivas behöver hela landet rösta och enas om det. Alla sakfrågor ska röstas på - enkelt via digitala knapptryckningar eller på plats. Till varje omröstning ska en underrättande text medfölja som informerar vad frågan gäller och på så vis underlätta för medborgarna att ta sitt beslut. Hjälpmedel skall finnas, beroende på hur omfattande frågan är, så att varje medborgare kan ta till sig informationen. Å andra sidan skall alla elever i grundskolan utbildas i statsrätt, politik och ekonomi, likaväl som de utbildas i idrott, eller matematik som en allmän förberedelse inför vuxenlivet. Samtidigt återerövrar man ett förtroende för människor – samma förtroende som förlorades i samband med Freuds teorier om massornas irrationalitet, som tog över samhället för 100 år sedan. Ett sådant människoförtroende fanns att observera redan innan Freuds tid.

Under 1830-talet reste nämligen Alexis de Tocqueville runt i USA för forskning och observationer, och en av hans iakttagelser var, att oavsett om han var uppe vid bergen, på landet, i byar eller städer mötte han ständigt människor som var insatta i aktuella politiska frågor.

> The American institutions are democratic, not only in their principle but in all their consequences; and the people elects its representatives directly, and for the most part annually, in order to ensure their dependence. The people is therefore the real directing power; and although the form of government is representative, it is evident that the opinions, the prejudices, the interests, and even the passions of the community are hindered by no durable obstacles from exercising a perpetual influence on society. In the United States the majority governs in the name of the people, as is the case in all the countries in which the people is supreme.[568]

Inför komplicerade beslut kan man ha en debatt där man låter experter debattera och uttala sig om de olika röstalternativen. Experterna ska inte vara utslagsgivande eller besitta någon ytterligare makt eller ha direkt eller indirekt koppling till någon instans. Expertisen ska vara neutral och saklig.

Att ständigt, bakom väljarnas rygg, ta beslut är att hålla folket utanför makten och ett sådant styrsystem behöver bytas ut. Att ständigt bygga städer och riva gamla gator utan att befolkningen får göra sin röst hörd är en del av ett sådant, i egentlig mening föråldrat, totalitärt system. Samma sak gäller införlivning av lagar. Alla beslut - även hitintills topp-

568 Alexis de Tocqueville, "Democracy in America", Book 2, Ch I, 1st and 2nd paragraph,

hemliga militära aktioner skall vara transparenta och kunna röstas om. Enskilda familjer och slutna sällskap med stort ekonomiskt kapital ska inte fatta beslut som rör Sveriges befolkning; inte heller centrala organisationer i Bryssel, vilket ska vara lagstadgat.

Att inte fastna i politiska dogmer - tvärpolitik och sakfrågepolitik. Allt behöver inte vara svart eller vitt. Människor behöver börja leva som om de är fria och fulla av potential och erkänna den kraft och de rättigheter de besitter. Har man ingen makt tar man inte heller något ansvar. Mer makt och ansvar åt folket. Om en större mängd människor går ihop och meddelar sig, har man full makt och kapacitet att påverka samhället och hindra beslut från att fullföljas. I detta ligger grunden till folkstyret - allt annat skall räknas som representation endast.

Människor behöver väcka en nyfikenhet på vad de, genom gemensam handlingskraft kan åstadkomma. - Ett sådant ideal fanns en gång i vänsterandan, men har nu bleknat. Idealet var även närvarande under andra delar av historien. Oavsett så behöver man under 2000-talet börja utgå ifrån folket, de enskilda människorna – istället för föråldrade politiska idéströmningar, som inte går ihop med det nutida samhället. En devis är "Res Publica" = ur folket. Människan behöver få tillgång till makten över sin närmiljö och sitt samhälle och därmed över sitt eget liv, eftersom hon är mycket mer redo för det än man vad man trodde att hon var under 1800- och 1900-talen.

Hur kommer det sig att politiken idag har rötter som skapades för hundratals år sedan, i samhällen som såg helt annorlunda? Hur kommer det sig att man fortfarande använder sig av samma politiska strategier? Är det på grund av att politiker och eliten har byggt in egna regler och system som döljer sig bakom denna föråldrade politik? Samhället har ändrats radikalt sedan 1800-talet, där marxism och socialism har sitt ursprung. Under 1800-talet satt svältande barn ute på gatorna, hemlöshet var ett stort problem bland fattiga i Sverige och i andra länder. Människor dog fortfarande i olika sjukdomar – spanska sjukan och lungsot, tuberkulos och barnafödande. Endast de rika hade rösträtt. HUR kommer det sig att man har kommit fram till att en politisk reform som skapades då, fortfarande har en roll att spela i dagens moderna samhälle? Människor behöver varandra, för att arbeta på att återställa en gemenskap, ett förtroende och återta makten från elit och politiker! Det är inte vi människor som är varandras fiender genom höger och vänsterpolitik, utan eliten och storföretagen, som befinner sig ovanför höger och vänsterskalan. Vad eliten och etablissemanget inte inser är att man på så vis slår ner alla nya och alternativa politiska impulser som på ett naturligt sätt vill tränga fram och ta plats. Ta platsen från de föråldrade politiska strömningarna, som har sina anor i 1800-talet, skrivna av en man som inte bara hade svårt att hålla sin egen ekonomi i styr men som också gjorde sin hushållerska gravid, utan att på något sätt erkänna barnet eller göra rätt för sig. Långt in på 1900-talet fick Karl Marx oäkta son gå in bakvägen för att träffa sin moder som sedan fick anställning hos Engels, bara för att hon skulle hålla tyst och inte förstöra bilden av Marx som en ultramoralisk, ultrakommunistisk ledarfigur.

Detta gäller även den fria individen – Marxismen som grundidé delar upp människor i kategorier – den svage mot den starke, offret mot skurken, vilket söndrar och härskar. Människan har kommit så långt i sitt utvecklingsstadium att de flesta numera är medvetna individer, med tillgång till information, rätten att rösta och att säga ifrån. Detta innebär också att den politiska spelplanen behöver ändras. Den moderna människan behöver en ny politisk utgångspunkt, där hon kan utveckla sitt tänkande och politiska ställningstagande, utan att vara fastlåst i en politisk roll. Hon borde ha friheten att både vara antirasist OCH antifeminist, alltså kunna plocka koncept från både högern och vänstern och istället förhålla sig till sakfrågorna. När det gäller frågan hur längre spädbarn ska vara hemma med föräldrar kanske man vill ha en mer traditionell, "antifeministisk" ingång, medan om det gäller arbete så kanske man vill vara mer jämställd i frågan. Oavsett ska denna frihet finnas för varje enskild individ.

Eftersom att sakfrågorna dessutom skiljer från område till område; det är skillnad på politiska sakfrågor i till exempel Degerfors och Malmö, så kan ett centralstyrande omnipotent parti omöjligen stödja väljarnas behov i alla aspekter, även om de skulle vilja det. Håller man sig till sakfrågan blir det lättare att uppnå både självbestämmanderätt och en riktig demokrati. Om till exempel hela befolkningen i ett område får rösta i sakfrågan för huruvida man ska bygga en motorväg, då uppfylls förutsättningarna för demokrati i dess sannaste mening.

Ett sakpolitiskt styre gör att man inte längre definierar politik som en del av en egen identitet eller roll. Då försvinner även uppdelningen i höger vänster, svart och vitt, för att ge plats åt en ny, mer levande, mer mänsklig gemenskap. Man börjar se äkta nyanser, bortom identitetspolitik och därmed också se hela den faktiska människan som sitter framför en. Man börjar tänka själv och vågar släppa fram nya politiska idéer och lösningar. Man lösgör sig från det gamla och kan på så vis tillägna sig verkligheten som den ser ut på riktigt. Det bidrar till att människan kan skapa och forma bättre lösningar till de politiska problemen som kräver vårt engagemang i vår nutid.

Under de senaste decennierna har nya eller annorlunda politiska idéer och visioner blivit avstyrda och negligerade, till förmån för människor som sitter kvar vid makten. Man pekar ut det nya som det oliktänkande, det alternativa – konsekvensen blir att den som uttrycker sig blir tystad. Genom att iklä sig en slags normgivande dräkt försöker man ställa allt nytänkande, alla "hot" som man upplever mot dagens elitsamhälle och det politiska etablissemanget, utanför samhället. Stora megaföretag som själva inte har något egentligt intresse i politisk teori, gör som det passar dem, utifrån egna ekonomiska intressen. Ett exempel är när SEB efter stark kritik gick ut i medierna och meddelade att de som investeringsmakt skulle dra sig ut ur Ryssland, efter att Ukrainakriget brytit ut, som en sanktionsåtgärd. Ett halvår senare hade det fortfarande ej skett.[569]

Ett exempel på nytänkare inom politik är Dominic Barter som i hela sitt liv har arbetat med välgörenhet i Sydamerika. Han menar att man behöver helt nya politiska strukturer och system där folket är en del av lösningsprocessen och dialog är en väg till färre problem och konflikter. Han menar att varje instans – varje skola, samhälle, ort behöver ställe sig frågan på nytt – vad fungerar just här? Istället för att köra samma centrala system överallt anpassar man sig efter samhället i fråga. De förmågor som då återfinns har tillräckligt med kompetens för att lösa problematiken som existerar. De flesta stater, då de finner problem, studerar problemet på distans, och slänger sedan lösningen på människor, som skolpolitiker gör med lärare. Ett bättre sätt är att ställa frågan – hur har människorna klarat sig hittills? För att ha överlevt

---

569 https://www.svd.se/a/k6Ovz6/seb-avslutar-verksamheten-i-ryssland,
https://www.finansliv.se/artikel/seb-kvar-i-ryssland-minimal-verksamhet/

måste de ha haft egenskaper som är mycket värda - hur
använder vi oss av detta på ett positivt sätt? Istället
för att lära och ge svar bör man enligt Barter lära sig
och ställa frågor.

För att lösa konflikter och skillnader behöver man
komma i dialog, istället för att säga "de är rasister"
eller "de är överklass" eller "de är kommunister" Man
tystar ner och ignorerar kulturer, istället för att
fortsätta med en dialog. Man behöver hitta nya sätt att
samexistera på och enligt Dominic Barter finns detta
redan inom mänskliga sammanhang, man behöver bara
ställa frågorna mer lokalt. När man firar tillsammans
stärker man band och även när man möter svårigheter
tillsammans.

Han föreslår även ett nytt rättssystem där man
reducerar hårda straff och arbetar restorativt. Enligt
honom kan man minska brott om man slutar att utesluta
och bestraffa människor och arbetar istället
tillsammans, genom dialogform - ju mer man fjärmar sig
från människor desto mer behöver de agera för att få
sin röst hörd och sina behov mötta. [570]

Partimonopol

Det som istället sker i det politiska Sverige kan titu-
leras som partimonopol. De partier som sitter vid mak-
ten har suttit där i många år, utan någon substitution.
Det handlar om några enstaka politiska partier med stor
makt, vilket gör att nytänkande partier och ideologier,
som vågar stå upp mot korruption, har på grund av det
rådande systemet svårare att ta sig upp till offentlig-
hetens ljus och bli upptäckta av en större mängd av be-
folkningen. I det rådande politiska partimonopolet
stödjer man inte nya uppkommande partier, vare sig eko-

---

570 Dominic Barter, forskare och författare, Restorative Circles, European
   forum for Restorative Justice

353

nomiskt eller politiskt. De får klara sig själva när det gäller vilka medel de ska använda för att ta sig in i riksdagen. De får också motstånd i form av att medier hänger ut och namnger dem som "konspirerande", "alternativa" eller "rasistiska" och får svårt att konkurrera mot det stora ekonomiska kapital som stor-partierna är understödda av. Det gör att det blir svårare att synas i medier, göra PR-kampanjer och göra partiets idéer mer synliga. Väljarna tror då att man bara kan rösta på Socialdemokraterna och ett par partier till när det i verkligheten finns möjlighet till större politisk bredd. Väljarna begränsas på detta sätt - även i sina möjligheter att välja politiska partier.

Resultatet av partimonopolet gör att de redan etablerade partierna erbjuder sina medarbetare löften om karriär och en hög lön vilket gör att det drar till sig vissa personlighetstyper, som är intresserade av stort ekonomiskt kapital och makt. När ett parti bildas är det annorlunda. I början av ett partis uppbyggnad krävs det vissa attribut, till exempel kämparanda och människokärlek - egenskaper som borde tillhöra all politikers viktigaste attribut och karaktärsdrag – istället för girighet. Inom partimonopolet är det annorlunda och få har dessa attribut i sitt CV – på riktigt. Därför behöver politikeryrket omorganiseras till att inta en mer administrativ roll, istället för den maktposition de tillskrivs idag. Politiker ska arbeta för sin befolkning och lönen ska vara adekvat. Då ökar möjligheterna att "rätt" människor dras till yrket.

Mindre arbete, mer tid

Om man minskar ner på konsumtionen behöver man inte heller arbeta lika mycket. Man kan hellre arbeta med meningsfulla uppgifter än byråkratiska uppgifter som inte är trivsamma eller meningsfulla. På så vis skulle människan lösgöra tid vilket i sig skulle innebära att hon kunde bidra mer, genom att vara engagerad i samhällsfrågor och i att utforma det lokala samhället.

Mindre konsumtion, bidrar till bättre produktion

Människors liv är strukturerat så att hon blir beroende av att spendera pengar. Skulle man sluta spendera under flera månader, skulle man istället kunna fokusera på att återta de nervtrådar, känslor och tankar som har blivit kapade av reklam, massmedia och frigöra sig från konsumentrollen Bernays stiftade för över hundra år sedan. Under Covid19-krisen skedde ett uppehåll från konsumtion och arbete och många människor hittade vägar till en ny slags gemenskap, en naturlig gemenskap. Det utrymme som bristen på konsumtion skapar, fyller man istället med kultur och gemenskap, medan man observerar hur storföretagen faller som käglor – en efter en.

It is not possible that assessment of the President's performance be reduced to the question how much money one makes or of unlimited availability of gasoline. Only voluntary, inspired self-restraint can raise man above the world stream of materialism.[571]

När storföretagen har fått mindre makt kan man sluta exploatera länder som Indien och Kina och istället återuppta inhemsk produktion, vilket skulle öka kreativiteten samtidigt som man skulle återställa produkters naturliga hållbarhet och goda kvalitet.

Staten slutar kapa kultur, handling återkommer

Vi lever i ett totalitärt samhälle där många av våra möjligheter till handling och hjältemod har kapats och förskjutits - från att vara delar av ett naturligt ut-

---

571 Alexander Solzjenitsyn, "A World Split Apart", 8 June 1978, Harvard University

tryckssätt i alla människors vilja, som en naturlig del av kulturen; till fantasier, bilder och berättelser för film och tv. Att handla utifrån hjältemod anses vara utanför ramarna – istället är det superhjältarna på tv som får stå för detta. Detta är en del av det föråldrade totalitära systemet som leder till befolkningens passivitet. Den gemene människan har fått mindre möjligheter till att agera "konkret" och få saker att hända, få saker gjorda. Alla impulser till handling och hjältemod har ju fördrivits i människans medvetande till filmens värld men detta behöver ändras på. Vi behöver försvara vår kultur från att bli kapad av staten och oligarkerna, försvara vårt språk från att bli kapat av storföretagen och försvara vår handlingskraft så att den kan träda tillbaka till dess naturliga plats.

First they came for the Jews

and I did not speak out --

because I was not a Jew

Then they came for the sick and uncurables

and I did not speak out

because I was not sick

Then they came for the Catholics

and I did not speak out --

because I was not a Protestant

Then they came for the trade unionists

and I did not speak out

because I was not a trade unionist

Then they came for me

and there was no one left to speak for me[572]

Transparent media och journalistik

Nyheter ska skriva om de händelser som faktiskt sker, och de beslut som fattas. Ett nytt neutralt mediaorgan som erbjuder översikt, skall tillsättas. Alla korrupta mediebolag ska stängas av, ett efter ett. De nya administrativa politikerna ska delge läsare om sina förehavanden och om den politiska situationen. Allt samarbete mellan regering och mediaorgan, annat än informerande samverkan, skall stävjas med hjälp av nya lagar mot korruption.

Utbildning

Universitet och skolor är egentligen de viktigaste institutionerna för instiftandet av verklig mänsklig frihet. Skolor skall från adekvat ålder utbilda elever i statsvetenskap. Under 1600- och 1700-talet utbildades alla tronarvingar i statsskick – så unga som 7 år. Varför skulle dagens 19-åring inte klara av det? Utbildningsinstitutionerna behöver samtidigt inrätta en ovillkorlig arena för öppen kritisk debatt och diskussion. Likväl behöver man bevara det kulturella arvet och företeelser som är ideologiskt färgade och likriktade skall hållas utanför utbildningen.

> Den kontinuerliga supremati som kyrkan innehade från medeltiden fram till år 1860 gav den obestritt grepp om folket. Dess monopol på all undervisning upprätthöll den kulturella isoleringen och det intellektuella livets likriktade struktur.[573]

572 Pastor Niemoeller victim of the Nazis in Germany
573 Roland Huntford, "Det Blinda Sverige" (The New Totalitarians), 1971

357

All utbildning bör granskas kritiskt för att säkerställa att den är - neutral. Vill man läsa om identitetspolitik, Critical Theory och Community Organizing kan man göra det i enskilda kurser, men all allmän utbildning skall inte vara infiltrerad av detta tänkande. En neutral expertgrupp bestående av forskare och professorer ska kunna bedriva undervisningen utan inblandning av politiskt färgade aktörer.

> Culture, religion, and education, are conspiracies to standardize worldviews. - Mokokoma Mokhonoana

Transparent politik med politiker som administratörer, aldrig elit

> "Goverment is the one thing we all belong to"[574].

Tvärtom mot vad Obama påstår, är det regeringen som ska arbeta för, och således tillhöra folket. Att tro att enbart några få är tillräckligt begåvade för att de allena kan ta beslut över all människoutveckling i alla delar av världen är fel.

Större beslut ska av politiker endast formas och meddelas till rösterna och politikers nya roll ska vara administratören och folkets sekreterare - man lämnar inte längre över makten över ett helt land till några få. Lagförslagen skrivs fram av neutrala politiska administratörer vars uppgift är att tjäna folket - och inte tvärtom, liksom i det gamla feodalsystemet.

> One does see the same stones in the foundations of a despiritualized humanism and of any type of socialism: endless materialism; (...) concentration on social

---

574 DNC Video: "The Government Is The Only Thing We All Belong To"
https://www.youtube.com/watch?v=6gLa9Te8Blw

structures with a seemingly scientific
approach. This is typical of the
Enlightenment in the 18th Century and of Mar-
xism.[575]

De politiker som inte är på plats själva, som ej har
någon egen erfarenhet eller förståelse för problemati-
ken bakom ett förslag, bör inte heller ta beslut. Till
exempel har Sverige alltid haft skolministrar - som
aldrig har satt sin fot i skolans lokaler som lärare.
Inte så konstigt att de möts av frustrerade lärare och
förskolepersonal, när förslag efter förslag drivs ige-
nom - utan förankring i verkligheten. Statstjänste-
männen tjänar stora summor pengar själva utan att kunna
möta lärarnas behov, som behöver kunna göra ett bra
jobb. Läraryrken är viktigt, dock prioriteras annat än
elevernas utbildning. Och man bortprioriterar barn och
unga, de framtida generationerna - under en tid, då te-
knik och bekvämligheter är som mest utvecklade.

De gamla politikernas tid är slut; de som samlar på sig
kapital och härskar bakom stängda dörrar. Den nya
politikern ska istället tjäna folket som får större
tillgång till makt, ej utifrån en skendemokrati, skapad
av PR-konsulter, utan på riktigt. Regeringen har egent-
ligen en stor och viktig roll. Det är när elit, storfö-
retag, militär och politiker går utöver denna roll och
tar sig vatten över huvudet, som en regering istället
blir skadlig för samhället. Sker inte ett skifte av det
rådande politiska system, så att en mer människovänlig
politik får ta över, kan människor världen över istäl-
let börja visa motstånd. Till exempel kan man under en
period av fem års tid sluta rösta - världen över. En
politisk rörelse, en "No-vote-november", som skulle bi-
dra till en väl behövd politisk reform - politiker
skulle bli tvungna att lyssna på människor.

575 Alexander Solzjenitsyn, "A World Split Apart", 8 June 1978, Harvard
University

A patriot must always be ready to defend his country against his government[576]. — Edward Abbey

Fri kapitalistisk marknad, förbud och gränser mot girighet, inga statligt ägda monopol

I vissa länder utanför väst existerar inte privatisering och privat ägande. Om allt du gör kan tas ifrån dig av en totalitär stat, då vill man inte vara innovativ. I väst existerar möjligheten att vara kreativ och satsa på innovation, genom småföretag och föreningar.[577] Tar man bort all folklig kapitalism och alla privata småföretag går det västerländska samhället tillbaka till den tid då människor inte ägde något och eliten får ännu mindre konkurrens och mer kapital. Istället borde man satsa på enskilt företagande och på så vis ge människor ett meningsfyllt arbete, vilket ökar individens valmöjlighet. Människor bygger ständigt upp och skapar och är innovativa. De har stor potential, trots att man inte talar om detta. I och med innovationen ligger bland annat deras makt.[578]

Sing your marvelous song, little bird! Sing it louder than the thunder, for a storm is coming to Green Valleys![579] - Elaine Santos

All monopol behöver istället stävjas. Staten fyller inte en bra funktion i en roll där den bestämmer för mycket. Den fria marknaden hjälper istället till att göra människor ekonomiskt oberoende. Småföretagen, utövar självständighet. Fler småföretag gör att monopoler och oligarker försvinner och kvalitén av produkterna ökar.

576 Fire on the Mountain, Edward Abbey
577 Restriction of speech, Konstantin Kissin
578 Jeffrey Tucker anarkokapitalist, https://www.youtube.com/watch?v=8OZGhHp-WTSg
579 Elaine Santos, The Children of Allura

På grund av att de flesta storföretagsägarna är styrda av girighet, tar man oftast inte reda på vilken åverkan en produkt har på konsumenterna. Den eventuella forskningen på detta område är kortsiktig och får mindre bidrag än övrig forskning. Istället producerar man, och säljer hejdlöst och kallar det det moderna samhällets progressivism. Därför offentliggörs information om produkternas negativa påverkan först i efterhand. När en längre tid har gått hinner storföretagen smita och behöver inte längre ta ansvar. Istället får konsumenterna betala för de dåliga produkterna på olika sätt. Hade näringslivet varit styrt av medkänsla och människokärlek hade man först testat produkterna noggrant.

För att rika storföretagsägare ska tjäna mer, än vad de behöver, har man Jeffrey Tucker[580] förlagt produktionen till Indien och Kina, där fabriksarbetare tillverkar de produkter som sedan konsumeras i västerlandet. Hade man istället haft småföretag skulle var och en direkt vara ansvarig för kvaliteten och fabriksarbetare i utlandet skulle kunna få en möjlighet till att utveckla en bättre arbetsmiljö och ta sig ur den industrialism rika oligarker håller dem kvar i.

Vidare har privatmänniskor på olika håll i världen uppfunnit oändligt många bra saker som är gratis och bra för naturen, till exempel olika nya sätt att rena vatten. Men dessa köper oligarker upp och istället för att använda förenklande och goda uppfinningar, prackar man på konsumenten egna system som man tjänar pengar på. Eller så köper man upp produkten och tar sedan betalt – trots att den är gratis. Det borde finnas ett världsomspännande råd som tar fasta på liknande människovänliga uppfinningar och skyddar dem med hjälp av potent, så att uppfinningarna kan komma mänskligheten till gagn.

580 Jeffrey Tucker anarkokapitalist, https://www.youtube.com/watch?v=8OZGhHp-WTSg

Tänk hur annorlunda världen skulle se ut med uppfinningar som ger tillgång till gratis vatten, elektricitet och mat?

I skolorna lär man dessutom inte ut privatekonomi så att många elever som slutar gymnasiet ådrar sig skulder och hamnar i en skuldfälla – där räntan går till storföretagens vinster. Flera av de svenska bankerna är genom aktier eller på annat sätt ägda av storföretagskoncerner och samma sak gäller i den övriga världen.

Sund nationalism, mindre globalism, handlingskraft

Man behöver satsa på nationella, inspirerande projekt som verkar inkluderande och bidrar till äkta större gemenskap. Om inte regering och stat kan ta ansvar för att sådana gemenskapsbildande åtgärder vidtas, kommer olika kriser, liknande den under Covid19, eller motstånd och revolution föra människor samman på en naturlig väg.

Centralstyret behöver, som den föråldrade makt den tillhör, brytas upp så att människor får en chans att själva bygga upp sina liv. Centralstyre innebär att mäktiga företagsaktörer, som gömmer sig bakom politiker och centrala organisationer styr över våra liv. En sådan typ av totalitär "ny-imperialism" eller "ny-feodalism" är egentligen förlegad - imperialismen kritiserades redan när den skedde i öppen ridå, under drottning Viktoria av Englands tid. Nu berövas människor till och med möjligheten att kritisera detta system, eftersom imperialismen bedrivs – genom påhittiga PR-kampanjer - inom maktens dolda korridorer.

Om någon ska rädda mänskligheten, måste det vara människorna själva. Vi måste rädda oss själva, stå upp och tala sanning och stå upp för våra liv. Varje människa har en stor potential som just nu missbrukas av statsmakterna i ett samhälle, som inte sköts och han-

teras som det borde, och framförallt som det kunde ha
gjorts.

We must learn to accept individual re-
sponsibility for the worlds problems or be
willing to live by the terms of those who
do.[581] - William Cooper

581 William Cooper, "Behold a Pale Horse", 1990

Libertet, fraternitet et equalitet

*Were told to remmber the idea and not the man. He can
be cought. He can be killed and forgotten. But 400
years later, an idea can still change the world.*[582]

Evey (V for Vendetta)

Motsatsen till globalismen, vars mål är en stor cen-
tralstyrd maktapparat, är nationalism, men inte den na-
tionalism som blev "deplacerad" till "vit-makt"-rörel-
sen. Termen nationalism behöver tvättas bort från den
stämpel som den oförtjänt blev tilldelad under "The Big
Switch" eller paradigmskiftet, som innebär att "natio-
nalism" automatiskt skulle innebära en fientlighet mot
andra nationer. Det stämmer inte. Istället behöver man
ta fram begreppets goda egenskaper. Begreppet nationa-
lism betyder egentligen lokal, nationell makt och ge-
menskap. Allt man behöver göra är att gå tillbaka till
termens ursprung, som myntades under 1500-talet. I be-
gynnelsen bidrog nämligen ökad nationell gemenskap som
ide till ökad jämlikhet – *inom* ett lands inbördes stånd
och börd; mer makt till folket, mindre makt till kungar
och kejsare. Den ursprungliga nationalismen handlade om
en ståndskamp, liksom senare klasskampen. Under 1500-
talet fanns, liksom nu, ett centralstyre i form av feo-
dalherrar och genom uppror och nationell gemenskap,
ökade man jämlikheten människor emellan.

It began with various orders, nobility and
warriors who were called blue blooded, and
clergy, mediation, workers and peasants who
were red blooded and served the upper order.
(De rödblodiga och blåblodiga ansågs vara

364

olika människotyper, som inte kunde blandas.) It was believed that there was a big difference in their bloodtype and it was not possible to be born a peasant and then become a nobility. (Innan nationalismen fanns det inget medvetande om människors likvärdighet.)

The first among nobles - the King, was sovereign, the sovereignty was god-given. Nationalism replaced this religious consciousness, with values of individual freedom and equality, and emerged in England because of the *War of the Roses* (kriget mellan två klaner inom släkten Plantagenet). It began in the 15th century. A conflict arose and lasted over several decades. The nobility, feudal aristocracy of England that ruled the country prior to that, including the royal family of Plantagenet (till vilken Rickard Lejonhjärta hörde) was physically destroyed. The new dynasty - the Tudors needed an aristocracy which started a nobility from the red blooded people, thus changing the view on class.

The word "people" meant, in that time, plebs, scum and lower class. The word "nation" meant a very tiny elite of representative of cultural and political authorities. The two concepts mixed, and someone from the new nobility tried to rationalize it and concluded that the English people is a nation and thus nationalism was born. The redefinition of the common people and elevation of those who decide the cultural and political values of the community started to take its place. This is how the idea of the nation as a sovereign community of fundamentally equal members was born.

Nationalism is consciousness, a way in which we imagine reality, and how we construct reality, a cultural framework. It replaced religious type of consciousness. The latter had focus out of the world and the former moved it to the world. The world is divided into sovereign communities of equal members that are called nations. It is the basics of democratic values and institutions that started in the 16th century.

The word *nation* was first defined in the first so called renaissance English-Latin dictionary, the dictionary of Thomas Elyot in 1538. The word nation from that time on was the collective noun referring to thinking, feeling and behavior related to this new concept of the nation. England was the only country for 200 years to experience this at first and then the rest of the Europe followed and also Asia (and now also Oceania).

Nationalism implies dignity of individual identity; if a member of the community is equal to all other members of the community including the most powerful one, it is a very dignified identity and distinguishes this identity from every other form of identity. The English then became highly competitive and as a result very powerful.

Everybody started to imitate England. And nationalism started to spread, to France - they understood that the English success was connected to nationalism. It was the French who invented the term nationalism. They explosively told themselves - we also have to have nationalism. Nationalism also spread to Russia at the same time. Those countries were second nations in the world after England.

The English then colonized North America and went there with their consciousness and values. And so the United States of America was also one of the second nations in the world. And this is the only nation that is purely "nationalistic", it didn't have any pre-national existence prior to that (därav "the american dream", förmågan att kunna göra klassresor).

Because of the English colonialism, nationalism spread to countries such as India, the Indians then became nationalist and felt that it became undignified for them not to be sovereign. While the Muslims ruled over them for a thousand years they did not feel that need, it started only when the Englishmen exposed them to it. With this, the idea of democracy spread around the world. When the French became nationalists they started to spread the message of nationalism: "liberty, equality, fraternity".[583] *

*

James Sharpe, professor emiritus i historia, kallade Guy Fawkes -

...the last man to enter Parliament with honest intentions.[584]

583 Utdrag ur en föreläsning av Liah Greenfeld, Professor of Sociology and Political Science at Boston University. https://www.bu.edu/anthrop/profile/liah-greenfeld/

584 Sharpe, James (2005), Remember, Remember: A Cultural History of Guy Fawkes Day (illustrated ed.), Harvard University Press, ISBN 0-674-01935-0

Litteraturlista

Alinsky, Saul, "Rules For Radicals", 1971

Almqvist, Kurt "Kapitalismens betydelse för Sveriges samhälls- och välståndsutveckling" 1850-2016, 2017

Bax, E. Balford, "The Fraud of Feminism", London, 1913

de Beauvoir, Simone, "The Second Sex", 1949

Beck, Glenn, "The Overton Window" 2010

Boëthius, Maria-Pia, "Heder och samvete", s 151, 1991

Berling Åselius, Ebba, "Rösträtt med förhinder. Rösträtts strecken i svensk politik 1900-1920", Stockholms Universitet Stockholm, 2005

Bernays, Edward L, "Propaganda", 1928

Butler, Sir William Francis, "Charles George Gordon", 1892

Chomsky, Noam "The common good", 1996

Cooper, William "Behold a Pale Horse",1990

Dahlberg, Hans, "Sverige under andra världskriget", s 88, 1983

"Gail Hamilton" [Abigail Dodge] "Woman's Wrongs", 1868

D´Souza, Dinesh, "Death of a Nation. Plantation politics and the making of the Democratic Party", S:t Martins Press, 2018

D´Souza, Dinesh, "Stealing America", 2015: what my experience with criminal gangs taught me about Obama, Hillary, and the Democratic party"

Freud, Sigmund, "Civilization and Its Discontents", 1929

Ganser, Daniele "Illegale kriege", 2016*

Geduld, H. M. "Bernard Shaw and Adolf Hitler," 1961 pp. 11-20. Published by: Penn State University Press

Gillette,King C, "The Human Drift" 1894

Goldberg, Jonah, "Liberal fascism : the secret history of the American left, from Mussolini to the politics of change", 2009

Haley, Alex "Rötter", 1976

Hawthorne, Rachel "Dark of the Moon" novel - August 25, 2009

Hiley, Michael, "Victorian working women", sid 43, 1979

Hoff Sommers, Christina, "Who Stole Feminism. Women Who Betrayed Women", Touchstone, 1995

Howe, Frederic C, "The Confessions of a monopolist", 2022

Huntford, Roland, "Det blinda Sverige", Roland Huntford, 1971, The New Totalitarians, 1972

Höglund, Zeth "Hjalmar Branting och hans livsgärning", d.2, s.130-131

James, Tom, "The History of Custody Law, Tom James", 2014

Janney, Peter, "Mary's mosaic : the CIA conspiracy to murder John F. Kennedy, Mary Pinchot Meyer, and their vision for world peace", 2016

Jaurés, Jean, "A Socialist History of the French Revolution", Pluto Press, 2022

Jonsson, Bibi, "Bruna pennor. Nazistiska motiv i svenska kvinnors litteratur", 2012

Lindberg, Hans, "Svensk flyktingpolitik under internationellt tryck 1936-41" s 118

Lidforss, Bengt, "Utkast och Silhuetter", 1922

"Fragment och miniatyrer - uppsatser i skilda ämnen af Bengt lidforss", Stockholm, Albert Bonniers förlag, 1904

Lewis, Bob, "The Feminist Lie", Bob Lewis, 2017

Lundborg, Herman, "Svensk Raskunskap" 1927

Nordin, Svante, "Filosofins historia. Det västerländska förnuftets äventyr från Thales till postmodernismen", 2017

Malmström-Ehrling, Anna-Karin, "Kvinnliga filosofer från medeltiden till upplysningen", 2003

McNamara, Robert S, VanDeMark, Brian, "In Retrospect The tragedy and losses of Vietnam", 1996

Mills,Charles Wright proffessor i Sociologi "The sociological imagination", 1959

Mills,Charles Wright proffessor i Sociologi, "White Collar: The American Middle Classes", 1951

Myrdal, Gunnar & Alva "Kris i befolkningsfrågan", s 260, 1934

Orwell, George "1984", 1948

Scruton, Roger "How to be a concervative", 2014

Sennerteg, Niclas och Berglund, Tobias, "Svenska koncentrationsläger i Tredje rikets skugga", Natur & Kultur, 2008

Sharpe, James, "Remember Remember, A cultural history of Guy Fawkes", Harvard University Press, Massachusetts,2005

Smith, Adam "Lectures on Jurisprudence" s208, 1978.

Sowell, Thomas, "Black Rednecks and White Liberals", Encounter Books, 2005, 2006

Sutton, Antony C, British-American writer, researcher, economist, and professor, "Wall Street & The Bolshevik Revolution" 2001

Sutton, Antony C, "Wall Street and the Rise of Hitler" 1976

Sutton, Antony C, "Triology Of Western Technology And Soviet Economic Development 1917 To 1930, 1930 To 1945, 1945 To 1965, 1968"

Sutton, Antony C, "Wall Street and FDR : The true story how Franklin D. Roosevelt colluded with Corporate America" 1975

Sutton, Antony C, "America's Secret Establishment: An Introduction to the Order of Skull & Bones" 1986

Talbot, Davis "Devils Chessboard", 2015

Tocqueville, Alexis de, "Democracy in America", Book 2, 1831

Thurén, Torsten, "Vetenskapsteori för nybörjare" Torsten Thurén & Liber AB,
   2007

Witt-Brattström, Ebba och Möller Jensen, Elisabeth "Nordisk kvinnolittera-
   turhistoria", 1993

Wright Mills, Charles, White Collar: The American Middle Classes, 1951

Byrd wrote to Senator Theodore Bilbo of Mississippi in 1944: When affirmative
action was White by Ira Katznelson (New York City: W.W. Norton & Company.
p. 80/81.

* Dr. phil. Daniele Ganser is a Swiss historian who specilizes in contemporary
history since 1945 and international politics. His research topics are pe-
ace reaserch, geo-strategy, covert warfare, resource wars and economic
policy. He teaches at the University of St Gallen course on the history
and future of energy systems. At Basel University he tought in the post-
graduate course on conflict and analysis with a focus on the global fight
on pertolium. Daniele Ganser is founder and director of the SWISS
institute for peace and energy research (SIPER) in Basel. SIPER
reasearches the possibility of a transition to 100% renewable energy
supplies and how conflicts might be solved peacefully.

Föreläsningar:

Alexander Solzjenitsyn, "A World Split Apart", 8 June 1978, Harvard University

Dr. Daniele Ganser: Können wir den Medien vertrauen?
https://www.youtube.com/watch?v=4bF-3rulJz0&t=931s

Dr. Daniele Ganser, Illegal Wars
https://www.youtube.com/watch?v=vOuGpnORiwk

Dr. Daniele Ganser: Kennedy Mord in Dallas 1963 (Dresden 25.10.2020)

Annie Jacobsen, Operation Paperclip
https://www.youtube.com/watch?v=DdoIKaCLOIo&pp=ygU-
   jQW5uaWUgSmFjb2JzZW4sIE9wZXJhdGlvbiBQYXBlcmNsaXA%3D

"Ideologier 2019 - Moderaternas idéer". Torbjörn Nilsson, Professor, forskning
   om ideologi och politik, rösträtt. Ofta med nordiskt perspektiv.

Undervisning om ideologier och vetenskapligt skrivande. - Institutionen
för historia och samtidsstudier

Ideologier 15 februari 2019 - Vänsterns idéer del 1 av 4: Vänsterns rötter,
Engelsbergs bruk, Ängelsberg - Svante Nordin, professor i ide- och lär-
domshistoria, Lunds universitet

Ideologier 2019 - Vänsterns idéer, del 3 av 4: En ny vänster? - Anna Hallberg
Phd Södertörns högskola

Ideologier 2019 - Vänsterns idéer del 4 av 4: En ny vänster? - Björn Östbring

"Historisk Axess 2019 - Demokratin 100 år" (2019). Leif Lewin, professor
emeritus (professor skytteanus) vid Uppsala universitet 1972-2008 &
Torbjörn Nilsson, Professor, forskning om ideologi och politik, rösträtt.
Ofta med nordiskt perspektiv. Undervisning om ideologier och vetenskapligt
skrivande. - Institutionen för historia och samtidsstudier

Anna Hallberg Phd Södertörns högskola, Axess TV
https://www.axess.se/tv/en-ny-bok/vansterns-ideer-med-anna-victoria-hallberg/

Shelby Steele - White Guilt and the Identity of Innocence
https://www.youtube.com/watch?v=JLkJpCj42iQ

Rupert Sheldrake Ted talk The Science Delusion
https://www.youtube.com/watch?v=1TerTqDEqUE&t=79s

The Best Enemies Money Can Buy: An Interview with Prof. Antony C. Sutton
https://www.youtube.com/watch?v=zTDvLmEBESY

Wall Street and the Bolshevik Revolution - Antony Sutton
https://www.youtube.com/watch?v=kEVQIO4TbZs

Did Wall Street fund FDR, Hitler and the Bolsheviks? Looking at Prof. Antony C
Sutton's theory https://www.youtube.com/watch?v=SnbFpRlm0zA&t=1602s

Antony C. Sutton - The Bolshevik Revolution Speech (1976)
https://www.youtube.com/watch?v=yKvfdvOB5Sk&t=1502s

KASB Webinar on Investing in emerging markets - lessons from Russia with Hasan
Malik

"Bankers & Bolsheviks": an interview with Hassan Malik

Hitler-Stalin Pact. Discussion by Roger Moorhouse and Norman Davies on the
75th anniversary of the Soviet attack on Poland, accompanying "The Devils'

Alliance" book launch. 17 Sep 2014 at the Embassy of the Republic of
Poland in London. 17 Sep 2014 at the Embassy of the Republic of Poland in
London.

Roger Moorhouse - Hitler and Stalin: the Forgotten Relationship Between the
Two Superpowers of WWII, 2 januari 2020. Muzeum II Wojny Światowej w
Gdańsku (Museet för andra världskriget i Gdansk)

Intervju med Yurij Bezmenov, https://www.youtube.com/watch?v=9apDnRRSOCk

David Talbot Who killed JFK?, https://www.youtube.com/watch?v=KEEsddcHBmE

The Absurdity of Socialism, Jordan B Petersen and Dave Rubin
https://www.youtube.com/watch?v=QpjCca9Beww

How the left took over everything, James Lindsay
https://www.youtube.com/watch?v=q_NTXZymro8&t=1070s

Why I Left the Left — Amala Ekpunobi at Washington University in St. Louis, 10
dec. 2022
https://www.youtube.com/watch?v=WA4RDoTjwLk&t=3249s

More Deadly Than War - Lecture by G. Edward Griffin 1969
https://stateofthenation.co/?p=33996

Konstantin Kisin: WOKE Culture HAS Gone Too Far - 7/8 | Oxford Union
https://www.youtube.com/watch?v=zJdqJu-6ZPo

James Lindsay | WOKE Culture HAS NOT Gone Too Far - 6/8 | Oxford Union
https://www.youtube.com/watch?v=3Zut8akB4h8

Origins and History of Woke | HISPBC Ch.1, Victor Davies Hanson
https://www.youtube.com/watch?v=FX5Jv2Yldmw

"I'd Organize Hell" - Saul Alinsky TV interview 1966
https://www.youtube.com/watch?v=OfAyNrEsgic

Critical Race Theory, Queer Theory & Maoist Education, James Lindsay, New
Discourses
https://www.youtube.com/watch?v=EHWDmg4rfhM

The Ideological Roots of WOKEness, with Helen Pluckrose and Helen Joyce
https://www.youtube.com/watch?v=nTcKHeqyMCQ

Melanie Philips (British journalist, broadcaster and author) - Leaving The
  Left
https://www.youtube.com/watch?v=ZkK7lgcLcSo

Roger Scruton, How to be a conservative
https://www.youtube.com/watch?v=1eD9RDT16tM

Jeffrey Tucker anarkokapitalist
https://www.youtube.com/watch?v=8OZGhHpWTSg

Yeonmi Park, What I Learned about Freedom After Escaping North Korea,
https://www.youtube.com/watch?v=fZGYbTgRpr8&t=873s

Forskning etc:

Feminist Media Studies. Publication details, including instructions for
authors and subscription information: "It's up to the women" by Jane Marcellus

"Eugenics and the Nazis -- the California Connection" - A Study of the United
  States Influence on German Eugenics, Cameron Williams, East Tennessee
  State University, Edwin Black

Tidningarna i Sverige under andra världskriget ur "Om motstånd och kollabo-
  ration - Sverige under 30- och 40-talen" - En del av projektet Past to
  Present (www.pasttopresent.org)

Statlig. En historik rasforskning över rasbiologiska institutet (Gunnar
  Broberg Ugglan 4, Andra upplagan, Lund Studies in the History of Science
  and Ideas) "Reformeugenik och medicinsk genetik: verksamheten efter 1937

Transiteringen av tyska soldater genom Sverige ur "Om motstånd och kollabo-
  ration - Sverige under 30- och 40-talen" - En del av projektet Past to
  Present (www.pasttopresent.org)

ENGL 308 A: Marxism and Literary Theory, Alys Eve Weinbaum
https://english.washington.edu/courses/2021/winter/engl/308/a

"MARX, KARL" - Michael Rosen
https://scholar.harvard.edu/files/michaelrosen/files/karl_marx.pdf

Bernays and Goebbels: "The strange case of Dr Jekyll and Mr Hyde, Kerrie
  Milburn 2023

"Bernard Shaw and Adolf Hitler," H. M. Geduld, The Shaw Review, Vol. 4, No. 1
(January, 1961), pp. 11-20. Published by: Penn State University Press

Smith, Adam. Lectures on Jurisprudence. Pg.208 Ed. R.R. Meek, D.D. Raphael,
and P.G. Stein. Oxford: Oxford University Press, 1978.

Unleashing the Power of Knowledge: Transforming Lives and Shaping the Future,
Richard Mark Wood https://www.interesjournals.org/articles/unleashing-the-
power-of-knowledge-transforming-lives-and-shaping-the-future.pdf

Dominic Barter, forskare och författare, Restorative Circles, European forum
for Restorative Justice

Artiklar:

Smithsonian Magazine: June 24, 2024, Why the 1924 Democratic National Con-
vention Was the Longest and Most Chaotic of Its Kind in U.S. History
https://www.smithsonianmag.com/history/why-the-1924-democratic-national-
convention-was-the-longest-and-most-chaotic-of-its-kind-in-us-history-
180984590/

The History of Slavery You Probably Weren't Taught in School, Thomas Sowell
https://billmuehlenberg.com/2024/06/05/sowell-on-slavery/

Gramci, Antonio ,"Audacia d Fide' in Avanti! Reprint In Sotto la Mole, 1916-
1920, p. 148.

Arbetet (1904: 14/4) Den galiziska faran, s. 2
https://lup.lub.lu.se/luur/download?func=downloadFi-
le&recordOId=1528967&fileOId=1528968

"Krigsåren och folkhemmets födelse" – Aftonbladets chefredaktör Rolf Alsing
skildrar här det svenska 1940-talet - som började i krigets skugga och
slutade i fredens glädje och välfärds-Sveriges framväxt. - Materialet
återgivet med särskilt tillstånd av Aftonbladet och av författaren

Friedrich Engels, "The Magyar Struggle," first published in Neue Rheinische
Zeitung No. 194, January 13, 1849

Friedrich Engels, Den Ungerska frågan (Neue Rheinische Zeitung) 1848/49

Karl Marx, "The Victory of the Counter-Revolution in Vienna," Neue Rheinische
Zeitung No. 136, November 1848

Chinese Society under Mao: Classifications, Social Hierarchies and Distri-
bution. Published online by Cambridge University Press: 21 March 2019
"Class Status" (A Social History of Maoist China, Conflict and Change,
1949-1976) av Felix Wemheuer (https://www.cambridge.org/core/books/social-
history-of-maoist-china/chinese-society-under-mao-classifications-social-
hierarchies-and-distribution/4836D7D43D69906AC7A618C671186B82)

Ben Carson Said Saul Alinsky Was Hillary Clinton's Hero. Who Was He? By Mahita
GajananJuly 20, 2016 4:18 PM EDT https://time.com/4415300/ben-carson-saul-
alinsky-hillary-clinton/

How the Clintons robbed and destroyed Haiti By Takudzwa Hillary Chiwanza,
African Exponent, Feb. 18, 2020 https://canada-haiti.ca/content/how-
clintons-robbed-and-destroyed-haiti - Canada-Haiti information Project

Dr. Martin Luther King Jr. And The Civil Rights Of The Unborn
https://www.alvedaking.com/mlk-civil-right-of-the-unborn

Slavery, Adam Smith's Economic Vision and the Invisible Hand
https://www.adamsmithworks.org/documents/adam-smith-on-slavery

Wikileaks: Moroccan King Donated $12 Million to Hillary Clinton - Fredrick
Ngugi, October 21, 2016 https://face2faceafrica.com/article/wikileaks-
moroccan-king-donated-12-million-to-hillary-clinton

Bernard Shaw, The Listener 7 feb 1934

Svenska koncentrationsläger i tredje rikets skugga/ förnekandet /osynliggö-
randet får härmed ett slut!
https://sussstensson.wordpress.com/2008/09/01/svenska-koncentrationslager-
i-tredje-rikets-skugga-fornekandet-osynliggorandet-far-harmed-ett-slut/

Borås Tidning, https://www.bt.se/boras/bt-journalist-avslojar-svenska-kon-
centrationslager-i-ny-bok/Niclas Sennerteg

Tiden / Tredje årgången. 1911 nr 345 (1908-1940) https://runeberg.org/ti-
den/1911/0351.html

Dokumentär:

Alain de Botton Philosophy: A Guide To Happiness - Epicurus on Happiness,
Channel Four, 2000

Svenska Händelser - BT Kemi (2012)

Death of a Nation. Dinesh D´Souza, 2018

Hillary's America, Dinesh D'Souza, 2016

"The Soviet Story", 2008

Secret story: The Gulag Archipelago, 2008

Uncle Tom: An Oral History of the American Black Conservative, 2020

Uncle Tom II: An American Odyssey, 2022

Their Secret World War: Stephen Kinzer on The Brothers, John Foster Dulles and Allan Dulles. Massachusetts School of Law at Andover

The Century of the Self 2002 British television documentary series by film-maker Adam Curtis

House of GA'A, Netflix, 2024

The Real Adam Smith: Morality and Markets

Sveriges Radio:

"Tage Erlander ansvarig för svenska koncentrationsläger" Sveriges Radio, Publicerat söndag 31 augusti 2008 kl 08.38 https://sverigesradio.se/artikel/2283366

"Boforsaffären i indisk domstol igen" https://sverigesradio.se/artikel/147010

Riksdagen:

Motion 1922:38 Första kammaren Nr 38 https://www.riksdagen.se/sv/dokument-och-lagar/dokument/motion/motioner-i-forsta-hammaren-nr-38_dj2c38/

Protokoll 2015/16:96 Torsdagen den 21 april. § 1 Anmälan om subsidiaritets-prövningar. 42 Statsminister STEFAN LÖFVEN (S) https://www.riksdagen.-se/sv/dokument-och-lagar/dokument/protokoll/protokoll-20151696-torsdagen-den-21-april_H30996/html/

https://www.riksdagen.se/sv/dokument-och-lagar/dokument/kommittedirektiv/
socialtjanstens-stod-till-valdsutsatta-kvinnor_gtb132/

PragerU klipp:

Larry Elder Prager U, Black Fathers Matter, 2017
https://www.prageru.com/video/black-fathers-matter

The Inconvenient Truth about the Democratic Party, Carol Swain, May 22, 2017
https://www.prageru.com/video/the-inconvenient-truth-about-the-democratic-party

YouTube klipp:

40,000 Ku Klux (1925) - British Pathé
https://www.youtube.com/watch?v=BnI8SUQPB4k

James Lindsay sounds the alarm on the 'national danger' of Marxism in schools
    | Liz Collin Reports, Alpha News

James Lindsay sounds the alarm on the 'national danger' of Marxism in schools
    | Liz Collin Reports, Alpha News https://www.youtube.com/watch?
    v=lAFRtSWOHPghttps://www.youtube.com/watch?v=lAFRtSWOHPg

Queer Theory is Gender Marxism, James Lindsay - New Discourses
https://www.youtube.com/watch?v=JNW79czfibw&t=122s

Nellie Bowles, Ex-NYT Reporter: The world went crazy!
https://www.youtube.com/watch?v=wKHSE9eISRg&t=884s

DNC Video: "The Government Is The Only Thing We All Belong To"
https://www.youtube.com/watch?v=6gLa9Te8Blw

CBN news Canadian Father Jailed for Speaking Out Against Biological Daughter's
    Gender Transition
https://www.youtube.com/watch?v=DN_WpaAgS6w

Detransitioning: She Regrets Transitioning From Female to Male
https://www.youtube.com/watch?v=uOYKIpkueqM

'My Childhood Was RUINED:' Detransitioner Chloe Cole Talks About Trans Pro-
cedures
https://www.youtube.com/watch?v=DSGgR3W_jjg

"We Are Trained Marxists" - Patrisse Cullors, Co-Founder, Jared Ball of The
Real News Network
https://www.youtube.com/watch?v=HgEUbSzOTZ8

Why Marxism is so appealing, Jordan Peterson and Thomas Sowell
https://www.youtube.com/watch?v=4yowxcqdM7E

Sen. Hilary Clinton, 2004 i New York
https://www.youtube.com/watch?v=1sGwGB71KE0

Hillary Clinton Honors Margaret Sanger at the 2009 Planned Parenthood Honors
Gala
https://www.youtube.com/watch?v=r4o4WizW2mQ

Hillary Clinton: A 13 Minute Montage of Lies
https://www.youtube.com/watch?v=7syNUYAXHwo

Clinton statement on the passing of Senator Robert C. Byrd
https://2009-2017.state.gov/secretary/20092013clinton/rm/2010/06/143705.htm

Sommarnattens skeende: Jan Guillou, Peter Bratt och Håkan Isacson
https://www.youtube.com/watch?v=5YsOshACvAs

Dokument inifrån: IB-agenten Olof Wahlund
https://www.youtube.com/watch?v=gT3uzpLtEik

Film:

Harry Potter and the Order of the Phoenix, 2007

Sockerexperimentet 2023

Terminator 2, 1991

House of GA'A, Netflix, 2024

Milton Keynes UK
Ingram Content Group UK Ltd.
UKHW030147051224
452010UK00001B/64

9 789180 801522